はじめに

　瀬戸内海の島々は、穏やかに波よす海と、ゆるやかな風に吹かれて、松の緑はどこまでも青々とする、優雅な風景をいつも我々に見せてくれている。私達はこういう風景をあきずに眺めている。瀬戸内海沿岸に住む人の喜びの一つである。

　しかし島々では現在さまざまな問題に直面している。そのひとつが人口の自然減少の問題である。昭和時代の高度経済成長期に、若い年齢層が島を去っていった。そして子育てをする世代がいなくなり、次々に島に子供がいなくなった。人口の社会減少である。そしてとうといつか来ると予測されていた、島に残った親世代が高齢になり死亡する事態が、現在進んでいる。こうなると今まで営まれていた島の生活がすべて消えてしまうことすら想像される、世界に小さな島では直面している。

　次の点で我々は島に人が住み続けていただきたいと考えている。島を一度原野に戻すと、島に居住空間を確保することが難しくなる。さらに新たにそこで暮らす人々は再び社会的なルールを作らねばならない。また島が築いてきた歴史的な文化は灰燼に帰してしまう。今進行している現象には、何か新しい人の動きの流れを作らない限り、島に住む人がいなくなってしまう。

　島に人が住み続けてもらいたい。この目的のためにこういうモデルを考えた。島に住んでもらえる人は島が好きな人である。そして今まで島で築かれた文化を尊重できる人である。私達のモデルでは、住みたいという人の誰にでも島に来てもらいたいというのではない。今まで存続してきた島の生活を尊重できる人である。一島民として、島の発展を考えてくれる人である。自分の楽しみだけを優先する人、身勝手に現在島にあるものを利用することだけを考えている人には来てほしくない、と考える。島の人口が増えさえすればいいという考えとも違っている。今まで暮らしてきた島の生活の延長上にこれからの島の生活を直結して考えたいのである。多くの地方公共団体が誘導策として掲げている、島に都市住民のセカンドハウスを建ててもらう案というのは、我々の考えとは相違している。彼らは島の中に自分達だけのテリトリーを設けてしまう。彼らは島

のよい所だけをかすめ取っていく存在のようにも見える。

　島の面白さを感じる人、島に興味のある人に住んでもらいたい。でもそのためには、まずは島に行ってみたい気持ちを抱かせたいと考える。私たちは島に行ってみたいと思わせる情報を発信したいと考えた。ただ面白い、素晴らしいという情報だけではなく、学生が島で感じた生の気持ちを発信して、共感してもらい、その先は訪れた人の気持ちの進み方によって島へ暮らしてもらえるかもしれない。自分達が感じた興味を発信したいと考えている。

　ここに収められている文章は学生たちの目に映った島の姿であり、それを確かめに島に来てもらえることを考えて書かれた文である。

　この本には3人の教員のゼミで、ゼミ生が作成した文を並べている。まず稲田道彦ゼミの学生の文章を並べた。ここには島へ来てもらいたいという気持ちを根底に持ちながらも自分達が興味に感じたことを書いている。

　次に大賀睦夫ゼミの論文である。ここにはゼミで進めてきた、小豆島遍路を経験し、人生を考える旅行を考えてきた学生の、小豆島と遍路に関して考えて文が載せられている。小豆島遍路を経験してみたくなる気持ちを誘えば本望である。

　最後に金徳謙ゼミの学生が瀬戸内海の島で調査した論文が掲載されている。島での観光者の行動に興味を持っている。綿密な調査に基づく考察が載せられている。三者三様のゼミで進められた島に対する考えを楽しんでいただきたい。

　私達が属する香川大学経済学部地域社会システム学科では2009年度から「質の高い大学教育推進プログラム」の指定を受け「現場主義に基づく地域づくり参画型教育」を行ってきた。そこで行われた教育プログラムの成果も今回の論考の中には含まれていることを記しておく。学生は現場で考え何とかしたいという気持ちをはぐくむことができたのであれば関わった教員としては大きな喜びである。

　2011年3月1日

執筆者を代表して　　稲田　道彦

目　次

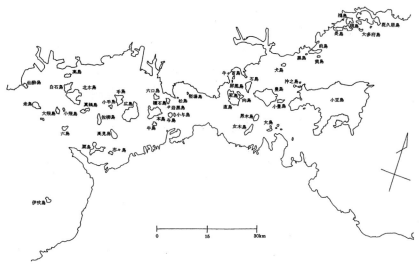

備讃瀬戸の島嶼

香川県の離島における人口減少

中村　恭彰

1. このテーマに取り組んだ経緯

　私は香川県のいくつかの島を訪れてみて、人が少ないと感じた。そう感じた理由は、その島で出会った人の数そのものよりも、私が目の当たりにした廃校となった校舎や、人の住んでいる気配がないたくさんの廃墟にもとめることができる。そして島で出会う人のほとんどはお年寄りであったことも印象的であった。

　離島という閉鎖的かつ限定的な空間において、人口はコミュニティの存亡を考える際に重要なファクターであるといえる。なぜならコミュニティの主体は多数の人であり、一定数の人がいなければコミュニティは機能しないためである。子どもや若い人がいない島の人口が今後増えていくことは考え難く、いずれ無人島となることが推測できる。しかし、そのような島も初めからそうであったわけではない。廃校になった学校もそうなる前までは教育の現場であり、廃墟にもそうなる前には人が住んでいたのである。

　そこで、香川県の離島の人口がどのように変化したのかを調べた。

2. 手段

　「離島統計年報」で1970年から2005年までの各島の人口を調べ、そのデータをもとにグラフを作成した（別項参照）。なお、全ての離島統計年報を手に入れることはできなかったため、データの欠落がある。

　人口統計には5年ごとの国勢調査による統計、1年ごとの住民登録による統計の2種類があるが、今回は住民登録のデータを用いた。国勢調査では実際にそこに人が住んでいるかどうかを調べているが、住民登録では実際の人口と異なる場合がある。登録上では島内に住所があっても、実際には島外に住んでいる場合があるためである。

3. グラフから読み取れること

（1） 短期的にみれば人口が増えた例もみられるが、2005年現在、どの
　　　 島も1970年あるいは1980年と比較すると人口が減少している
（2） 人口の減少には島によって緩急がみられる
　　　 それぞれの島で人口がどれだけ減少したのかを以下にまとめた

岩黒島	164人（1970年） ⇒	109人（2005年）	約66％に減少
屏風島	70人（1973年） ⇒	43人（2005年）	約61％に減少
櫃石島	491人（1970年） ⇒	283人（2005年）	約58％に減少
小豊島	37人（1973年） ⇒	20人（2005年）	約54％に減少
豊　島	2,389人（1973年） ⇒	1,203人（2005年）	約50％に減少
本　島	1,480人（1970年） ⇒	701人（2005年）	約47％に減少
小手島	200人（1970年） ⇒	74人（2005年）	37％に減少
男木島	682人（1973年） ⇒	243人（2005年）	約36％に減少
女木島	670人（1973年） ⇒	243人（2005年）	約36％に減少
息吹島	2,438人（1970年） ⇒	879人（2005年）	約36％に減少
与　島	750人（1970年） ⇒	213人（2005年）	約28％に減少
佐柳島	593人（1970年） ⇒	161人（2005年）	約27％に減少
広　島	1,651人（1970年） ⇒	437人（2005年）	約26％に減少
粟　島	1,544人（1970年） ⇒	402人（2005年）	約26％に減少
向　島	80人（1972年） ⇒	19人（2005年）	約24％に減少
高見島	454人（1970年） ⇒	90人（2005年）	約20％に減少
牛　島	106人（1970年） ⇒	18人（2005年）	約17％に減少
手　島	372人（1970年） ⇒	62人（2005年）	約17％に減少
小与島	107人（1970年） ⇒	15人（2005年）	約14％に減少
志々島	462人（1970年） ⇒	38人（2005年）	約8％に減少
牛ヶ首島	61人（1973年） ⇒	2人（2005年）	約3％に減少

4. 結果をから疑問に思ったこと

（1） どうして島の人口が減るのか
（2） 島によって人口減少の緩急にばらつきがあるのはどういった理由
　　からなのか

5. 事例検証

（1） 架橋3島（櫃石島・岩黒島・与島）の例

　櫃石島と岩黒島には瀬戸大橋が架かっていることから、両島における
人口減少が比較的緩やかである要因として架橋による影響をまず考え

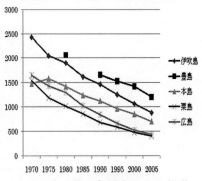

図1　香川県の各離島の人口推移

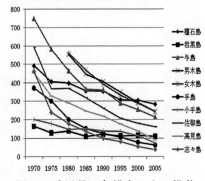

図2　香川県の各離島の人口推移

（縦軸：人　横軸：年度）

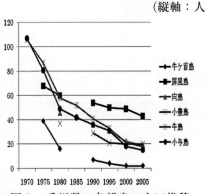

図3　香川県の各離島の人口推移

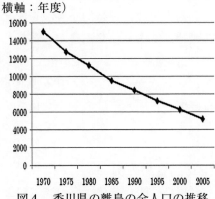

図4　香川県の離島の全人口の推移
（直島は含まない）

た。しかし、同じように瀬戸大橋の架かる与島の人口減少はこれら２島に比べて急であるため、架橋そのものが要因であるとはいえない。それでは櫃石島・岩黒島と与島の間にはどのような違いがあるのか考える必要がある。

　まず産業の違いである。櫃石島・岩黒島は漁業の島であり、両島ともかつて７割以上の島民が漁業に従事していた。危険であるかわりに釣漁に比べて収入が良いとされる潜水漁業が主流で、若者のＵターンが多い特異な島であった。一方、与島でもかつて漁業（鯛網）が行われていたが、大正時代に消滅している。与島の主産業は漁業ではなく石材業やそれに伴う海運業であった。現在では石材も枯渇しており、産業としては成り立っていない。

　架橋に伴う各島の対応にも違いがある。櫃石島・岩黒島は大規模な開発を行わず、架橋を目当てとした新しい産業も興さなかった。通行車両が自由に島へ立ち入ることも拒んでいる。２島には産業という視点からは架橋の影響がそれほどなかったといえる。それに対して与島ではまず昭和53ごろ、本州四国連絡公団に「架橋工事に支障をきたす」として島の採掘権を買い取られ（しかし、採石は続けることができた）、さらにフィッシャーマンズワーフや与島プラザといった観光施設が作られことにより島の産業構造が石材業から観光業へと大きく変化することになった。観光施設は一時的な盛況をみせたが、現在では存続させるのが精一杯の状況であり、観光業が産業として成り立っているとは言い難い。つまり、「漁業という産業が確立しており、架橋に伴って島の産業構造を変化させなかった」のが櫃石島・岩黒島であり、「架橋に伴い主産業を石材業から観光業に大きく変化させ、うまくいかなかった」のが与島だといえる。

（2）高見島の例

　高見島は明治時代には大工（船大工・宮大工）や農業（除虫菊）の島であったが、高度成長期（昭和30〜40年）ごろから需要の減少に伴って

漁業の島へと変わっていった。しかし、その漁業も海洋汚染によって魚が獲れなくなってしまう。そこで獲る漁から育てる漁（養殖）への転換を試みたが、設備投資に多額の資金が必要だったためうまく進まなかった。また漁業の機械化によって、子どもの手を借りずに大人たちだけで漁に出られるようになった。

　このような状況は島に住む人、特に島で働く両親たちの意識を変化させた。漁業の衰退を見越して「子どもに漁を継がせたくない」、「サラリーマンの方が、生活が安定しているので良い」と考えるようになっていったのである。そして昭和35年ごろからは高校進学率が上昇し、子どもたちは中学卒業後に島外に出ていくようになった。多くの子どもたちが島外の高校を卒業した後、そのまま島外で就職し、島外で結婚するようになり、島に戻ってくる人は少なかった。

（3）志々島の例

　志々島の人口が急激に減少していることは1970年比の2005年現在の人口をみれば明らかであるが、志々島も高見島と同様に漁業の衰退が急激な人口減少の要因となっている。まず、高度成長期に各地で海岸の埋立て、海水汚染などによって漁獲量が減少した。これが第2次大戦以降、経済の成長に伴い、島民が安定した収入を求めて島外に出ていく動きに拍車をかけた。主産業の漁業が衰退すれば、島の経済力は低下する。そうして島で働き収入を得ることは困難になった。

　また、1970年の時点では志々島の小学校には35人、中学校には16人の生徒が通学していた。しかし、1971年に中学校がなくなり、1975年には島に小学生がいなくなったため小学校も実質廃校となった。すると1980年には島に19歳以下の人が一人もいなくなってしまった。1985年には39歳以下の人もいなくなり、志々島は人口再生産能力を失った。中学校がなくなってからこの間14年である。

　もっとも、島民にも学校がなくなることへの危機意識がなかったわけではない。中学校が閉鎖されるときには島民の反対が強く、集会も開か

れた。しかし行政側は島外に寮を建設して半ば強引に廃校にしている。

6．人口減少のメカニズム

　人口が減少するとき、「（自然増＋社会増）＜（自然減＋社会減）」という不等式が成り立つ。自然増は出生数、自然減は死亡数と置き換えることができ、また社会増は転入数、社会減は転出数と置き換えることができる。

　5．で扱った3つの例から考えられる人口減少のメカニズムは以下のとおりである。まず、主産業の衰退が発端である。漁業の場合は海洋汚染などによる不漁がその要因となっている。他の産業の場合は需要の減少や資源の採り尽くしなどが挙げられるだろう。その後、働き盛りの人たちは職を求めて島外に出ていくようになると同時に、教育に対する意識も変化し、子どもたちは中学を卒業後に島を出るようになる。これらの人たちの動きは「社会減」となる。学校が早い時期に廃校となれば、この動きは加速する。島を出た人が定年後、島に戻ってくるケースはあるが、島外に進学した後、島に戻って就職する人は稀であるから「社会増」は見込めない。

　若い夫婦がいなくなれば「自然増」が減る。その後、島は高齢化し、やがて「自然減」が増えていく。そうすると「（自然増＋社会増）＜（自然減＋社会減）」の動きは強まり、人口は減少していく。これが4.の①の答えになるだろう。そして4.の②に答えを出すとすれば、「産業が衰退しているかどうか」、「学校が廃校となったかどうか」が挙げられるはずである。

7．おわりに

　しかし、私は先に述べたことだけが人口減少の緩急を生んだ要因であるとは考えていない。それぞれの島でもっと複雑な事柄が絡まりあっているのではないかと思う。与島の観光開発がその例である。また、私はこのケースでは、産業構造を変化させること自体を否定することはでき

ないと考えている。与島の石材業は有限な資源を当てにしたものであ
り、いずれは他の産業を興す必要があったに違いなく、どうすればよ
かったのかを考えることは難しい。

　近い将来、香川県のいくつかの離島は無人島化するに違いない。いち
ど無人島になれば、もうその島に人が住むことはないだろう。そう考え
ると人口の少ない島ほど貴重な存在に思えてくるのである。

参考資料

「瀬戸内海志々島の話」（1984）　上田勝見・阿部日吉、讃文社
「瀬戸内・高見島の生活誌」　国際基督教大学教養学部社会科学科人類学研究室
「本四架橋に伴う島しょ部　民族文化財調査報告」（第1年次）瀬戸内海歴史民
　　俗資料館
「離島の超高齢地域社会について」　兵庫県立大学経済経営研究所
「Pesearch 与島」　与島中学校

島の未来と学校の関係

古家　絵里子

1. はじめに

　一年間瀬戸内海の島々を巡り、各島の住民の方と接する機会が多々あった。島では高齢化が進み、島の学校は休校中であるか廃校になっているところが多く、島民の方々は私のような学生と話をするのは久々のようで楽しんでいるように見えた。またお話から、学校の存続や島から子供がいなくなることに対する危機感が強いように感じられた。以上のことから島と学校の関係がどのように人口変化に影響を与えるのか、現在子供のいる島といない島の違いは何か疑問に思い、調べてみようと思った。次の図の出典は全て「離島統計年報」財団法人日本離島センター（発行1970年〜2007年）より取った。

2. 小・中学生数の変化

　以上の図より瀬戸内海における香川県の全ての島で、小学生・中学生数の減少がみられる。伊吹島の小・中学生数は1970年では最も多かったが、2005年には共に50人を下回っている。一方、塩飽諸島の本島や櫃石

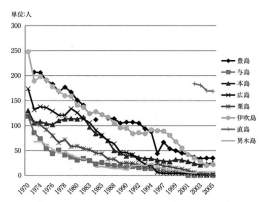

図1　各島の小学生数の変化　（生徒数の多い島）

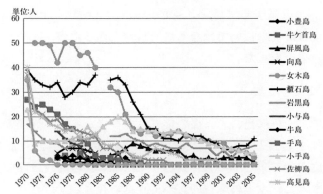

図2　各島の小学生数の変化（生徒数の少ない島）

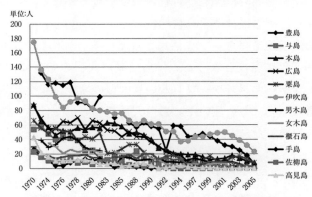

図3　各島の中学生数の変化（生徒数が多い島）

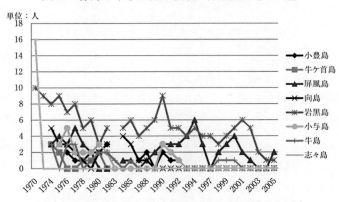

図4　各島の中学生数の変化（生徒数の少ない島）

島、岩黒島等は減少してはいるものの減り方は緩やかである。直島は
2002年以前は離島の扱いではなく、資料がなかったが、2002年から離島
振興法の対象となった。

3. 廃校になった島

　与島、手島、佐柳島、志々島の学校は廃校になった。与島のみが瀬戸
大橋で本土と接続している島である。これらの中でも志々島は廃校に
なった年度が1973年と早い。背景としては志々島の廃校は詫間町の経費
削減の一つとし、本土の学校の方がより良い教育が受けられると賛成す
る一部の島民と詫間町に押し切られる形で廃校となった。手島は1996年
に廃校となり、その後は「手島自然教育センター」として、丸亀市内の
小学生の臨海学校やキャンプに活用されている。佐柳島の佐柳小学校・
中学校は1992年に廃校となった。与島は瀬戸大橋の架橋に伴い、「瀬戸
大橋フィッシャーマンズワーフ」という大型の観光施設を建設し、行政
と民間が島の観光に力を注いだ。瀬戸大橋架橋の島では唯一観光産業に
取り組み、架橋した島々の中では最も栄え中心的な島になるであろうと
予測されていたが、新築された与島の学校は現在廃校となっている。与
島より島の面積が狭く、人口も少なかった櫃石島や岩黒島は減少の傾向
は見られるものの、与島に比べて保てている。与島と櫃石島・岩黒島の
人口変化の大きな違いを引き起こした要因は何であったのか。櫃石島や
岩黒島では漁業が盛んで、近年では特にタイラギ貝に力を入れている。
採れた魚介類は関西方面の料亭などに卸す。タイラギ貝は高度成長期や
バブル期までは、１個1,500円を超す高値で取引されており、赤坂や築
地、銀座の料亭では6,000〜7,000円という価格で提供されていた。韓国
産の安価なタイラギ貝やホタテ貝の養殖品が大量に出回るようになると
徐々に値を下げていき、今では高値で１キロ6,000円前後である。この
ように二つの島は漁業によって自立し、安定した生活を手に入れた。一
方、与島では古くから採石が中心であった。採れる花崗岩は、与島御影
とも呼ばれ大阪城築城にも使用された。瀬戸大橋の架橋に伴い、観光産

業で島おこしをしようとしたが、バブルの崩壊とともに客足は途絶え、フィッシャーマンズワーフの就業者の多くは島外の人でまかなわれるようになり島独自の産業が根付かず、結果として島民は働く場所を求めて本土へ移り住んでいったのではないだろうか。以上のことから学校の存続の背景には島の産業が関係していると考える。また、2000〜2002年に島の幼少中が休校し、通学に不便なことから子供のいる家庭は島外に移住した。高速道路料金の値下げにより島民の負担額も下がったことなどから、昨年（2009年）に複数の世帯が島に戻っている。

4. 島の特殊な学校

　丸亀市の本島中学校の東側に、かつて優秀な大工の育成を目的とした学校があった。「塩飽工業補修学校」である。本島、広島、与島、高見島、佐柳島の5つの島で作る組合の学校で、現在の多度津工業高校の前身であった。設立は明治30年で「富国強兵」のもと第一次産業革命が進展していた時代に県内初の工業系学校として誕生した。大正5年に廃校となったが、当時の校舎は木造平屋建ての教室棟と付属棟の二棟であった。修業年限は3年で、木工科と機織科の二学科からなる。木工科は自在画や用器画や木工、機織科では機織や裁縫などを教えていた。当時の教科は読み書きや算数、理科などが中心で、木工の実科はわずか二時間であったことから大工を目指す人たちの教養を高めるための学校であった事が伺える。同じ年である明治30年、国立の海員学校が粟島に設立された。運輸省の管轄で、初級船員の養成を行った。昭和62年に廃校となったが、国立粟島海員学校は日本最古の海員学校であった。粟島は香川県の西部に位置する。戦国時代は塩飽水軍（海賊）の本拠地でもあった。塩飽諸島は江戸時代に徳川幕府より、どの大名にも属さないという「人名」の位を授かった。幕末、米国への使節を送る際に護衛艦として付けられた咸臨丸の船員も塩飽諸島から選出していた。このような伝統を継承して作られた粟島海員学校は、戦前から戦後の復興期にかけて日本の海運界に多くの人材を輩出してきた。しかし海運不況により初級船

員は外国人が採用されるようになり志願者も減少した。その結果、国内の多くの海員学校が廃校となり、粟島海員学校も例外ではなかった。

5. 島の学校教育

櫃石中学校ではNIE教育がすすめられている。NIE（Newspaper in Education）とは、学校などで新聞を教材として活用することである。1930年代にアメリカで始まり、日本では1985年、静岡で開かれた新聞大会が発端となった。その後、教育界と新聞界が協力して社会性豊かな青少年の育成や活字文化と民主主義社会の発展などを目的に、全国で展開されている。全国のNIE実践校では、様々な取り組みが行われている。櫃石中学校では2007年から実践校に選ばれており、日本新聞教育文化財団が地域の良さを発信してもらおうと実施した「第5回わがまち新聞コンクール」で2,186点の応募の中から、中学校部門の最優秀賞に坂出市立櫃石中学校の「櫃石新聞」が選ばれ、2年連続の上位入賞となった。受賞理由としては、島に残る名家の屋号の由来や、島名の由来でもある櫃石やももて祭、香川、岡山の県境を決めた伝説を漁船に分乗し実際に確かめてあったことがあげられている。確かに島民でないと得られない情報など内容が充実していて読み応えがあり、これだけの内容の新聞が書けるのは島に対して愛着を持ち、普段から身の回りの事柄をよく観察しているからであろう。昨年に島を訪れたときに、彼らとの交流の場を設けていただいた。その時に、彼らは今後も島外へ出ることは考えておらず、島内での生活を続けていきたいと話していた。

6. 最後に

今後、島の人口はさらに減少していくであろう。その中で、今ある学校を存続させるのは大変困難だと思う。しかし、瀬戸内海の小さな島にはそこで暮らすたくさんの知恵と歴史があり、粟島の日本最古の海員学校や本島の塩飽工業補修学校が存在したことは事実である。それを後世に残していくには人から人へ伝承していく必要があり、櫃石中学校のよ

うにNIEを利用して、生まれ育った地域について全国に発信していくことは画期的だと感じた。しかし櫃石島の子供たちや与島のように子供のいる家庭が移住してくるケースはまれで、多くの島では子供がおらず高齢化が進んでいる。そういった島がたどる未来は、島で見た朽ちた家屋が物語っているように感じられる。近年では、廃屋ツアーや夜のコンビナートツアーのように一風変わったツアーも行われていることから、観光によって訪れてもらい、まずは一人でも多くの人に島の文化について知ってもらうことが重要ではないかと思う。

参考資料

「離島統計年報」財団法人日本離島センター発行
　　http://www.shikoku-np.co.jp/feature/shimabito/1/14/index.htm
ようこそ粟島へ　http://homepage.mac.com/silentkids/
山陽新聞　http://www.sanyo.oni.co.jp/kikaku/nie/kiji/2009/20091102.html

香川県の離島における衰退現象
と未来の離島の姿

大谷　素輝

1. はじめに

　人口減少時代に突入した現代日本において、日本に存在するすべての地域が今までのペースで発展を続けることは不可能であると考えられる。人口が減るという現象を考えるなら、人が存在しない場所には都市や集落はおろか、文化という人の根幹を支えるために必要不可欠なものが存在しない。例えば、定住者が存在しない南極大陸の中心部に、都市・集落・文化は存在していない。このように都市・集落・文化は基本的に人によって支えられるものであり、人の減少は都市・集落・文化の衰退を招くのではないかと考えられる。それを迂回するためには、新しい社会の発展のシステムを考える必要がある。今回取り上げる香川県の離島に関しては、他の地域の離島にもいえることかもしれないが、交通の便、産業といった面で本土よりも不便な点が存在している。この点が、若者の流失を招き、人口の減少、さらには衰退を早める原因となったのではないかと考えている。今回は、人の数、すなわち人口を一つの尺度として考察していく。

2. 離島の現状

　1987年と2006年における人口の比較であるが、今回例に挙げた離島に関しては、1987年の人口に対し2006年の人口は明らかに減少している。表１において一番人口減少の程度が低い櫃石島でも20.7％の人口減が確認される。人口減少の程度が高い志々島は123人の人口が約20年間で38人となり、69.1％である。この流れで減少が進めば無人島になるにも時間の問題という窮地に立たされている。2006年以降も、表１の人口変化の流れからみると、これらすべての島々の人口減少もたやすくは止めら

れないであろう。

　これからの未来、表2の予測の通りいくと仮定すると、日本における人口減少が加速してしまうということが分かる。全体的にみた日本の多くの都市、集落は縮小せざるを得ない状況となりうるのではないかと考えられる。離島に関しては、人口の自然減少の時代に突入する以前より人口の社会減少が始まっているので、離島の人口減少は大部分の島でさらなる加速をみせるのではないかと考えられる。では、このような状況が起こるであろう離島は、これからの未来より切り捨てられ、無人島と

表1　香川県の離島における人口変化

指 定 地域名	島　名	市町村名	1987年 人　口	2006年 人　口	人口増減
直島諸島	豊　島	土 庄 町	1,753	1,185	▲32.4%
	男木島	高 松 市	425	236	▲44.5%
	女木島	高 松 市	436	229	▲47.5%
塩飽諸島	櫃石島	坂 出 市	347	275	▲20.7%
	与　島	坂 出 市	329	210	▲36.1%
	本　島	丸 亀 市	1,183	672	▲43.2%
	広　島	丸 亀 市	954	413	▲56.1%
	志々島	三 豊 市	123	38	▲69.1%
伊 吹 島	伊吹島	観音寺市	1,575	840	▲46.7%

表2　日本の総人口の変化（平成20年以降は予測値）

年　　次		総人口
昭和	60	121,049
平成	15	127,694
〃	16	127,787
〃	18	127,770
〃	19	127,771
〃	20	127,692
〃	57	100,443
〃	117	44,592

化していくことしか道は無いのだろうか。そこで、未来の離島に関する提案をいくつか挙げ、考察していくことが今回のテーマである。

3. 島の未来予想図

　では、離島の未来について考えられる未来予想には何があるかを考える。

　第一に、住宅地への特化できる島があるのではないかと考えた。高松市中心部からフェリーで片道約20分で到達できる、離島としては珍しく都市圏から距離が短い女木島について、この20分という数字を見て思ったことなのだが、高松市中心部から車で20分程度でいける距離を考えると、比較的道路がすいていたとしてもせいぜい10km程度である。通勤ラッシュ時においては市内の渋滞は激しく、20分では7～8km動ければいいほうだろう。時間距離的には高松市中心部～屋島近辺（例えば屋島西町、高松町近辺）と時間距離的には変わらないことから、住宅地に特化した地域が作れるのではないかと考えた。ただ島と高松を結ぶフェリーの運航回数は島の通勤のネックになっている。

　第二に、観光地、または娯楽施設の提供によって、未来への生き残りをかける点がある。今回、この案を出すきっかけとなったのが、長崎県にある端島（軍艦島）である。以下、参考文献から端島の概要を引用すると、『洋上をゆく軍艦の形をした端島はコンクリートと高層ビル（昭和30年代当時）を従え、情報少ない戦後の日本で、軍艦島としてその名を全国にはせていたのである。この島で取れる地中深くからの良質な石炭は、石炭エネルギーとして電気の灯りをともし復興への明るい心も灯してくれたのだ。端島は、もともと現在の1／6程の岩礁だったものを次々に人口基盤、人口岩壁を作りながら拡大していったもので、長さ480メートル、幅160メートル、面積6.3ヘクタール、鉄とコンクリートの人工島に成長させたものである。狭い道路のはるか上に、ビルからビルへの道路があり、保育園は13階建ての上にあるし、小中学校は6階建てのビルだ。人口密度、1平方キロに7,000人という超密度の海上近代都市。緑なき島といったが、まったくその通りだ。外界から吹き寄せる

台風に当時この日本では、東京でも大阪でもとても想像できない超超過
密の海上産業都市の姿にきもをつぶしたものである。しかし、エネル
ギー革命により石炭から石油へとエネルギーが転換していった。超近代
的海上産業都市の端島は、昭和49年（1974年）１月に閉山となり、無人
島となった。』

というものである。最近、端島はテレビなどで報道されているように、
観光目的で島内に入ることが出来るようになり、それなりの注目を浴び
ているが、ここから分かる点は、各離島に存在しているアイデンティ
ティを見つけ出し、観光産業と各離島のアイデンティティを結び付るこ
とが出来れば、島の活性化につながるのではないかと考える。またそれ
だけでは不十分な点を補完するために、娯楽施設の提供という案を出し
た。それでは上記２点を場合分けした上で考察していく。

4. 離島の住宅地化の可能性

①　離島の住宅地化の概要

　今回は高松市街地から距離的に近いという条件がある女木島をモデル
に考察する。考えられる生活モデルとしては、島内の移動（島内から
フェリー乗り場までは、徒歩、自転車またはバイク、フェリー乗り場か
ら高松市中心部まではフェリーに乗って、そこから自転車などで通勤・
通学、または高松市内の商店街などに出向いて買い物、娯楽を楽しむと
いった形である。簡単に言ってしまえば高松市内に対して、女木島を
ベットタウンにしようという考え方である。

②　離島の住宅地化の利点

　第一に、女木島の場合、先述の通り高松市街地からかなり近い場所に
位置しているため、高松市郊外、または高松市周辺の市町村に比べる
と、通勤、通学が楽なのではないかという点である。今回のプランにお
いては、フェリーを使うので、渋滞の影響はあまり考えられず（市内を
車で通勤となる場合は、市中心部から市内周辺への移動となり、上りに
比べると渋滞の度合いはまだマシになると考えられる）スムーズな移動

手段が確保される。女木島から高松中心部までの時間距離は、35分以上はかからないと考えられる。

　第二に、島から見た瀬戸内海の景色を見ながら住めるという点である。実際女木島から瀬戸内海を見る景色は絵画的であり、さまざまなリゾート地にも負けない魅力があると考えている。殺風景になりがちなニュータウンに比べると、住み心地はかなり良いのではないかと感じる。

　第三に、香川県のフェリー会社が潤うという点である。近年は宇高国道フェリーも苦境に立たされており、その他離島を結ぶフェリーも離島の人口減などの要因により、かなり苦しい経営を強いられていると聞いている。なので、もし女木島の宅地化が行われると、女木島・高松間の人の移動が活発化し、売り上げの増加、本数の増加というふうに、フェリー会社・住民間でよいサイクルが流れるのではないかと考えている。

③　離島住宅地化の欠点

　第一に、女木島を宅地化をするにあたっての土地が少ないという点である、実際、女木島に訪れて感じたことなのだが、地形は山がちで、平野部がかなり少ないという印象を抱いた。なので、宅地化して多くの人に住んでもらおうと考えたときに、戸建の住宅を多く作るには無理があり、それなりの高層マンションを多く建てなければならないという点である。また、土地を平地化して使える土地を増やすにしても、多額の費用がかかるのではないかと思う。どちらにしても島内の自然破壊、景観の破壊、のどかな雰囲気の破壊は起こりうるのではないかと考えている。また、既存の住民にも悪影響を及ぼす可能性も否めない。

　第二に、高松市から郊外のショッピングセンターに用事があるとき、必ず島外に出て、そこから車が無いとかなり辛いという点である。これは、サンポート近辺に島民のための駐車場を整備しなければならないということになり、ここにも多額の費用が発生する。また、高松市内自体モータリゼーションがかなり進んでおり、車がないと郊外までの到達はかなりきついのではないかと考えられる。さらに、電化製品の量販店は

すべて高松市郊外に所在しており、大型ショッピングセンターも郊外に多く所在しているため、車の重要性がますます重要になっていることが問題点となっている。

　第三に、これが重要かもしれないのだが、インフラの再整備の問題がある。女木島は表１より2006年現在229人が住んでいるのだが、ここから急激に人口が増大すると、確実にインフラがダウンしてしまう。それを増強するためにかなりの費用がかかるのではないかと考えられる。上記でそれぞれ欠点として挙げたものに関しては、費用がかさむという問題点が多く存在している。

5.　離島の観光地化の可能性

①　離島の観光地化の概要

　今回は離島をモデルケースにはせず、観光地化するための流れについて考察を進める。先述の端島（軍艦島）の例より、離島のアイデンティティである産業と観光をつなげることが重要だと考えているのだが、ここで、産業と観光が実際につながったという例を示す。

『与島には旅館や民宿が瀬戸大橋開通時にはあったが、現在ではすべての宿泊業が廃業した。それに比して、岩黒島では宿泊できるところが瀬戸大橋開通時には無かったのに、現在では３軒の民宿が成立している。人口も少なく見どころも与島に比べて多くない岩黒島で民宿が成立するのはなぜであろうか。島の漁師のとる新鮮な魚を提供する民宿としてお客を集めるようになった。安くておいしい魚を食べさせる民宿として成立した。島の産業と観光が結びついた。島の女性にとって新しい就業の機会ととらえられた。瀬戸大橋の架橋が新しいきっかけを作った。』とあるのだが、やはり離島のアイデンティティである産業（先ほどの例で言う、タコを中心とした漁業）と観光の結びつきが観光地を生むということが分かった。この流れを無視して失敗した例は、与島のフィッシャーマンズワーフ、小与島のリゾートホテル（数ヶ月で破綻）などがある。島の人、または島の産業を結び付けない観光化は観光産業の維

持・発展につながらず、失敗する可能性が高いことが分かる。

　このことを踏まえて、考えたモデルケースは、観光地化＋島の産業に結びついた娯楽兼宿泊施設である。表３により、香川県の離島には一次産業従事者が多く、この中で第一次産業従事者の割合が少ない伊吹島でも約13％が従事者であり、多いところでは島の大半の就業者が一次産業従事者であるという島も存在する。なので、各島々の特産品と呼べる食べ物を産業と考え、観光者に実際収穫、または釣る、漁業を体験する、実際に食べてもらうといった経験をしてもらうのがベストだと感じた。また、娯楽施設兼宿泊施設には、民宿と、人が住んでいない場所にキャンプ場を作るのがベストではないかと感じた。こう考えた理由として、設置費用があまりかからない、産業＝観光を強く意識した上で、食材を味わう上でバーベキューという形態が便利、また、花火といった娯楽も人が少ないところだと騒音を気にせず楽しめる、テントを張れば宿泊も可能であるためである。産業の経験、堪能、キャンプという一連の流れをモデルケースとして考える。

表３　香川県の離島の第一次産業従事者（平成17年国勢調査）

都道府県名	指　定　地域名	島　　名	市町村名	就業者総　数	第一次産業（人）				第一次産業従事者割合
					農業	林業	漁業	小計	
香川県	直島諸島	豊島	土庄町	441	54	－	52	106	24.03%
香川県	直島諸島	男木島	高松市	77	4	－	35	39	50.65%
香川県	直島諸島	女木島	高松市	89	24	－	32	56	62.92%
香川県	塩飽諸島	櫃石島	坂出市	103	－	－	60	60	58.25%
香川県	塩飽諸島	岩黒島	坂出市	42	1	－	23	24	57.14%
香川県	塩飽諸島	本島	丸亀市	243	4	－	91	95	39.09%
香川県	塩飽諸島	広島	丸亀市	114	5	－	17	22	19.30%
香川県	塩飽諸島	佐柳島	多度津町	30	－	－	18	18	63.33%
香川県	塩飽諸島	高見島	多度津町	32	1	－	24	25	78.13%
香川県	塩飽諸島	粟島	三豊市	117	7	－	40	47	40.17%
香川県	伊吹島	伊吹島	観音寺市	408	－	－	54	54	13.24%

② 離島の観光地化の利点

第一に、大きな費用をかけずに、観光地化できる点である。儲けも少ないかもしれないが、先述のフィッシャーマンズワーフやリゾートホテルの開発のように、もし仮に失敗したとしても、大きなダメージは受けずに済むという点である。着実に観光地化が可能である点が大きな利点であるといえる。

第二に、産業と観光を結びつけることによって産業の更なる成長に期待できる点である。もし、観光地化が成功しさまざまな場所で話題になると、観光者の増加に期待できる。そして、産業自体の需要が伸び、正のサイクルができることが予想できるためである。ただしブームのような大きな波が出来ると、産業が膨れ上がり、波が去ると供給過多のような状態になりかねないので、ここは小規模な状態から世間の様子を見極め、徐々に拡大していくという方法をとるのがベストなのではないかと考えられる。

第三に、その産業・観光を継続するための人はその島に残るという点がある。これにより廃島・無人島化の危機から免れるということができ、2章で取り上げた離島の現状を打破出来るのではないかと考えられる。

③ 離島の観光地化の欠点

第一に、観光地化の概要で述べたモデルケース（産業の経験、堪能、キャンプという一連の流れ）において、冬場はこの図式では不可能である点である。この欠点を克服するためには、何らかの工夫・そのための投資が発生すると考えられる。

第二に、観光地化を進めるにあたって、リピータとなる観光者・または新規の観光者が現れなければ、産業は成長せず、2章で取り上げたように廃島・無人島化という現実の引き金を引きかねないという欠点がある。観光地化の期待によって島に残った人たちがいっせいに島を離れてしまう可能性が出てきてしまうと考えられる。

6. まとめ

　離島の未来への可能性はまだまだ十分に存在している。今回取り上げた島の未来予想図の構想に関しても離島の未来の可能性を肯定し、廃島・無人島化の危機を脱し、次の10年、20年へとつないでいこうとする考えからくるものである。この未来予想図は、離島の明るい未来の一端を担って欲しいと考えている。離島にはそれぞれの文化があり、その文化の火は消えてはならないと考えている。また、日本全体で考えても2章で述べたように、日本の人口は減り、100年後には現在の半分以下になるとも考えられている。このように、日本の経済の縮小についても避けては通れない問題である。日本に人口減少時代が訪れるより以前に、人口の減少、衰退、という辛酸をなめ、そしてこの現状を何とかしようと考えている離島の人々や離島そのものの姿が、今後確実に訪れる日本の縮小経済のヒントになるのではないかと私は考えている。

参考文献、または参考URL

財団法人　日本離島センター『1988 離島統計年表』『2007 離島統計年表』
本木修次（1996）『だから離島へ行こう～ニッポンの秘島めぐり②～』ハート
　　出版　p166－p170
稲田道彦（2010）「瀬戸大橋架橋4島の20年」『瀬戸内圏の地域文化の発見と観
　　光資源の創造』香川大学瀬戸内圏研究センター
http://www.stat.go.jp/data/nihon/02.htm（総務省統計局、政策統括官（統計
　　基準担当）、統計研修所ホームページ）

島々と瀬戸内国際芸術祭

成瀬　裕一

1. はじめに

　2010年7月19日。この日から約100日間、瀬戸内海に浮かぶ7つの島々が賑わった。瀬戸内国際芸術祭の開催である。瀬戸内国際芸術祭とは、直島・豊島・女木島・男木島・小豆島・大島・犬島の7つの島々を舞台に、18の国と地域から75組のアーティストやプロジェクト、16のイベントが各自の芸術作品を展開するというものだ。私は旅行やイベントが好きで、実際にこの芸術祭にも参加して島と芸術祭の関係に興味を持ったので自分なりに考えてみたいと思う。

2. 瀬戸内国際芸術祭における芸術とは

　瀬戸内国際芸術祭では数多くの作品がそれぞれの島々に展開されたのだが、それらの作品は島にある資源や風土を十分に活かしたものがほとんどであり、全てがゼロの状態から新しく何かを作り出すというものはあまりなかったように感じた。つまり、この芸術祭で作品を観るということは、その島々の個性を観るということだと言ってもいいのではないだろうか。では、芸術を観るということと島の個性を観るということが繋がっていると考えるならば、必ずしもアーティストが作った作品だけが芸術作品であるとは限らない。それぞれの島における町並みも芸術作品であるし、海岸から眺望できる海と夕日も芸術作品と言えるだろう。このように考えるとアーティストの作品だけを観て回るのは少し勿体ないように感じる。もちろんアーティストの作品は観ていて驚かされるものもあったし、長時間そこに居たいと思わせるほど落ち着けるものもあった。しかし、先ほども述べたのだが、この芸術祭では多くの作品が島の個性を活かしたものになっている。なので、作品を観ることと島の個性を観ることの双方に観点を置いて島を歩いてみると、また違った見方をすることができるかも知れない。

3. 芸術祭が島にもたらしたもの

　芸術祭が島にもたらした利点の1つに、島が賑わうきっかけになったということが挙げられるだろう。普段は静かな島々だが、芸術祭を開催するにあたってアーティストや観光客をはじめ、作品を製作する際のボランティアなど数多くの人達が島を訪れた。当初目標30万人に対して、来場者数が93万人であったことからもいかに多くの人が島を訪れたかということが分かる。また、この芸術祭では人と人とが関わる機会も他より多いように感じた。特に作品を製作する際にはアーティストとボランティア間だけではなく、島民との交流も盛んに行われた。島民が作品の製作に携わることによって、本当の意味での「島の芸術祭」になったのではないだろうか。芸術祭が開催されている間、島の人がその作品の受付であったり、説明役であったりしていたので、観光客も島の人と会話する機会が多くあったように感じた。他の地域に比べて少子高齢化が進んでいるという現状を抱える島の人々と、核家族化が進んでいて限られた世代間での生活が日常である本土の人々。1つの共通する芸術祭というイベントを通して様々な地域や年齢層の人達が交流することができた。

　しかしながら、多くの利点があったと同時に、今回の芸術祭には課題も残ったのではないかと思う。その1つが、島に住む人達の日常生活への影響である。芸術祭の開催によって島には多くの観光客が訪れたのだが、その移動手段にはもちろん船を利用する。特に朝と夕方に船を利用する人の数が集中し、すぐに乗船できないということもあった。ということは、島に住む人達は、芸術祭を行っていないときは何も気にせずに乗船できていたが、開催時に住民が船を利用して島と本土を行き来するときに観光客がたくさんいる場合はなかなか乗船することができないのではないのかという疑問を感じた。その他にも、観光客を受け入れるための施設や設備などやはり数に対する課題が数多く残った。休日や祭日といった人が集中するときに、住民の日常生活を保障しながらも、観光客にもいかに対応していくかが今後の1番の課題だろう。

　では、全体的に見てみたときに、今回の芸術祭は成功したと言えるのだろうか。私は2010年に行われた芸術祭は十分成功した事例だと言って良いと思う。当初予想された経済効果は50億円に上るとされていたが、実際には111億円であった。その内訳としては、交通費・宿泊費・飲食費・土産代などに支出する直接効果が64億円で、その他の産業の波及効果が47億円である。この２つの中でも、特に注目すべき点は直接効果で、多くの効果が地域にもたらされたことが分かる。食事をするにしてもその島々でとれる産物を使用したものが多く、地産地消につながる面もある。また、地元でとれる材料を活かしてメニューを開発するなど、その島に住む人にとっても新発見をしたり地域に対する誇りを持つきっかけとなったのではないだろうか。今後の課題としては、芸術祭の開催が２回目、３回目となったときにいかにリピーターを確保し、継続的に経済効果を得ていくことができるかだと思う。

4. おわりに

　2010年の瀬戸内国際芸術祭の開催によって、多くの人々が瀬戸内海に浮かぶ７つの島を訪れた。今回の結果が「イベント」に弱いという日本人の特性を表したものであるかも知れないが、目標をはるかに超えた人数の観光客が瀬戸内海の島を訪れたというのは紛れもない事実である。その人々の中に、島を訪れた際に何か魅力を感じてくれて、もう１度訪れたいという人が少しでもいれば今回の芸術祭は成功と言ってもよいのではないだろうか。瀬戸内国際芸術祭は３年に１度の開催を予定しているらしい。このイベントを持続可能なものにしていくためには、観光客が島の個性を体感し、何か１つでも魅力に感じてもらうということがポイントになるだろう。

参考文献・参考URL

瀬戸内国際芸術祭2010　http://setouchi-artfest.jp/
毎日新聞　2010年12月21日　地方版

特産品と観光地

藤本　菜緒

1. はじめに

　今回私が瀬戸内海の島を調査するにあたり、そのキーワードにしようと考えたのは、瀬戸内海の島々の特産品である。瀬戸内海に浮かぶたくさんの島には、その温暖な気候を活かしたそれぞれの特産品がたくさんある。しかし、それをその島の観光に活かそうと力を入れている島と、特産品はあるが島の人々の暮らしに関わるくらいで、それを観光に活かそうとはあまりしていない島がある。近年では各地のＢ級グルメ等で観光客を呼び込もうとする地域もたくさんある中、特産品を観光に活かす島、活かさない島はそれぞれどのように考え、実際に効果はあるのか、観光を促進することは島にメリットをもたらすのか、逆にデメリットの方が多いのか、といったことを調べてみた。

2. 小豆島の場合

　瀬戸内海は広島・岡山・愛媛・香川などたくさんの県に囲まれており、そこに存在する島の数もとても多い。今回は香川県沖にある島に的を絞って考えてみることにした。香川県沖には約24個の有人島がある。中でも一番有名なのは小豆島であろう。香川県沖では最大の面積を誇る島で、島内に小学校が7校、中学校が3校、高校が2校あることからもわかるように人口もかなり多く、マルナカなどの大手スーパーがあり、生活にはさほど苦労しないようだ。この島の特産物と言えば、やはりオリーブだろう。それ以外にもそうめん、佃煮、醤油なども有名だ。明治41年に日本各地に初めてオリーブが試植されたのだが、うまく育ったのは小豆島だけだったようだ。そこから小豆島でのオリーブ栽培がはじまり、現在では小豆島オリーブ公園などの施設も運営されており、小豆島の観光スポットとして活用されている。特産品というわけではないが、

この島は映画『二十四の瞳』のロケ地としても有名で、その映画村があり、こちらも観光地として有名である。このようなことから、小豆島はその土地の特産物や自慢を観光に活かそうとかなり大きく力を入れている島だと言える。2010年に開催された瀬戸内国際芸術祭の地域にも含まれており、その知名度は高く、観光地化に成功していると言って良いのではないだろうか。

3. 櫃石島の場合

　櫃石島はどうだろうか。櫃石島は、現在は公共バスで行く以外は住民のパスがないと島に入れないようになっている。この島は立貝、ミルクイ貝といった貝類がよく取れる特産物である。しかしそのことは「知る人ぞ知る」といった感じであまり多くの人には知られていない。それ以前に「櫃石島」という島があることさえ知らなかった人が多いのではないだろうか。実際私も、このゼミに入るまで知らなかった。島への入場制限がかかっている時点で、この島はあまりたくさんの観光客を呼び込むのには力を入れていないことが分かる。私はこの島に行って感じたことは、古くからの伝統行事である祭りや踊り、また自然がつくった面白いスポットなど、観光するには十分な資源が揃っていると思う。それなのになぜ、島の人々は積極的にアピールして観光客を呼び込まないのだろう。私は島の人に「もっと観光客が来ればいいと思いますか？」と尋ねてみたことがある。その人の回答は、「観光客は来てほしいけど、あんまりたくさん一気に来られても対応しきれない。対応しきれなければせっかく来てくれたお客様は不満を持って帰ってしまい、また来たいとは思わないよね」というものだった。確かにそれはあるかもしれない。小豆島のように人口が多いわけではなく、お店も個人経営ばかりで大規模ではないし、数も少ない。観光客が来て歩き疲れても休むところがないのだ。無理にたくさん観光客を呼ばなくても、その島に合った観光客数が来てくれれば十分なのだろう。

4. その他の島々

　小豆島、櫃石島とそれぞれ異なった考えにより観光に対する取り組みが変わっているが、ではほかの島々ではどうだろう。観光に活かせそうな特産品はあるのか、いくつかを一覧にしてみた。

伊吹島	…	煮干しイワシ、甘夏かん、サツマイモ
粟島	…	のり、カキ
志々島	…	花（マーガレット、キンセンカ、寒菊）
高見島	…	ハマチ、タイ、メバル
小手島	…	イカナゴ
広島	…	青木石（花こう岩）
与島	…	与島石（今は採掘していない）
岩黒島	…	ヒラメ
女木島	…	南京豆、ニンニク、サツマイモ、トウモロコシ
男木島	…	豆類（エンドウ豆、トウモロコシ）、花（スイセン、キンセンカ等）
直島	…	銘菓
沖之島	…	カレイ、舌ビラメの生干し、魚類
豊島	…	豊島石の石灯籠、そうめん
小豊島	…	肉用牛

　どの島も独特の特産品を持っているようだが、今回調べてみて初めて知ったものも多く、現在観光として売り出そうとはあまりしていないようだ。

5. おわりに

　小豆島のように人口が多いところでは観光地として取り組むのも良いだろうが、櫃石島のようなところもあるため一概に観光地化することが

良いとは言えない。それぞれの島に合ったやり方が、島の住民も観光客も双方が楽しめる、充実できることにつながるのではないだろうか。また島に合ったやり方で取り組んだところが成功するのであろう。島にとってのメリット、デメリットはそれぞれあるだろうから、住民同士が話し合って一番良い方法を見つけられると良いと思う。

参考URL

さぬき瀬戸しまネッ島　http://www.pref.kagawa.jp/kanko/seto-island/

島における医療

角名　一紀

1. はじめに

　離島や僻地における難題といえばどういったものが思いつくだろうか。まず頭に浮かんでくるのが、「人口減少」、「過疎化」、「若年層の減少」といった地域を構成していく上で欠かすことの出来ない「人」の減少に対する問題であるだろう。

　そして、地域によって多少の違いはあるかもしれないが、おそらくその次に深刻であるとされる問題が「医療」についての問題であるだろう。

　近年では、都市部でさえ採算性の悪い産婦人科や小児科などといった医療機関は縮小、閉鎖に追い込まれるといった状況にあり、そのうえ、特に前述の診療科をはじめとして深刻な「医師不足」が問題に挙げられている。

　そのような状況の中で、「島」という隔離され、言ってしまえば時代と逆行している土地がこの「医療」という分野についての問題に頭を悩まされない訳がない。

　そこで、このレポートでは、瀬戸内海に浮かぶ島々（今まで訪れた香川県の島を中心として）の医療機関の現状や、島の医療に対する施策について考えていきたいと思う。

2. 島の医療機関の現状

　島の医療について、現状ではほとんどの島で常駐の医師はおらず、「巡回」といった形で対応しており、島民の人達にとって十分な医療が確保されているとは言い難い。

　以下に示すのは、現在の香川県の島における医療機関の状況、加えて人口と面積である。

　表1に記載されていることも含め、少し詳しく見ていくことにする。

表1　島の医療機関

島　名	医療機関	常駐医師の有無	人口（人）	面積（km²）
直　島	町立診療所、個人診療所、歯科医院	○	3,365	8.13
小豊島	なし	×	16	1.09
豊　島	診療所	○	1,141	14.61
男木島	国立健康保険診療所	○	243	1.34
女木島	国立健康保険診療所	○	243	2.72
本　島	国立健康保険診療所	○	517	6.75
手　島	なし	×	62	3.84
佐柳島	町営診療所	△	161	2.07
高見島	町営診療所	△	90	2.54
志々島	診療所	○	38	0.74
櫃石島	なし	×	283	0.85
岩黒島	なし	×	109	0.16
与　島	診療所	×	213	1.15
牛　島	なし	×	18	0.7
伊吹島	国立健康保険診療所	○	793	1.09

　まずは、島内に医療機関を持たない島について見ていくことにする。図に記載されている島の中で、島内に医療機関が存在しないのは、手島、牛島、櫃石島、岩黒島、小豊島の5島である。

　このうち手島、牛島の2島の受診者は広島診療所、本島診療所、そして丸亀市本土の病院に出向いて受診するといった形をとっている。また、櫃石島、岩黒島では、坂出市本土からの医師による診療が週1回行われているほか、櫃石島では、保健師による訪問指導が月1回行われている。小豊島については、後に詳しく説明するが県済生会病院による巡回の検診船で対応しているという状況にある。

　次に島内に医療機関を持つ島の状況について見てみる。

　まず国民健康保険診療所を持つ4島についてであるが、この4島については、医療従事者（医師、看護師）が若干名ではあるが常駐しており、初期医療には対応できるという体制が整えられていると言ってよい。特に伊吹島においては、医師1名、看護師2名による診断や、遠隔診断システム、巡回診療船済世丸による結核検診・胃がん検診、保健師による隔週の健康相談、家庭訪問、乳幼児検診が行われており、同等の島に比

べても良い体制が整っていると言えるだろう。

　次に島内に診療所を持つ島々についてであるが、これらの島々の状況はそれぞれに違いが見られる。

　佐柳島及び高見島では、町営診療所に看護師が1名ずつ常駐しており、佐柳島では週2回、高見島では週3回、医師が診療を行うという体制がとられている。

　また、志々島には診療所に常駐医師がおり、診療を行っている。

　与島に関しては、診療所はあるが、医師の常駐はなく櫃石島、岩黒島同様坂出市本土から医師による診療が週1回行われているという状況にある。

　最後に直島についてである。この島は規模もそうであるが今回比較対象とした他の島々とは少し状況が違う。直島では、町立診療所（内科・外科・小児科・入院施設あり）、個人開業の診療所（内科・入院施設なし、施設は町有）、個人開業の歯科医院という3つの医療機関が存在するのである。数はもちろんだが、施設の充実度から見ても、今回見てきた他の島と比べれば遥かに充実したものが揃っている事が分かる。

　以上が、一部ではあるが、島の医療機関の現状である。

　それぞれ島における医療の状況は違うが、高度な医療を必要とする場合は、いずれの島でも、本土へと渡って受診をするといった人が多いのが現状であり、どの島も本当に必要とする医療を受けられているというわけではない。

　「必要なときに、必要なことができない」、これほど辛いことはないのだろうか。ましてや、「医療」となれば、命に関わることもある。経済的な状況から島における医療というものはどうしても敬遠されてしまうものなのかもしれない。しかし、住んでいる人からすれば「医者がいる」ということが、どれほど生活をしていくうえで安心に繋がるか想像に難くない。「Dr.コトー」という実話に基づいた有名な話もあるが、現時点では離島の医療は使命感を持った医師によって支えられているのが現状である。しかし、特別な医師の個人的使命感だけでは限界がある。

多くの医師が離島僻地の勤務をしやすい環境を1日も早く作ることが大切ではないのだろうか。

3. 島の医療に対する施策

　前章で見てきたように、島の医療については、ほとんどの島で十分な衣料が確保されているとは言い難い。

　ここでは、そういった状況の中で、今現在この問題に対する方策としてどういったものが講じられているのか、考えられているのかを述べていきたい。

(1) 香川県…「離島振興計画」

　まずは、「香川県」が講じている方策についてである。

　県としては、「香川県離島振興計画」の中で以下のように述べている。（以下抜粋）

「初期医療を確保するため、病院・診療所に勤務する医師、歯科医師及び看護師等の確保と医療施設・設備等の充実に努めるとともに、本土の医療機関との連携強化により、二次医療の確保を促進する。また、へき地医療拠点病院による代診医派遣の充実や、へき地医療体制の再構築、遠隔医療ネットワークの構築等住民の医療の確保を図る。さらに、緊急時や高度又は専門的な医療が必要な場合は、離島のみで対応することは困難なことから、消防防災ヘリコプターによる搬送体制づくり等患者移送の高速化及び安全性の向上を図るとともに、借上船に対する支援や遠隔医療体制の整備など本土の医療機関との連携強化に努める。」

　平成15年4月に施行された改正離島振興法により、従来、国が策定していた離島振興計画については、国は基本的な考え方を示すにとどめ、市町村の意見をできるだけ反映させた離島振興計画を都道府県が策定する制度に改められた。

　この計画に基づき、様々な角度からより細かく島の医療の充実に向け動いているが、なかなか島民が期待するような環境にはたどり着かない

のが現状である。

（2）瀬戸内海巡回診療船「済生丸」

次に、社会福祉法人済生会の事業「済生丸」についてである。

「済生丸」は岡山済生会総合病院が保有している瀬戸内海及び豊後水道の巡回診療船のことであり、島内に医療機関を持たない無医島をはじめとした瀬戸内海の島々の島民の医療を手助けするため、済生会創立50周年を記念し、1962年に病院並みの機能を持った初代・済生丸が就航して以来、約50年もの間延べ50万人もの島民の健康を守ってきた「海上の病院」ともいえる存在である。

現在は、約10日ごとに各県済生会の医師・看護師らが持ち回りで乗り込み、岡山・広島・香川・愛媛の各県を順番に巡り運航しており、年間受診者数約1万2,000人を誇る島の医療を支える、なくてはならない存

〔済生丸が巡る島〕（香川県）

男木島、女木島、手島、小手島、牛島、本島、広島、櫃石島、与島、岩黒島、高見島、佐柳島、豊島、小豊島、沖ノ島、伊吹島、粟島、志々島、直島、小豆島

〔済生丸の検診・診療〕

（検診）	（診療）
・結核検査（胸部間接・直接レントゲン） ・肺がん検査（肺がん検査・喀痰検査） ・胃がん検査（胃部間接レントゲン） ・基本健康診査（身長体重測定、心電図、検尿など） ・前立腺がん検査 ・子宮がん検査 ・大腸がん検査 ・乳がん検査 ・泌尿器科検査 ・特定診療科（眼科・耳鼻咽喉科・皮膚科の医療相談など） ・一般検診（小児科・歯科の健康診断的なもの）	・内科一般診療（処方、注射、レントゲンなど）

在となっている。

　このように充実の装備を搭載し、各島を巡る済生丸は島民の人々にとって本当に有り難い存在であるのは明らかである。しかし、この済生丸も事業継続に向けて課題を抱えているというのが現状である。

〔課題〕…現在活躍している三代目の済生丸の老朽化による四代目の建造

　現在の済生丸は90年２月に就航し、約16年といわれる耐用年数を超え、雨漏りが進み、デッキがきしむなど傷みが激しくなっている。

　「済生会」はこういった現状に対し、06年度に新船建造の検討を始めたが、造船需要の急増から見積額は三代目の２倍以上となる６億円に上り、更新する医療機器にも数千万が必要となることが判明し、巡回する４県の計２億円の支援を含めても資金調達のめどが立たず手をこまねく状態が続いている。

　以上が簡単ではあるが、社会福祉法人済生会による「済生丸」の事業内容、そして今抱えている課題である。以前も述べたが、島民にとって充実した医療体制に接する機会があるということは生活を送っていく上で大きな安心に繋がる。この事業は診療費原則無料ということで、ボランティアといっても過言ではないこともあり、経済状況の厳しい現在においては大きな負担になることは間違いない。しかし、島民の継続を望む強い声は瀬戸内海の島々のあちこちで聞くことが出来る。法人による負担だけでは、もはや手に負えない。この事業の存続に向けたより一層の支援が集まることを切に願う。

4. おわりに

　島における医療の現状、施されている施策を見てきたが、その現状は、私自身が当初想像していたとおりのものであったといっても良いかもしれない。「島」という本土とはまったく環境の違う空間で、島ごとに状況は違えど、その医療体制はどこをとっても十分なものであるとはいえない。ましてや、「島」は過疎化が進んだ高齢化社会であることが多い。本来ならば、より一層医療体制の充実が必要とされる場所であ

る。「島」という特別な場所が作り上げたこの状況はそう簡単にはひっくり返せるものではないのかもしれない。

　「僻地」にも色々あるのだろうが、「海」という人間では到底適わない大きな自然の障害物に囲まれた「島」という場所は「僻地」の中でも際立った存在なのかもしれない。「海」を挟むことは、現状や施策からも明らかであるが、医療体制に大きな影響を及ぼす。経済的な影響から、距離的な影響、ひいては島民のみならず医師の精神的な影響まで、その影響は様々だろう。こういった影響が作り上げた現在の島における医療の現実。この現実をひっくり返すのは簡単ではない。だからこそ、今の現実を受け止め、今の状態から悪化させることのないよう、一つ一つの問題としっかり向き合っていくことが大事なのかもしれない。

　島が、医療において「特別な場所」でなくなる日は遠い遠い遥か先にあるのかもしれない。しかし、その日に向かって一歩一歩着実に進んでいってもらいたい。

【参考文献・資料・URL】

『香川県離島振興計画』　香川県

岡山済生会総合病院　http://www.okayamasaiseikai.or.jp/index.htm

四国新聞社　http://www.shikoku-np.co.jp/feature/tuiseki/080/

診療船と島民

白潟　祐里

1. はじめに

　香川県には多くの島が存在しているが、その中でも病院、診療所など
の医療施設がない島は少なくない。このような島には「診療船」が巡回
し検診を行っており、多くの島民の健康を守ってきた。島の人々にとっ
て診療船の存在はどのようなものなのだろうか。

　また、近年では診療船の抱える問題も多く挙がってきている。この問題
を通して、診療船の必要性や島の医療問題について考えていきたいと思う。

2. 香川の島民の健康を守ってきた県診療船「さぬき」

（1）県診療船「さぬき」とは

　離島の医療対策として昭和27年に建造され、約半世紀の間、4代に
渡って巡回を続けてきた。全長約20メートル、39トンという小さな船体
であったが、レントゲン室や婦人診療室などを備えており、結核や胃が
ん、婦人科などの検診を専門として行っていた。丸亀港を拠点に東は小
豆島から西は伊吹島まで巡って、島民の健康を支えて続けてきた。

（2）「さぬき」の廃止

　2000年1月31日の四国新聞に掲載された記事で「さぬき」の廃止につ
いてとりあげたものがあった。

　島民の健康を支えてきた「さぬき」であったが、利用者数は人口の減
少とともに下降線をたどった。1998年度の利用者数2,200人中、検診を
受けたのは1,100人余りで、4代目就航時のおよそ3分の1にまで減少し
ていた。また、母子検診は1997年度から利用者がいない状態であった。

　このような状態が続く中、ついに2000年3月、「さぬき」が廃止され
ることになった。

　前述以外の廃止の理由として、行革に基づく事業見直しの観点やフェリーの就航で検診車の乗り入れが可能になった島があること、法改正で検診は市町が実施すべき業務になったことなどを挙げている。

　また、新造船を買えば約5億円が必要となることや、年間運航経費も約7,000万円に上ることなどからも、船体の更新を諦め、代替措置について話し合われていた。そして2000年に入って、肩代わりを要請していた済生会が正式に検診業務の受託を決め、「済生丸」が巡回することになった。

　高齢化や資金問題、法改正など、様々な要因が重なったことで、「さぬき」は廃止されたのである。

（3）島民の想い

　「さぬき」の廃止の知らせを受けた島民はどのように思っていただろうか。

　2000年1月31日に四国新聞に掲載された記事では、丸亀市牛島の島民の方にインタビューをしていた。その話の中で、「ほとんどのお年寄りが本土の病院にかかっているけど、やはり診療船が来てくれると助かる。島の人は頼りにしてます。」と語っている。

　また、「丸亀の病院に行けば検診は受けられるが、やはり県の船が来なくなるのは寂しい。定期船の便数も減るし、わたしら『島流し』にされとるようなもんじゃ。」とも話していた。

　この話から、診療船廃止への寂しさと共に、島に対する行政側の対応への不満や孤立感を強く抱いているということが伝わってくる。

3.「済生丸」の登場

（1）済生丸とは

　済生丸とは岡山済生会総合病院が保有している瀬戸内海及び豊後水道の巡回診療船である。済生会創立50周年を記念し、昭和37年に病院並みの機能を持つ診療船として誕生した。

　岡山・広島・香川・愛媛4県の瀬戸内海および豊後水道にうかぶ67の島々を、約10日毎に順番に各県済生会病院の医師や看護師が乗り込ん

で、健康診断、がん検査、内科診療などの検診・診療を行っている。

　現在、香川県の島では、男木島・女木島・手島・小手島・牛島・本島・広島・櫃石島・与島・岩黒島・高見島・佐柳島・豊島・小豊島・沖ノ島・伊吹島・粟島・志々島・直島・小豆島の20島36地区を廻っている。

　また、1995年1月17日に発生した阪神・淡路大震災当日、急遽巡回診療を中断し、救援活動に参加し、岡山・広島・香川・愛媛・鳥取・山口・福岡・熊本県済生会による済生丸班を結成し、長田地区にて診療を行なったこともある。「さぬき」に比べると非常に広範囲に渡って活躍している診療船である。

(2)　済生丸のメリット・デメリット

　済生丸に代わったことでどのような変化、すなわちメリット・デメリットがあったのだろうか。

　2000年1月31日の四国新聞掲載の記事を元に、メリット・デメリットについてまとめると、メリットは、財団の創立精神に沿って無料診療が原則であることや、済生丸が来ることで、それまでは検診しか受けられなかった島でも新たに診療が受けられるようになったことが挙げられる。

　しかし一方で、診療が受けられなくなった島もある。

　一般診療所並みの機器を備える「済生丸」は「さぬき」より船体が一回り大きく、水深の浅い港には入れない。この物理的制約の影響により、直島町の向島と屏風島の三島の2島が診療船巡回の空白地帯になっているため、島民は本土などに出向いて受診している。また、同じ事情によって寄港先が減少する島もある。

　このようなデメリットの現れがある島では、フェリーのある所では検診車を投入するなどの対応をしているが、診療船による便利さに比べるとどうしても劣りを感じてしまうところがある。

(3)　済生丸の危機

　2010年、「さぬき」と同様な事態が済生丸にも起こっていた。半世紀

に渡って瀬戸内海の島々で医療活動を続けてきた「済生丸」も老朽化し、存続の岐路に直面したのである。2010年2月23日の読売新聞に掲載された記事によると、新船建造と医療機器の更新には、6億円を超える費用が見込まれていたが、景気低迷で資金集めのめどがたっていなかった。その一方で島民は、診療船の将来を案じ、継続を強く望んでいた。

　巡回する4県は計2億円の支援を予定したものの、それでも残る4億円の調達は見通しが立たなかった。3代目の時は7割を民間の寄付でまかなえたが、景気低迷の今回では大口の寄付が見込めない状態であった。

　また、年間運営費も約1億3,000万円かかるということで、済生会では巡回診療の継続について議論された。同会の岩本一寿常任理事は「新船建造を急ぎたいけれど、法人が負担するには荷が重い」と話していた。

　そして同年12月、本部運営から岡山、広島、香川、愛媛の4県の支部運営に移すことで「済生丸」を存続するという方針を明らかにした。済生会の松原了理事は「現地の方がニーズに合った事業を考えられ、各県とも連携できる」「地域の強い要望に加え、地元4支部も続ける意思を示しており、存続すべきだと判断した」と説明した。また、岡山県済生会は「済生丸の役割はまだある。ほか3県と協議して続けたい」と話した。

　こうして「済生丸」は廃止の危機を免れ、今後も多くの島民の健康のために活動を続けることになった。

（4）これからの済生丸

　存続が決まった「済生丸」であったが、これまで通りというわけにはいかなかったようだ。2011年1月15日に山陽新聞に掲載された記事によると、運航費用の不足の問題から、近い将来、原則無料で行ってきた診療の有料化を検討していることを明らかにしたということである。また、これまでの年間1億2,000万円の運航費は、関係自治体の補助金で賄い、年間6,000万円以上の不足分は済生会が拠出していたが、2011年度以降は4県支部の負担となるとのこと。

　存続することは島民にとって嬉しいことだと思うが、有料化によって診察を受けるのをやめたり、回数を減らしたりする人も出てくるだろう。そうなると診療船の持った「人の健康を支える」という本来の意味がなくなってしまうのではないだろうか。

4. 島の医療問題と島民

(1) 漂う「あきらめ」の空気

　これまで「さぬき」と「済生丸」の入れ替わりの過程を見てきたが、島民の中には診療船の存廃に関心を持っていない人もいる。

　2000年1月31日に四国新聞に掲載された記事の中で、「さぬき」の廃止が決まったことについて志々島の自治会長は、「まだ町から説明がないが、どっちみち住民は関心がないじゃろ。皆、年がいっとるから」と話している。また、隣の粟島で受診することになっていることについて、別の住民は「そこまでして診てもらおうとは思わん。検診で病気を見つけても、治すより先に寿命が来る。」と話していた。

　また、同記事において、直島諸島の屏風島でも、「廃止の経緯を集会で説明したが、ご時世だから仕方がないという空気」と区長は話している。

　診療船を必要としている島民もいる一方で、このように諦めの目で見ている人もいる。離島はほとんどの保健医療から疎外されているのが現実で、これまでの行政の対応を見てきた人々は、ほとんど希望が持つことができないような状態になってしまっている。この状態が続けば、ますます島は放されていくのではないだろうか。

(2) 診療船の必要性

　そもそも診療船は本当に必要なのだろうか。

　2000年1月31日の四国新聞の記事の中で、離島医療について、香川医科大教授の池田澄子さんにインタビューしていた。

　その中で、人口のおよそ1割に満たないという受診率の低さだけを見るとあまり必要性を感じないということを話していた。本来は結核など

の定期検診は市町の仕事であるため、仮に診療船が廃止されたとしても代わりの措置によって続けなければならない。よって、診療船以外の方法でも同じ検診回数で行えば良いということだ。利便性という面では診療船は非常に高く評価されるが、それは多くの島民の利用があってのものではないかと思う。

　またそれ以外にも、たまにしか来ないため、検診で病気が早期発見できたとしても次に繋がる治療は期待できないということも話していた。私たち本土に住んでいる人間は、少し調子が悪いなと思った時にいつでも病院に行って診てもらえる。しかし多くの島ではそれができない。必要な時に診療船が来てくれたらいいが、そうはいかない。島民が本当に求めている医療とは、やはり必要な時に診てもらえる医療なのである。

　診療船を必要としている人もいるが、このようにして考えると、その必要性については否定的に捉えざるをえない。

5. おわりに

　「さぬき」と「済生丸」の入れ替わりと島民の反応を見てきたが、その中で、島が抱えている医療の問題について触れることができた。島民の中でも診療船を必要とする人もいれば、これまでの行政の対応を見て諦めてしまっている人もいる。医療に限らず他の部分においても同じことがいえる。

　「さぬき」は廃止されてしまったが、「済生丸」は何とか存続が決まった。有料となることの影響や診療船自体の必要性の低さなど、あまり良いイメージではない内容で述べてきたが、必要としてくれている島民のために活動を続けるという決断は、島民に希望を与えるものとなったのではないかと思う。「島流し」といった言葉が出てくるように孤立感を感じている島民も多いので、こういった対応がとられることの意味は非常に大きいと思う。

　これからますます高齢化も進み医療問題もこれまで以上に叫ばれるようになると予想されるが、今回のような対応が増えていくこと、島民の

中でもシステムを変えていくなどの行動を起こしていくことで、より良い方向に進んでいけばと思う。

参考URL

・医療　介護　健康ニュースyomiDr./ヨミドクター（読売新聞）
　　http://www.yomidr.yomiuri.co.jp/page.jsp?id=21157
・岡山済生会総合病院
　　http://www.okayamasaiseikai.or.jp/saiseimaru/saiseimaru_index.html
・岡山の生活情報サイト　さんようタウンナビB版
　　http://town.sanyo.oni.co.jp/news_s/d/2011011423455293
・四国新聞社　SHIKOKUNEWS
　　http://www.shikoku-np.co.jp/feature/tuiseki/080/

宿がある島ない島

安藤　良太

はじめに

　宿がある島とない島を調べることによって、その島が観光客を受け入れ長期に滞在できる条件がそろっているのかどうか、またそれが観光客を招き入れる姿勢となり、島の外に目を向けてているので外向きと考えた。あるいは、観光客が島に泊まれなく、島民の生活が島内で完結している内向きなのかが明らかになると考えた。次に島の宿の有無を記している。

　表1は宿の有無と、人口と島の面積についてまとめたものである。

本　島：伝建地区に昔からの古民家を利用した宿があり、観光客を受け入れる態勢は整っている。夏休みなどの行楽シーズンになると予約ですぐいっぱいになるほどの人気である。やはり、伝建地区の存在は大きいのかもしれない。

粟　島：ル・ポールという宿泊施設があり、宴会場やバーベキューなどの設備も整っていて、かなり外向きであると言える。しかも、昔からの海員学校の校舎を利用した博物館もあり、設備面から

表1　島の宿の有無と人口と面積　　資料離島統計年報

島の名前	宿の有無	人　口	面　積
本　島	○	517人	6.74平方km
粟　島	○	330人	3.68平方km
佐柳島	×	146人	1.83平方km
志々島	×	32人	0.47平方km
櫃石島	×	236人	0.85平方km
高見島	○	73人	2.33平方km
小豆島	○	32,432人	153.29平方km
直　島	○	4,139人	7.80平方km
岩黒島	○	94人	0.16平方km
伊吹島	○	793人	1.05平方km

みれば粟島は外向きである。

佐柳島：この島には両墓制という珍しい墓埋葬制度があり、さらに、長崎集落の埋め墓は海岸沿いにあり、全国的にも珍しい。こうした島ならでは魅力があるのだが残念ながら宿泊施設はなく、内向きだと考えられる。島の人口も少なく高齢者が多いので宿を営む人手がいないと考えられる。それと同時に、島を訪れる観光客が少ないのかもしれない。

志々島：島に住む人の人口もかなり少なく、面積も小さい。過疎化が少なく島の観光資源と呼べるものがなく、観光客がこぞって訪れるような場所ではない。そのため、宿泊施設はなく、島の人たちも特に観光客に訪れてほしいとは思っていないのかもしれない。

櫃石島：櫃石島に宿はない。宿泊施設の有無だと櫃石島は内向きということになる。しかし、地元の中学校は大学生との積極的な交流を図っていることから、島の外とのコミュニケーションに関しては外向きである。

高見島：佐柳島よりも人口は少ないのだが、豊かな自然や海が魅力で癒しを求めてくる観光客もいるようで、規模は小さいのだが民宿が何軒かあり、宿泊施設は整備されているので外向きだと言える。

小豆島：島の規模も他の島に比べてはるかに大きく宿泊施設の数も多い。施設の形態もホテルや民宿、ペンションなど多岐にわたり、人口の多さと島の規模の大きさが関係していると考えられる。また、インターネットにも宿泊施設の情報がかなり詳しく掲載されており、島をあげて観光客を受け入れようとする姿勢がうかがえ、かなり外向きであると言える。

直　島：直島には現代アートを取り入れた施設が整備されており、それを目的として多くの観光客が訪れる。そのため宿泊施設の整備も整っており、こちらも小豆島と同様に外向きである。やはり、人口と規模が大きいため観光客を受け入れるキャパが他の島とは大きく違う。

岩黒島：島の規模は志々島よりも小さいのだが、民宿「岩黒」という宿
　　　　があり、ホームページもしっかりと管理されており、釣り場の情
　　　　報を掲載するなどして釣り人に対しての情報発信ができている。
伊吹島：民宿「いぶき」という宿があり、事前に予約をしておけば伊吹
　　　　島近海で取れた魚を新鮮な状態でいただくことができる。島の
　　　　規模自体はそんなに大きくはないのだが、宿があることから外
　　　　向きであると言える。

《最後に》

　こうして宿のある島ない島を調べてみて驚いたのは、岩黒島のように
島の規模が小さいにも関わらず宿がちゃんと存在していることである。
岩黒島の民宿は島でとれた魚を食べさせることを目的に瀬戸大橋架橋後
に創立された。数が増えて、３軒まで増えた。2010年に１軒が休業した
ので２軒になった。島の産業をもとにサスティナブルな宿泊業として望
ましいと思う。小豆島や直島のように規模の大きな島に宿があるのは、
そこを訪れる観光客の数が多いので、いわば必然だと思われるが、人口
も面積も小さな島に宿があることは不思議である。宿があるということ
は、そこを訪れる観光客が少なくともいるということであるから、島の
魅力をしっかりと理解している人が少なからずいるようだ。また、今回
調べた島のほとんどに宿があり、瀬戸内海の島々の外部に対しての積極
的な姿勢というものがうかがえる。

参考URL

「さぬき瀬戸しまネッ島」
　http://www.pref.kagawa.jp/kanko/seto-island/index.htm
「島絵音己」　個人のホームページ
　http://www.geocities.jp/jibunbun2000/k/kagawa/takamijima.html
「マップル観光ガイド」　http://www.mapple.net/spots/G03700058905.htm
じゃらんホームページ　http://www.jalan.net/ikisaki/map/kagawa/index.
　html?vos=njalovtwa0806161579

島の祭

安藤　良太

1. はじめに

　島々には古くから伝わる様々な伝統行事が今なお残っている。祭りもその中の内のひとつである。ここでは瀬戸内の島々の祭りについてピックアップし、紹介していく。こうした祭りのときに島を訪れると、いつもとは違った島の顔を見ることができると考える。

2. 櫃石島

（1）百々手祭り

　香川県指定無形民俗文化財のこの百々手祭りは、500年以上続く弓神事である。矢を射るのは島内の氏子から選ばれた11人で、大的や小的に矢を放ち、１年間の豊漁や家内安全を祈願する。矢は竹で作られており、そのため的に当てるのは難しいとされ、40メートル離れた的に命中すると、毎年見物客からは盛大な拍手が上がる。命中した矢は縁起ものとされ、参加者が持ち帰っていく。こうした弓神事は広島県の宮島でも行われ、そこでの祭りの名は「百手祭」であり、櫃石島のように「々」の文字は入っていない。

（2）うちわ踊り

　うちわ踊りとは櫃石島に古くから伝わる盆踊りのことである。８月14日の晩に、歌と太鼓に合わせ、古風な振り付けで踊られる。新仏（死後初めての盆にまつられる死者の霊）の家族は位牌を順番に背負って踊る。そのため、新霊踊り、精霊踊りなどと称されることもある。海岸に面した広場を踊り場とし、新盆を迎えた家々からは灯籠が持ち寄られ、次々に踊られる。ただ、踊りの振りは男女で異なり、女性は手にうちわを持ち、男性は何も持たない。

3. 佐柳島

・太鼓台（秋祭り）

　佐柳島の長崎集落の秋祭りは、太鼓台と呼ばれる、高さ約3メートル、長さ約6メートル、幅約4メートルもある巨大な神輿のようなものを担いで行う。戦後直後は島民の数も多く、祭りも盛大に行われていたが、人口減少に伴い、1955年以降行われていなかった。しかし2010年に半世紀ぶりに復活し、住民らは大いに喜んだ。祭りは島民に大きな活力を与える。

4. 女木島

・大祭り

　女木島の豊浦地区に住吉神社という神社がある。この住吉神社の祭りは、太鼓台が海に入るという、少し変わった祭りである。この祭りは32条からなる「若中規約」という規約に基づいて行う事になっている。もともとは、女木島と男木島が雌雄島村だったころは、毎年大祭り・小祭りという形で行われていたが、女木町になってからは二年に一度の大祭りとして行われている。起源は室町時代にあるらしい。

5. 小豆島

・太鼓祭り

　毎年10月に行われる、豊作を願う祭りで、他の島とは違い、赤布団が激しく技を競い合う。その光景はまさに荘厳である。地区ごとによって様式が異なり、海から太鼓台を呼び寄せるところや、8メートルもの"のぼり"を片手で差し上げ額や肩で受ける「幟さし」が披露されるところなど、様々である。こうした地域ごとの違いを楽しめるのも、小豆島の太鼓祭りならではのことである。

6. おわりに

　こうした祭りはそれぞれの地域に深く根差したもであり、古くから受け継がれてきているものである。島を観光するときにどうしても施設などの有形のものに目を向けがちだが、こうした祭りのような無形のものにも大きな魅力があると私は思う。こうした祭りの時期に島を訪れると、普段では気づかないようなことに気づいたり、いつもとは違った経験ができるのではないだろうか。これからは島を観光するときの目的として祭をとらえていくのも面白いだろう。

参考

四国新聞社ホームページ
　　http://www.shikoku-np.co.jp/kagawa_news/list.aspx
旅するオトナの総合旅行情報サイトプチたび
　　http://puchitabi.jp/09/01/post-293.html
Weblio 辞書　http://www.weblio.jp/
佐柳島ホームページ　http://noburin.moo.jp/sanagi/index.htm
ゼンブデル　香川県の神社と観光地　http://kagawa.bine.jp/index.html
小豆島観光協会ホームページ　http://www.shodoshima.or.jp/

商店と自動販売機にみる島の未来

浦田　堅人

1. はじめに

　少子高齢化が進展し、人口の減少に歯止めがかからなくなってしまった、いわゆる「過疎」の島が瀬戸内海には増えている。このような島には、商品をまんべんなくとりそろえた大掛かりな商店はない。商店自体が無い島もある。だがせめて自動販売機はほしいと痛感した。それは、自分自身が暑い夏の島に行って、飲み物を欲してもかなわなかったときに思った。いつも我々が手軽に入手している飲み物を飲めない現実を知ったときである。

　商店が存続するのはどのような島なのか、自動販売機が維持できるのはどのような島なのか。それぞれの維持できるメカニズムを分析し、必要となるポイントを明らかにする中で、今後の島のあり方を解明する。

2. 島の商店の存続の問題

　今回取りあげる志々島、粟島、櫃石島、高見島のうち、高見島をのぞく3島には商店があった。どの島の商店もこじんまりしたもので、民家の一階の一部を商店として展開していた。商店を経営していくのに必要な要素は複数ある。まずは「人」。高齢化が一気に進み、働き盛りの人間が島を出て行ってしまう現状では、商店の経営者はお年寄りになってしまう。そして「物」。商店は島で暮らす人の必需品を取り揃えておく必要がある。だた聞いていると商品の品ぞろえは我々の回りの商店とは違っていた。薬やマッチ、ロウソク、保存食品、糸や針という、いざという場合になくてはならない商品や生活必需品が必ず置いてあった。それほど買う人はいないのだろうと思いながらも、なくては困る商品があった。これは長い間の島の生活が商店の品ぞろえを決めてきたのだと推測した。売れないからか消費期限などで取り扱いが難しいからか、生

鮮食品は品揃えが少なかった。期限のきた生鮮食品は自分達が消費すると言われていた。島民は生活に必要な最低限の商品を手に入れるとともに、あとは憩いの場、会話の場として商店を活用している可能性が高い。商店にはある程度は経営を度外視した視点が必要であるともいえ、ここには「金」という要素も含まれる。この「人」「物」「金」の3要素から考えたとき、島の商店がこの先何十年も続いていくとは考えがたく、過疎化の進む島の住民が生活必需品を入手することはさらに困難になると考えられる。

　私たちは高見島で、あるおばあちゃんとたくさん話し交流したのだが、そのおばあちゃんの場合、本土に住んでいる息子さん夫婦が食材や日用品を月に数回届けているという。私が訪れた4島の中では高見島にだけ商店が無かったのだが、こうして高見島民は生活必需品を入手している可能性が高い。

　しかしこうなってくると次に浮かび上がるのが、観光地として島を考えたときの問題である。島民は高見島のおばあちゃんのようなやり方で食料を手に入れることが可能だが、本土からあるいは全国から、観光で、またフィールドワークで訪れてくる人があった場合、食料や飲み物が入手できないというのは致命的な問題だ。もちろん本土から持ち込むという手もあるが、観光客の場合それが余計な荷物になるし、ゴミなどによる環境問題も浮かび上がる。自動販売機があれば商店でなくとも飲み物、食料を手に入れることができるのだが。では、自動販売機を維持するメカニズムはどういったものなのか考えた。

3. 自動販売機を維持するメカニズム

　最近の自動販売機は多種多様だ。一番オーソドックスな飲み物の自動販売機だけでなく、食品、成人雑誌、新聞、タバコ（タスポによる認証システムも）など、日本は「自動販売機大国」と評されることもしばしばある。私たちは頻繁に利用するものの、利益はどこに流れているのかなど自動販売機について深く知らないだけに、まず自販機自体について

明解にし、過疎化の進む島で自販機が活躍できるのかどうか、分析していきたい。

　自動販売機には2種類ある。ひとつは、たとえば商店を経営している場合、その店の土地を貸すことによって貸し賃を業者に支払ってもらい、代わりに飲み物を売った利益をすべて業者に支払うもの。市町村が設置すれば市町村にお金が入り、県が設置すれば県にお金が入るということである。もうひとつは、80万～100万円程度で自動販売機を買い、飲み物を安く仕入れることでその利益をすべてもらうというものである。業者は、売れなければ撤去、新しく設置という流れをコンスタントに繰り返し、利益を得ている。大学に設置されている自動販売機のように、福利厚生によって値引きされているものもあれば、駅や高速道路のサービスエリアなどではより多くの人が利用するため、一時期の「コインロッカービジネス」のように、自動販売機がひとつのビジネスとして成立しているものもある。

　今回取りあげる4島のうち、自販機があったのは粟島、櫃石島、高見島の3島。うち高見島の自動販売機は稼動しておらず、モデルとして並べてあった缶ジュースのパッケージがかなり古いパッケージであったことから、もう何年も動いてないということが読み取れた。粟島と櫃石島の自動販売機はそれぞれ漁協の前、公民館兼宿泊施設（ラ・ポーレ粟島）の前といった大きな施設の前にあった。このことから自動販売機は「小さな商店」であると言え、多くの人の手が携わっていることが分かる。過疎化が進む小さな島において、個人で自動販売機を経営するのは厳しく、設置するエネルギーもないということが分かる。自動販売機が正常に機能する島、そこにはどのような条件があるのか。

4. 自動販売機の維持に必要な最大の条件

～外部から観光客が訪ねてくる～

　島内の人はたいていの人が商店でおしゃべりをしながら買い物をする。または本土から家族に届けてもらうということのように自分がどの

ように商品を得るのかということが決まっている。自動販売機を利用する
のは主に島外から来た観光客、また保養施設のような施設が設置した
場合は設置者が主に使うということになる。施設主は自販機を通さなく
ても仕入れたものを直接飲めばいいので、ここは外部からの観光客に重
きを置くべきだろう。人が来ない商店が閉店してしまうのと同様、自動
販売機もコンスタントに人が使用しなければ撤去に追い込まれる。小売
店ではホットドリンクなどは温めてから二週間で入れ替えるという説も
あるだけに、自販機の運営にもこまめに人の手が携わる必要があると考
えられる。自販機が正常に機能している島には少なからず外部からの来
客があると考えていいだろう。そしてこれが島の自動販売機にとって、
一番大きな条件だ。

5. 自動販売機のある島、ない島

　島外から来た人にとって飲み物は必要である。その点では自販機の存
在は大きい。それの維持する立場から考えて見る。商品は密封された缶
であるため賞味期間が長い。とはいっても、賞味期限が切れる前に、商
品が入れ替えしなければならない。また定期的に商品の売れ方をチェッ
クしたり商品を補充する人件費は必要である。新しい商品を運んでくる
ことも、島であるために本土とは違ってさらに輸送費がかかる。これだ
けのネガティブな条件があっても、さらにその条件を凌駕するだけの購
買者がいるというプラスの要因があって、自動販売機は維持できると思
う。島にとって自動販売機を維持するためには島外からの交流人口の存
在が大きい。

6. 最後に

　「瀬戸内国際芸術祭」の影響でにわかに活気付く男木・女木、アート
による活性化が成功したといえる直島が注目を集めるその一方で、今回
訪ねた島のように過疎化が一気に進んでいる場所があるということを知
り、衝撃を受けた。しかし、「人口０」に向かう島の中で島民は懸命に

農業や漁業にはげみ、櫃石島では中学生がニコニコしていた。高見島ではおばあちゃんがお刺身で私たちをもてなしてくれ、家を出てすぐの海岸はキラキラしていた。私にはこの風景、この人が何よりも観光資源であると思えた。確かに過疎化は進み、廃墟廃屋が目立つ島もある。それを受け止めるしかないのだ。どうあがいても、爆発的な活性化が急に起こるとは考えにくい。しかしそれでいいではないか。そのくらい私たちが訪ねた島はどこも魅力的であった。自動販売機さえあれば、夏場だって楽しめる。自動販売機は島の一員、観光においてなくてはならない「島民」なのだ。

　いっぺんに多くの人が島に訪れても対応できる人が島にいない今日、急な活性化は逆に島を苦しめるとも考えられる。自動販売機や商店が島の「ほどほど」の活性化を助ける可能性はあると思うが、このままでは将来的になくなってしまう可能性が高いとも思える。ある程度の数の観光客がある程度自販機を利用することで、自販機は維持される。自販機の消滅は、島の観光からの「リタイア」ともとらえられるだけに、現在保有している島はこの「灯」を消してはならないように私には思えた。

小豆島と関西テレビ

山口　華澄

1. はじめに

　私は、小豆島で育った。私が小さいころから見ていた関西テレビが香川県のどこでも映るわけではないと大学生になって初めて知った。今回は実家である小豆島でどのあたりがアナログで関西テレビが映り、どのあたりが映らないのかを調べようと思った。また小豆島にとって地上デジタル放送への移行がどのように影響を及ぼすのかはっきりわからないので調べてみることにした。

2. 関西テレビとは

　関西テレビ放送株式会社は、近畿広域圏を放送対象地域とする一般放送事業者で、フジテレビジョンをキー局とするFNN、FNSの準キー局である。略称はKTV、愛称はカンテーレ。阪急阪神ホールディングスの持分法適用会社であり、阪急阪神東宝グループの一員である。番組でいうと全国版では『SMAP×SMAP』、『グータンヌーボ』、を放送しており、ローカル版だと『冒険チュートリアル』、『なるとも』、『ちちんぷいぷい』などを放送している。

3. 小豆島のどこが映るのか??

　関西テレビの映る範囲を図1に図示した。
①小海：映らない②伊喜末：映る③戸形：映らない
④蒲生：映らない⑤池田本町：映らない⑥室生：映らない⑦石場・牛浦：映る⑧西村：映る⑨坂手：映る⑩苗羽：映る⑪安田：映る⑫神懸通：映らない⑬福田：映る
　ただし、一つの地域に一人ずつしか聞いていないため地域内でも映らないところがあるかもしれない。

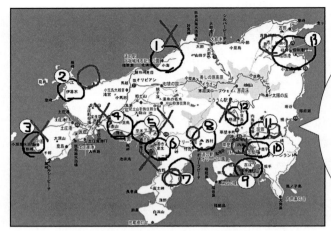

主に小豆島の東半分の地域が映るのがわかる。一番きれいに映るのが⑩番の坂手らしい。映っても映りが悪いのが大半である。

図1

　小豆島の人にとって関西テレビが映ることの意味は次のようである。フジテレビ系の全国放送は岡山に放送局がある岡山放送の電波で視聴ができる。ただ関西テレビが制作して放送するローカルな放送は小豆島の人にとって見逃しにくい点がある。小豆島の人は生活圏として大阪圏との関わりが大きい。島の人は大阪や神戸に行くことが多いし、親戚や友人も多い。過去にも大勢の人が関西圏に移住している。また関西放送は大阪人のノリといった点で軽妙洒脱な放送が多いので、小豆島の人にもファンが多い。そういう意味で関西テレビを見ている人がいる。特に若い世代を中心にお笑いの番組を中心に関西テレビが見えるのかどうかという点の意味が大きい。

　関西テレビも見える範囲は小豆島の東海岸、が多い。また電波を受ける関係から、電波を発する生駒山から見てさえぎる方向に山がある場合は受審が不可能である、かわりに島の西部にあっても電波の来る方向に対して背後に山を背負う形の地区たとえば②伊喜末⑦石場・牛浦⑧西村は受信可能である。

4. 地上デジタルって?

　2003年12月1日、東京・大阪・名古屋の3大都市圏で、地上波の
UHF帯を使用して開始されたデジタルテレビ放送である。

　その後、順次放送エリアを拡大中で、2006年12月には、全国の県庁所
在地すべてで試聴可能になった。従来のテレビ放送はUHF帯とVHF帯
を使ったアナログ放送だったが、電波の有効利用やテレビ放送の高画質
化・高機能化を推進するため、地デジに移行することが国によって決め
られ、現在移行が進行中である。デジタル化によって、高画質化（ハイ
ビジョン放送）や多チャンネル化、データ放送、移動受信（携帯電話な
ど）向け放送などの新しい放送サービスが可能になると言われている。
地上デジタルの放送は小豆島でいえば香川県に黄ということで高松を中
心とした放送局網に含められることが当然のようにすすめられている。
小豆島で関西テレビがどのように受信できるのか興味がある。

5. 地上デジタル化による我が家のチャンネルの変化

　　　⑦番の地域のアナログと地デジのチャンネル

　私の家は⑦の石場・牛浦地区にある。関西テレビの主旨ン地区であっ
た。アナログのときの我が家のチャンネルは①瀬戸内②NHK③サン
テレビかテレビ瀬戸内（家の2階と1階で実家はちがった）④毎日⑤
NHK⑥ABC⑦OHK⑧関西テレビ⑨西日本⑩読売⑪山陽⑫教育に設定し
てあった。

　それが地上デジタル放送に変わって、①NHK高松②NHK教育③テレ
ビ瀬戸内④西日本⑤瀬戸内⑥山陽RSK⑦テレビ瀬戸内⑧OHK⑨毎日と
設定された。今まで見ることができたのに現在視聴できないのが⑩読売
⑪関西テレビである。他の家がどうなのか未調査であるが、我が家に
限って言えば関西文化圏から切り離されたことは大きいように思える。

6. まとめ

　地上デジタル放送への移行が、今までのテレビの放送の受信が関西圏から高松圏へ移行がなされているように感じている。小豆島の人にとってこれまで関西とのつながりは大きかった。特に関西汽船によって直接大阪との航路があった時代は大阪へ出かける人が多かった。現在関西への航路が非常に少なくなり、高松との交わりが強化されている。一つの時代の流れの中の現象とは思いながら日常生活圏の変化をテレビの受信の変化という点でとらえて見た。

参考資料

ウィキペディア　http://ja.wikipedia.org/wiki/%E9%96%A2%E8%A5%BF%E3%83%86%E3%83%AC%E3%83%93%E6%94%BE%E9%80%81
関西テレビ　http://e-words.jp/w/E59CB0E38387E382B8.html

沖之島に流れる時間が与えてくれるもの

岩崎　春加

1. はじめに

　瀬戸内海の小豆島に属する、沖之島という島がある。この島は、人口わずか80人ほどの小さな島で、とても静かな時間が流れている。そして訪れたときには、自分と風景、自分と島の人の間に存在する空間の価値について、少なからず想いを巡らすことができると私は考える。

　「人の都合に絡んでこないもの―『関係のないもの』は、人に気付かれることなく、あたかも "無いもの" のようにして世界に存在しているが、何かの拍子で、人は自分とは『関係ないもの』が、それでもそこに『ある』のを見つけてしまう。」[1] と橋本氏（評論家・随筆家）が言うように、「ある」という発見が自分の中の「欠落」を意識させ、その連続が人生であるともいえるだろう。人は、世界から自立を要請された時に、おそらく自分の中に「欠落」を生じさせ、自らの孤独を知る。意識させられた「欠落」を「寂しい」と感じさせるのは、自分の本来的な幸福の記憶であり、そこに「ある」他者の発見が、「美しい」という感動になる。「美しい」とはそういうものであるから、美しいと実感したときの幸福感は少し切ないのではないだろうか。

　本稿では、訪れた際に「美しい」という感動と共に、それを実感した時の「寂しさも含む幸福感」を与えてくれた香川県の沖之島という島の魅力や、島が抱える問題についても書き進めていき、島に流れる時間は我々の価値観に何を語りかけてくれるのか考察したいと思う。

2. 沖之島

　沖之島は香川県小豆郡土庄町の小江地区に属し、面積が0.19平方km

---

[1] 橋本治著「人はなぜ『美しい』がわかるのか」

で周囲が2.8kmの小島である。総務省の平成22年9月国勢調査によると、人口は82人となっている。小江（おえ）地区からは北西108mの沖合にある島である。小江からはとても近い。この間を連絡船が結んでいる。沖之島の属する小江地区は、小豆島随一の漁業基地で、江戸時代から漁業者が移り住み、明治24年には26戸を数えた。地勢はなだらかで地味豊かなことから農業も営まれているが、島の基幹産業は底引網などの漁業である。小江の集落との間には約400mにわたって流れの早い海峡があり、「小江の瀬戸」または「乾（いぬい）の瀬戸」と呼ばれている。[2]

　『瀬戸の花嫁（小柳ルミ子）』は、瀬戸内海を代表するご当地ソングであり、瀬戸内海の小島へ嫁が嫁ぐ様・心情と、新生活への決意が歌われている。曲の舞台はこの沖之島とされている。

　沖之島へ行くには、小豆島を経由する必要がある。小豆島へのアクセスは阪神方面からは大阪（季節便）、姫路、中国地方からは日生、岡山、宇野（豊島経由）などから小豆島へわたるフェリーを利用するとよい。四国からは、高松港から小豆島へ高速艇やフェリーが出ている。

　小豆島島内から沖之島へ行くには、船を使用する。小豆島・小江地区、四海漁港から「渡し船」「うずしお2」でたったの3分で行くことが出来、旅客運賃は片道50円である。日曜日・祭日は、沖之島を16時に出港する便が最終である。しかし、例え向こう岸に船がいても、この渡し船の方は人が見えたら迎えにきてくれることもあるという。第三章では、この渡し船について述べたいと思う。

3. 沖之島の渡し船

　沖之島の漁師さんらは自分の船で島と島を往来しているが、速い潮流が流れている。子供やお年寄りがボートを操縦するのは危険である。はっきりした記録はないものの、太平洋戦争前から、渡し船は島人の貴重な交通手段として使われているそうだ。

---

[2] さぬき瀬戸島ネッ島HPより

小豆島から沖之島に渡る「渡し船」

　かつては、渡し船に乗って花嫁さんが島の外へ嫁いでいく姿も見られ、珍しさもあり「瀬戸の花嫁」として、テレビや新聞などでも紹介された。以前は、自治会が運営していたが、1954年から、「住民の足」の確保のために町が運航している。自治会が運営していたころは、木造の手こぎ船だったが、現在の渡し船「うずしお2号」は発動機付きの船である。しかし、全長は8m余りで定員11人の小さな船には変わりなく、1日14便から18便運航され、2、3分で両岸を結んでいる。

　沖之島には学校がなく、午前7時半の始発便は、四海小学校や土庄中学校などへ通う児童、生徒らでいつも一杯であるという。このあとは、病院へ通うお年寄りや、買い物に出かける主婦、釣り客らが一人ひとりと、乗り場にやって来る。

　沖之島の西に広がる海が夕日の色に染まる頃になると、学校帰りの子供たちを乗せた船が、ゆっくりと海峡を横切っていく。渡し船が往来する空間は、時間がゆっくりと流れているように感じられる。

4. 沖之島の魅力

(1) 夕暮れ時の瀬戸内海の多島美

　沖之島の西側の海岸からは豊島や直島などの島々が連なり、瀬戸内海ならではの多島美が楽しめる。また、島の中央部の小高い丘から、瀬戸

の島々に沈む夕日を眺めることができる。

（2）沖之島の集落

　沖之島には集落が2ヶ所ある。ただし沖之島自体、すべて小江（おえ）地区となり、地区の名前は同じである。ここでは①港近くの集落と②西の集落と呼ぶ。それぞれの集落に港があり、船をもつ人は港から出航する。①港の近くの集落では沖之島の港の近くに家々は密集しており、廃屋も目立つが、古い家も残っている。この集落は所々に花が咲いており、花が多いのが目立って印象的であった。漁業とともに、自家用の農業が盛んに行われているとの印象をもった。②西の集落は①港の近くの集落から、丘を登ってしばらく歩き、西の集落に辿り着く。こちらの集落は、港近くの集落に比べると少しコンパクトな集落で、漁村の雰囲気が漂っている。ジャガイモを栽培していた人に島の生活を話していただいた。

（3）野道を彩る賑やかな花

　春には、菜の花畑が咲き乱れ、桜が道を飾る。少しでも島を賑やかにしようと、島全体で花を植えるのを推奨していると教えていただいた。

（4）沖之島の港

　沖之島は漁業が盛んな島であり、漁業で船を使う人以外にも、通勤で小豆島に渡る人もいるので、自家用船を持っている人が多い。そのため島の港にはぎっしりと船が停まっている。

（5）瀬戸の魚の天日干し

　冬になると、「ゲタ（シタビラメ）の天日干し」のすだれが軒先や港に並び、昔ながらの風情を漂わせている。

HP「瀬戸の島から」http://blogs.yahoo.co.jp/log5kjy/251908.html

5. 沖之島が与えてくれる「時間」

　沖之島には、有名な建築物や碑など特別に「観光名所」とされている場所はないけれど、渡し船や、島から見える多島美、菜の花畑や段々畑、季節の花々、のどかな島全体に流れる時間が存在し、人と人との繋がりを感じ取ることも出来る。これこそが沖之島の魅力であると私は思う。

　沖之島には日用品を購入したり食事をするための商店等はなく、自動販売機もない。島である程度の時間を過ごしたい場合は、小豆島などで食糧や飲料水を調達してから、島に渡ることを忘れてはならない。

　島に降り立つと、穏やかな海と砂浜が目の前に広がり、自分だけのゆったりとした時間が過ぎていく。島は静かで、なんともいえない優しい空気に満ちており、街中では決して味わえない安らぎがある。島全体を覆う凛とした空気に感じる優しさや、心に触れる波の音、島という空間とそこに流れる時間が安らぎを与えてくれる。自分の本来的な幸福の記憶と、そこに「ある」他者（ここで言う他者とは、人だけでなく風景や音も含む）の発見が結びついたとき、「美しい」という感動が生まれるのではないだろうか。

　古くから、日本人は情緒を重んじてきた。つまり、「空白の部分に存

在している価値」を大切にしてきたと言われている。「人が『美しい』と実感する心は、自分の中の欠落に気付き、自分と風景の間の『空白の部分に存在する価値』を発見することにより生まれる。」と橋本治氏は自身の著書の中で述べている（「人はなぜ『美しい』がわかるのか」2002）。

　何かをする時間を過ごすためにそこへ行くのではなく、「何もしない時間」を得る為にそこへ行く。自分と風景、自分と島の人との間に存在する空白の部分の価値に気付くためにそこへ行く。そして、住んでいる「人」の日常生活の空気を肌で感じられることが沖之島の魅力である。

6. おわりに

　人間は生きていると、一瞬一瞬異なる風景や人（他者）と出逢い、同じ瞬間の繰り返しは二度と起こり得ない。誰もが知っていることなのに時折忘れてしまう、その大切なことを教えてくれたのは、私にとっては島に流れる時間であった。現代社会は思いも寄らない速さで過ぎてゆき、とてもではないけれどついてゆけない、とついつい思ってしまうこともある。そんなとき、島に流れるゆったりした時間は、人の頭と心を上手く会話させてくれるものであると私は思う。

　また、本稿を通して、沖之島の魅力だけではなく、島が直面している問題にも目を向けることが出来た。それは、「渡し船」の現状である。「沖之島のように、船しか交通の足がない島でも、『人の助け合いがあるからこの先も暮らして行こうと思います』と島の人は言う（2011年1月22日　四国新聞より）」。日本では現在、沖之島だけにとどまらず、高齢化と人口減が住む過疎地を中心に、お年寄りたちの「移動」の確保が大きな社会問題になっている。

　公共交通機関の衰退は単に買い物や通勤、通学、緊急時の搬送の際に困るだけでなく、人と人、人と地域、地域と地域のつながりを寸断し、社会的な孤立・疎外を招く危険をはらんでいる。さらに深刻なのは、このまま座視していると近い将来、都市近郊でも確実に、しかも一気に表

面化する問題であるということだ。今、そこにある危機は決して、過疎地だけの問題ではない。

　このような問題を含め、「島」という言葉を聞くと孤立という概念が浮かぶ人もいるかもしれないが、「島」は世界中と海でつながっているということも忘れてはならない。そして、島を訪れた際には島で暮らす人の話を是非伺ってみると良い。現代社会の縮図とも言われる島々に、様々な理由を持ちながら住んでいる人との間に生まれる会話の価値や、自分と風景の間・自分と島の人との間に存在する空白の部分の価値、自分の中の欠落していた部分の価値に気付くために、島を訪れてみてはどうだろうか。

参考文献・参考URL

１）橋本　治著「人はなぜ『美しい』がわかるのか」ちくま新書2002
２）「さぬき瀬戸　しまネッ島（とう）」HP
　　http://www.pref.kagawa.jp/kanko/seto-island/
３）「住んでよし、訪れてよしの国づくり」HP
　　http://www.lec-jp.com/h-bunka/item/v241/pdf/200407_04.pdf#search=
４）2011年１月22日　四国新聞「島の119番」より抜粋
５）小豆島観光協会ホームページ　http://www.shodoshima.or.jp
６）HP「瀬戸の島から」http://blogs.yahoo.co.jp/log5kjy/251908.html

国道が海の上にある？

石橋　尚

1. はじめに

　ゼミで繰り返し島にいっていると、ふと島の特徴が見えることがある。私の場合はそれが自動車だった。小さな島に自動車があることに違和感を覚えた。私の眼には道が無いのに自動車だけがあるように見えたからだった。そこで、瀬戸内海の島の道路を地図で調べることにした。そして、この地図から見えた島と道路の関係を記述していく。

　小豆島は瀬戸内海の中で大きな島だ。その、小豆島には国道436号線が走っている。こう言われても違和感はない。しかし、国道の定義を調べると小豆島の国道の特異性に気づく。国道の定義をざっくり言うと、国道は全国的な幹線道路を構成する道路が主に国道となるのである。小豆島がいくら瀬戸内海の島の中で大きいと言っても決して小豆島の道を全国的な幹線道路と言うことはできないだろう。では、なぜ小豆島には全国的な幹線道路である国道が通っているのだろうか。

2. 道路区分と香川県沖の島々

　香川県沖の島々を地図で見ていると国道と都道府県道、その他の道路が地図上で色分けされてあることに気が付いた。漠然と国道や都道府県道は大きな道路を指すのだと認識していたのだが、道路法を少し調べてみるとそうでないことが分かった。以下道路法第2章より第5条と第7条を引用しておく。

第五条　第三条第二号の一般国道（以下「国道」という。）とは、高速自
　　　　動車国道とあわせて全国的な幹線道路網を構成し、かつ、次の各
　　　　号の一に該当する道路で、政令でその路線を指定したものをいう。
第七条　第三条第三号の都道府県道とは、地方的な幹線道路網を構成
　　　　し、且つ、左の各号の一に該当する道路で、都道府県知事が当該

都道府県の区域内に存する部分につき、その路線を認定したものをいう。

　道路法上、道の大きさは関係なく、どのような機能を有しているかということが国道や都道府県道の違いとなることが分かった。また地図から香川県沖の島々の道路のある島の状況を表にした（表1）。

　第五条を読むと先に述べたとおり「全国的な幹線道路網を構成し」とあるので島に国道はないと推測することができるだろう。しかし、表1で示した通り小豆島には国道が存在するのである。なぜ小豆島の道路が国道に認定されるのかは後ほど記述する。

表1

	面積（㎢）	一般国道	都道府県道	その他道路	所属
小豆島	152.45	○	○	○	小 豆 郡
豊　島	14.61		○	○	小 豆 郡
広　島	11.84		○	○	丸 亀 市
直　島	8.15		○	○	香 川 郡
本　島	6.75		○	○	丸 亀 市
粟　島	4.06		○	○	三 豊 郡
手　島	3.84			○	丸 亀 市
女木島	2.72			○	高 松 市
高見島	2.54		○	○	仲多度郡
佐柳島	2.07		○	○	仲多度郡
男木島	1.34			○	高 松 市
与　島	1.15		○	○	坂 出 市
伊吹島	1.09		○	○	観 音 寺
櫃石島	0.85		○	○	坂 出 市
志々島	0.74			○	三 豊 郡
大　島	0.61			○	木 田 郡
小手島	0.59			○	丸 亀 市
岩黒島	0.16			○	坂 出 市

3. 離島と国道

　現在、日本の国道で最も番号の大きいものは沖縄県糸満市から那覇市に至る、国道507号線である。507ある国道の中で橋が架かっていない島（以後「離島」）であっても国道と認定されている道路が他にもあるのか気になり調べてみるといくつかあったので表にして紹介する（表2）。

　表2にある7つの国道が離島を通るものである。この507分の7の道路のなかのひとつである国道436号線が小豆島にはある。そう考えると少しこの道路に興味がわかないだろうか。

　ところで、なぜこのように他都道府県から陸続きでない離島の道路が国道とされているのだろうか。それについても道路法第1章第2条をつかって説明しよう。

第二条　この法律において「道路」とは、一般交通の用に供する道で次条各号に掲げるものをいい、トンネル、橋、渡船施設、道路用エレベーター等道路と一体となつてその効用を全うする施設又は工作物及び道路の附属物で当該道路に附属して設けられているものを含むものとする。

　第2条によると渡船施設も道路とあり、また一体となつて効用を全うする施設又は工作物ともある。すなわち、フェリー乗り場、フェリー自体が道路として考えられるのである。フェリー会社によっては国道フェ

表2　離島を通る国道

国 道	島
58号	種子島、奄美大島
350号	佐渡島
382号	対馬、壱岐島
384号	福江島、中通島（五島列島）
390号	宮古島、石垣島
436号	小豆島
485号	隠岐諸島

リーとつけているところもある。またこういった国道を海上国道という
こともある。

　それゆえ、例えば小豆島の国道436号線は兵庫県姫路市を起点とし小
豆島を経由し香川県高松市が終点となっている。このような理由から離
島にも全国的な幹線道路網を構成する国道が存在しているのだ。

　このような離島にある国道は国道でありながらフェリーを使うといっ
たことが起こり普通の国道にはない海上国道ならではの新鮮さがあると
私は感じている。

　ところで、本州から瀬戸内海を渡り四国に入る国道はいくつあるの
か。神戸淡路鳴門自動車道（明石海峡大橋経由）、瀬戸中央自動車道（瀬
戸大橋経由）、西瀬戸自動車道（しまなみ海道）を通る3経路を想像す
る人が多いだろう。しかし実際は、国道28号線、30号線、317号線、436
号線、437号線の5経路あるのだ。ただし国道30号線は瀬戸大橋を通る
経路とフェリーを使う経路が存在する。そのため本州と四国を繋ぐ経路
は実質6経路あることになる。しかし、フェリーを使う経路は減少傾向
にある。実際、国道28号線のもともとの経路であった鳴門フェリーは廃
止されている。明石淡路フェリー（愛称：タコフェリー）も便数を減ら
している。このように国道をフェリーで走る経路は確実に少なくなって
いる。巨大な橋を建設する技術を持った現在の社会では当然のことだろ
う。近い将来SLを想う鉄道ファンのような気持がフェリーに対しても
現れてくるかもしれない。そう考えると今のうちにフェリーでのんびり
とした時間を過ごすのも悪くないだろう。

表3　本州と四国を結ぶ国道

国道	起　点	終　点	経由地	海上部
28	神戸市	徳島市	淡路島	明石海峡大橋、大鳴門橋
30	岡山市	高松市	玉野市 宇野港	瀬戸大橋、宇高国道フェリー、 四国フェリー
317	松山市	広島県尾道市	芸予諸島	しまなみ海道
436	兵庫県姫路市	高松市	小豆島	小豆島フェリー、四国フェリー
437	松山市	山口県岩国市	周防大島	周防大島松山フェリー

4. 小豆島の中を走る国道

　図1は小豆島の中を通る国道436号線と港の位置関係を図示したものである。図からわかるように436号線は姫路から海を渡って福田港に上陸する。そして土庄港から高松へと向かう経路をとっている。地図だけをみると単純に福田港から土庄港へ道路をつなげるのであればより直線的に島の真ん中を通せばよいと考えられるかもしれないが、小豆島は山が多く沿岸部を通すことになったと考えられる。では、なぜ北側ではなく南側に道を作ったのであろうか。それは、港との関係があると推測できる。ここで各港がどこと結ばれているのかを記述しておく。

　大部港は岡山県の日生市、福田港は兵庫県の姫路市、坂手港は神戸市と大阪、草壁港・池田港は高松市、土庄港は岡山と高松とそれぞれつながっている。436号線は国道である。先にも述べたが国道は全国的な幹線道路網を構成しているのである。そこから考えると国道436号線を南側に設定した方がより全国的な幹線道路網になると考えられる。兵庫県を起点としているため岡山や大坂への道路は陸続きの道路がある。そのた全国的な幹線道路網と考えたときに大部港や坂手港はそれほど重要視する必要がないのである。また、小豆島は南側に主なまちを形成しており人が多い。そのことも、南側に国道を設定する要因であったと考えられる。

図1　国道436号線と小豆島の港

5. さいごに

　　瀬戸は日暮れて　夕波小波　あなたの島へ　お嫁にゆくの　若い
と誰もが　心配するけれど　愛があるから　大丈夫なの　段々畑と
さよならするのよ　幼い弟　行くなと泣いた　男だったら　泣いた
りせずに　父さん母さん　大事にしてね
　　岬まわるの　小さな船が　生まれた島が　遠くになるわ　入江の
向こうで　見送る人たちに　別れつげたら　涙が出たわ　島から島
へと　渡って行くのよ　これからあなたと　生きてく私　瀬戸は夕
焼け　明日も晴れる　二人の門出　祝っているわ

作詞：山上　路夫

　　これは瀬戸の名曲である「瀬戸の花嫁」の歌詞である。この歌詞の舞
台がまさに小豆島なのだ。もし海上国道に少しでも興味が湧いたならば
是非小豆島にドライブに出かけてほしい。そうすれば、この「瀬戸の花
嫁」にうたわれているような素敵な景色に出会えるだろう。

参考URL

ウィキペディア　http://ja.wikipedia.org/wiki/
瀬戸の花嫁
　　http://momo1949.hobby-web.net/mm/mu_title/setono_hanayome_w.htm
道路法　http://law.e-gov.go.jp/htmldata/S27/S27H0180.html
GoogleMap　http://maps.google.co.jp/maps?ct=reset

小豊島の畜産

古家　絵里子

1. はじめに

　小豊島は香川県小豆島郡土庄町に属し、小豆島の西1.6kmの海上にある。面積1.09平方km、周囲5.1km、世帯数は7世帯（2005年10月）と小さな島である。他の島とは異なる大きな特徴は「畜産」である。肉用牛の数は約550頭と島民数よりも多い。なぜ、島で畜産が行われるようになったのか、育てられた牛はどのように育てられ出荷されるのか小豊島の畜産について検証したい。

2. 島での畜産のはじまり

　昭和42年頃、小豊島ではみかん栽培が行われるようになり、その肥料として牛の堆肥をみかん畑に入れようと飼い始めたのが始まりである。その後みかんの価格が下がったため、徐々に畜産に力を入れるようになる。島で育てた牛は、最初は小さな船で輸送していたが、効率が悪いので漁船に階段を付け、畳を入れるなどの改造をして輸送用の船を作った。小豊島は瀬戸内の他の島と比べて水の確保が容易であり、また気候

図1　船で輸送される牛

も温暖で風通しが良いので、畜産に向いている。主に京阪神方面に出荷されており、自然豊かな小豊島で育った牛は全国的に評価が高く、高値で取引されている。

3. 飼養状況

　小豆郡の地区別の飼養状況は、乳用牛が小豆島で4戸90頭、豊島で3戸50頭、合計7戸140頭と近年非常に少なくなっている。(平成17年) 肉用牛は、肥育牛が小豊島で3戸500頭、小豆郡全体で16戸632頭を飼養しているが繁殖和牛は7戸8頭と少なく、乳用牛、肉用牛とも急速に戸数、頭数とも減少した。

4. 小豆島オリーブ牛

　香川県土庄町の畜産農家が、黒毛和牛の飼料に小豆島特産のオリーブの絞りかすを加えて飼育した「小豆島オリーブ牛」を2010年5月に兵庫県加古川市の市場に初出荷した。オリーブオイルの成分の約7割は、牛肉に多く含まれると脂が柔らかく風味が良くなるオレイン酸 (不飽和脂肪酸) で、絞りかすにもオイルが度残っており、飼料にすることで口溶けがいい、なめらかな食感の肉が期待できる。小豆島のイメージアップとオリーブ振興につなげようと、付加価値の高い肉用牛のブランド化を目指して試行錯誤されてきた。絞りかすは小豆島町の「東洋オリーブ」が提供し、要件でもある1日200グラム程度のオリーブの絞りかすを飼料に混ぜて黒毛和牛を飼育している。

5. 隔離のための離島

　近年、九州地方では口蹄疫の被害が後を絶たない。宮崎県での口蹄疫被害の拡大を受け、鹿児島県は県産ブランド牛である「鹿児島黒牛」の種牛12頭を鹿児島市から約100km離れた口永良部島 (屋久島町) や種子島などに分散避難させた。海に囲まれた離島ならウイルス侵入の可能性は低く、畜産ブランドを守るために、リスク分散が必要と判断したため

である。牛の冷凍精液の一部と「鹿児島黒豚」の種豚150頭も同時に避難させた。口永良部島と種子島は、公営牧場など飼育施設が整っている。

6. ブランドとして定着した石垣牛

　石垣島で飼育されている黒毛和種は、約3万5,000頭である。温暖な気候と一年中草が生い茂る草地、起伏のある土地に蓄えられた豊富な水など、和牛の飼育に適した環境が整っている。この石垣牛はJA石垣肥育部会を中心とした経営が行われている。石垣牛とは、八重山郡内で生産・育成された登記書及び生産履歴証明書を有し、八重山郡内で生後おおむね20ヶ月以上肥育管理された純粋の黒毛和種の、去勢及び雌牛のことをいう。2000年サミットでも食材として使われた。品質表示は、特選：歩留等級（A・B）肉質等級（5等級・4等級）、銘産：歩留等級（A・B）肉質等級（3等級・2等級）となっている。出荷システムなども構築や、各取扱店には指定のラベルを貼るなど、ブランドして定着している。

7. 小豆郡の畜産の今後

　小豆郡の畜産の問題として酪農の戸数・頭数の減少に加え、島しょ部であるが故の輸送コスト問題、老齢化、後継者不足、更に酪農では生乳の計画生産、乳質の自主規制により、経営が厳しくなっている。子牛の買い付けと成育した牛の出荷は、週に1〜2回、自ら操縦するフェリーにのせて高松や土庄まで運ぶ。飼料は月2回、船で届いたものを自身で倉庫まで運ばなくてはならず、また島では水不足が心配される。農家と関係機関で協議し、コスト・労働力を低減し、繁殖和牛農家への転換を図ることとなった。島の和牛農家は毎月の買い付けや出荷で情報交換をしたり、年1回は兵庫県加古川市で部会勉強会を行っている。（加古川・神戸と坂出の市場へ出荷されるため）

　このように、島育ちの牛を絶やさないために日々研究が積み重ねられている。小豆島郡のオリーブ牛は植物性の穀物飼料で徹底した安全衛生管理のもと肥育されており安全性は非常に高い。近年では食に対する安

全性が益々重要視されるようになり、今後の需要拡大も予想され、オリーブ牛が新たな県産ブランドとして確立していくことと思う。

［参考URL］

こちらCATVファイブ
http://www.kagawa-net.org/zaidan/catv7/index.html

四国新聞
http://www.shikoku-np.co.jp/kagawa_news/economy/article.aspx?id=20100512000075
http://www.shikoku-np.co.jp/kagawa_news/economy/article.aspx?id=20100522000062

島ネット
http://www.town.tonosho.kagawa.jp/shima/odeshima/index.htm

朝日新聞
http://www.asahi.com/special/kouteieki/SEB201005190048.html
http://www.interq.or.jp/tokyo/ystation/okcc.html

豊島事件〜石井亨氏の思い〜

浦田　堅人

1. はじめに

　2010年7月19日から10月31日にかけて開催された『瀬戸内国際芸術祭』。高松港周辺から始まり、瀬戸内海に浮かぶ直島、女木島、男木島、小豆島などを舞台として「アートと海を巡る百日間の冒険」が繰り広げられた。期間中はどの島にも期待以上の観光客が集まり、活気にあふれた。

　しかしその一方で、「多島美」で有名な瀬戸内海には、産業廃棄物不法投棄事件によって、「ゴミの島」や「毒の島」といったレッテルを貼られ、観光客が激減した島がある。上述の芸術祭の会場にもなった、豊島である。今回はこの事件について、当時、島民の先頭に立って不条理と闘った元香川県議会議員、石井亨氏の手記をもとに突き詰める。

　私はここに登場する石井亨先生の授業を香川大学経済学部で受けた。講義名は「地方自治論」であった。この授業により私は石井亨先生の当事者の目を通して、豊島事件と地域社会の有り方に大きく興味を持った。本章では石井先生の話をもとにしながら、私が考えた豊島事件を考えてみたい。

2. 豊島

　豊島は、瀬戸内海・小豆島の西方約3.7kmに位置する小島である。米作や酪農などの農業、ノリ養殖やハマチ養殖を軸とする漁業を主な産業とするが、今ではどれもかなり衰退し、過疎化・高齢化が顕著になってきている。

　また、急速な過疎化をたどるなかで起こった、独居老人の自殺という悲劇をきっかけに、乳児院（戦前のサナトリウム施設を利用して造られた）の保母さんたちを中心とする島民の自発的な活動として、独居老人の収容介護が行われ、後に離島としては珍しい特別養護老人ホームが開設された。1995年に起こった、阪神大震災のときには現地へ赴き、介護を必要とする老人たちをいちはやく受け入れた。

　また、その他にも２つのグループホームなどがあり、「福祉の島」と
して名高い平和な島である。

3. 豊島の産業廃棄物不法投棄事件

　1990年11月16日、兵庫県警の摘発により明らかとなった豊島における
産業廃棄物不法投棄事件（豊島事件）が始まりであった。豊島総合観光
開発株式会社によって、島の西端約220,000平方メートルで、13年間に
わたり極めて悪質な不法投棄が行われたものである。

　1991年１月23日に経営者は逮捕され、同年７月18日有罪判決（廃棄物
処理法違反）となったが、大量の有害物質を含んだ産業廃棄物は残され
たままとなった。この残された産業廃棄物の撤去などを求めて、1993年
11月11日に島民による公害調停が申し立てられた。

(1) 発端

　事件の発端は、1975年12月、経済成長により切り崩された山の跡地利
用として、有害産業廃棄物処理場を建設しようとしたことにある。計画
を知った住民は、翌1976年から全面的な反対運動を展開し署名・陳情を
繰り返した。しかし、住民の主張に対して、廃棄物処理業の許認可権を
持つ香川県は「反対があっても、個人の生存権は認めるべきだ」として、
許可の方針を貫いた。

(2) 許可取り消し、そして再許可へ

　同年９月、有害産業廃棄物を積んだ貨物船が豊島に接岸、許可を受け
ないまま荷揚げしようとして「荷揚げ禁止」の行政指導を受けることに
なる。この他、一連の悪質な行為を機に香川県は事業者に対する許可を
見送ることとしたため、事業者は廃棄物処理業許可申請内容を有害物か
ら無害物へと変更した。1977年２月、豊島を訪れた香川県知事は、住民
を前に、住民のエゴによる事業者いじめには問題があるとし、事業者に
対して廃棄物処理業の許可を出す方針であることを、公式に表明した。

（3）反対運動の激化

　これを境として住民の運動は激化し「産業廃棄物持ち込み絶対反対豊島住民会議」が結成された。また香川県から離脱し岡山県へ移籍することを決意し岡山県玉野市へ合併の申し入れを行うという事態へと至った。さらに、県議会へ建設中止の要請を行うとともに、島民515人が機動隊の見守る中、県庁への抗議のデモ行進を行った。さらに、強硬手段で産業廃棄物搬入を阻止するため、搬入道路周辺の私有地を自治会で買い上げ、地図上の道路の幅を確認して、杭打ちを行い軽四輪車しか通れないようにすると同時に、高松地方裁判所へ建設差し止め訴訟（原告584人）を提起した。

　激しくなる反対運動に業を煮やした事業者は、産業廃棄物処理場に反対する住民に対して暴行傷害事件を起こし逮捕され、再度処理場計画を「ミミズ養殖による限定無害産業廃棄物の中間処理」へと変更することになる。

（4）悪夢の再々許可と謎の和解

　1978年、香川県は事業者の暴行傷害事件と建設差し止め訴訟、これらの裁判の結果を待たずに事業者に対するミミズ養殖の許可を与えた。住民たちの裁判も「ミミズ養殖は畜産業の一種、十分な監視を行えば環境汚染など起こらない」という県の説得により「和解」へと至った。この「和解」には、事業内容変更の際は住民と協議し、住民の生命、身体、財産及び生産活動に損害を与えた場合は賠償すること、公害発生のおそれや現に公害が発生した場合は操業を一時停止し、危害防止並びに除去の措置をとることなどが織り込まれていた。県もまた、この「和解」の内容を理解し、十分な監視と指導の実施を約束したはずだった。

4. 操業開始から兵庫県警による摘発まで

　操業が始まると事業者は、許可外の産業廃棄物を持ち込んで燃やしたり、違法な埋め立てを行ったりした。住民たちは県に対し、何度も事実を訴えたが、有効な措置が実施されることはなかった。1983年頃から事業者の持ち込む産業廃棄物は、ドラム缶やタンクローリーなどで運ばれてく

る謎の液状物などを中心に急増、多種多様化し、異様な様相を呈し始めた。野焼きは悪質を極め、ぜんそくなど健康に関する苦情が急増した。

（1）公開質問状

　違法状態を前に、住民たちは1984年、香川県に対し公開質問状をもって訴えたが、香川県からの回答は、「産業廃棄物中間処理場ではミミズによる処理が行われている」「シュレッダーダストなどは有価金属の回収原料である」など、およそ現実とは掛け離れたものであった。その後、行政監察局へも足を運んだが有効な改善は見られなかった。

（2）摘発

　1988年5月27日、海上保安庁姫路海上保安署が廃棄物処理法違反容疑で事業者を検挙、同年11月16日には有罪判決が下されたが、あまりに悪質な現状にもかかわらず、香川県によって有効な措置が講じられることはなかった。1990年には、兵庫県警が廃棄物処理法違反容疑で再度事業者を摘発、日本でも最大級の不法投棄事件である「豊島事件」が明るみに出ることとなった。

（3）摘発後のそれぞれの動き

　摘発後、住民は、事態の収拾を目指し「廃棄物対策豊島住民会議」を結成し、対策にあたった。香川県は、その後も「事業者が行っていたのは有価金属の回収であった」との見解に固執していたが、国会議員団の視察調査や多方面からの批判に耐えかね、摘発から34日後にようやく「有価物ではなく産業廃棄物である」と、見解を変更した。摘発に伴う兵庫県警科学捜査研究所の調査や、その後の香川県の調査により、カドミウムやヒ素などの有害物質が大量に混在していることが判明した。

　香川県知事（許可を与えた当時とは別の人物）は、豊島住民に対し「県のもっている能力の全てを傾注し、法の解釈を現実に合わせる方向で検討を重ねたい」とし、そのために「業者がどのようなシステムで営業し

ていたのか徹底的に解明する」と約束した。そして、ついに香川県は事業者に対し、生活環境保全の必要性から、産業廃棄物撤去と飛散防止の措置を命令した。

5. 香川県がおかした「過ち」〜調書に記された事実〜

（1）知っていた香川県

　実は、県は違法な事実を知っていながら有効な措置を実施しなかった、そればかりか、加担していたといっても過言ではないほど事業者を擁護していたのである。調書に記されたそのあまりの内容と、事業場に放置されている産業廃棄物は有害物質であるに違いないという確信のもと、1993年11月11日、公害調停申請となる。

（2）さらに明らかとなった事実

　香川県は、操業中に実に118回に及ぶ立ち入り調査を実施しており、本当は実態をよく知っていながら、事業者と住民の間に立ち住民の訴えを退け続けていたのだ。また、1988年に姫路海上保安署によって事業者が廃棄物処理法違反で摘発された際、参考人としてよばれた香川県は、シュレッダーダストなどの産廃を「廃棄物とは言い難い」と供述している。

　さらに、香川県職員の調書には、「私の事業者に対する気持ちは、気の短い乱暴な男で機嫌を損なえば何をするか分からない人、強いことが言えず、事業者に都合のよい回答をしている」や「私自身がどうされるかと考えれば絶対にそのようなことは言えず、このように説明した」、そして「あのような方（事業者）でなければ、行政処分等の適正な措置が出来たと思う……」といったように、考えられない文章が書き綴られていたのであった。

6. 考察

　私が生まれた1988年は、事業者が摘発された年である。そこから22年、豊島にはまだ産廃が残されている。今回、豊島事件について調べて

いくうちに、私は、ほんとうの責任はどこにあるのか、そこのところに難しさを感じた。犯人が、上述の悪徳業者であることは間違いないとして、行政の無策・無責任ぶりも同様に「悪」だったのではないかと思っている。ただ、「悪」のニュアンスがこの両者では違うし、ここで記述した事件過程は、豊島住民の視点で捉えられたものであるから、行政側にももしかすれば違う言い分があるかもしれない。この廃棄物処理業が万が一にでも成功していた場合、事件は違った結末をむかえ、住民は「エゴによる事業者いじめ」をより批判されていた可能性だってあっただろう。ただ言えることは、豊島には、まだ産廃という、形に残る過去の負の遺産があるだけでなく、「豊島事件」という、形に残らない歴史が、消えることなくあり続けているということだ。そういった意味では、決定権・拒否権をもつ行政が、正しい判断をもう少しはやくできていれば、という思いはぬぐってもぬぐいきれない。

　事件の発端から35年が経過した2010年、豊島は『瀬戸内国際芸術祭』において、サイクリングと芸術鑑賞をコラボさせた島として注目を集め、全国各地からの観光客で大いににぎわった。ここに至るまでの豊島の人々の苦労を、そして、まだ戦いの途中だということを、私たちは決して忘れてはならない。そして、この事件と常に向き合い、島を愛してきた石井亨氏ら住民の熱い思いを、必ず生かしていかなくてはならない。

　違うどこかでまた、歴史が繰り返されることがないように。

参考URL

豊島からの報告　石井亨
　http://www.teshima.ne.jp/blog.archives/000041.html
豊島事件と自治体行政　http://www.jichiro.gr.jp/jichiken/report/rep_
　tokushima29/jichiken/5/5_1_07.htm
　（事件過程は、『豊島からの報告　石井亨』http://www.teshima.ne.jp/blog.
　archives/000041.htmlより引用。）

男木島の美的景観

神原　実

1. はじめに

　私が一昨年前に初めて男木島に行った際、その町並みの美しさに心を魅かれた。どこにそのような魅力があるのか考えてきた。自然が豊かなところだろうか？私の故郷の雰囲気に似ているからだろうか？それとも離島という私の普段の生活圏を大きくかけ離れた空間のように感じたからであろうか？具体的にその要因はなんなのだろうかという疑問から「男木島の美的景観」というタイトルで執筆をしてみたいと考えた。男木島での経験は私にとって不思議なもので、その男木島の細い路地を歩いてみると角を曲がるたびに自身の心の中の奥深くに踏み込んでいるかのような啓示的感覚と、忘れていたかのような過去と繋がる景色が心に浮かび、また異国に来たかのような新鮮なイメージが同時に押し寄せてきた。また後ろに広がる海はその不思議な町並みを通してスタジオジブリ作品のようなファンタジックさも感じた。このような不思議な空間を構成している要因について考えてみたいと思う。

2. 離島についての考察

①　男木島の概要

　まず初めに男木島についての概要データを『SHIMADASU』で見てみる。男木島は面積1.37平方km、周囲4.7km、標高はコミ山の213mが頂点、人口313人、世帯数157世帯、交通は高松港からフェリー「めおん」で女木島経由、男木港へ40分、1日5〜6便となっている。また環境的特徴を同じく『SHIMADASU』の男木島の項目から抜粋する。

　『高松市の北7.5km、女木島の北1kmに浮かぶ島。平坦地が少なく、南西部の斜面に階段状に集落がつくられている。過疎化と高齢化が急速に進行しており、空き地の増加がめだつが、昭和32年映画「喜びも悲し

みも幾歳月」の舞台にもなった美しい島。源平合戦で那須与一が射た扇
が流れついたことから「おぎ（おおぎ）」という島名がつけられたとも
いう。近年では海洋レジャー交流の島として知られ、若者たちが多く通
うようになってきた。』以上のように、男木島には若者をターゲットに
した独自の文化を目指している。

②　離島の環境

　上記したように男木島には自然的な風景や日本の懐かしい風景が存在
している。またインターネットの情報として男木島の多様な情報を視覚
として簡単に手に入れることができる。究極的に言ってしまえば、男木
島を自然という観点から見た場合、それは瀬戸内海島嶼地域の他の離島
と特に異なる特徴は見受けられない。ただ整然とした家々のたたずまい
が、瀬戸内の典型的な風景として私が抱いているイメージと一致する。
また男木島を取り巻いている環境も他の瀬戸内の離島と大して相違して
いない。瀬戸内海の島嶼の環境的特徴とは、周囲を海に囲まれており、
また陸地が少ないという本質的なものである。山林部には集団生活圏を
構えることができないので、一般的に住みやすい緩斜面に集落が形成さ
れる。平地が少ないので耕作地として土地を割くことができないので、
農業は発達しない。逆に海に囲まれているのでいくつかの条件がクリア
できれば漁業がおこなわれる。その条件とは漁業資源に恵まれているこ
と、最近では乱獲により漁業資源が育っていない地域もある。漁業には
船や網など初期投資にかかる費用が大きいので地域に資本の蓄積がある
こと。また海が荒れたときに漁船を格納して高波から守ることのできる
良い港のあることもあげられる。せっかく魚などをとっても市場に出荷
できなければ収入につながらないので効率のよい出荷体制を持っている
ことなどもあげられる。以上の条件をクリアしても最近は高齢化による
労働者不足により漁業を維持できない漁村も増えている。安定的な職業
として漁業を選べる若い世代にどのようにバトンタッチするかが現在の
瀬戸内海の漁業の抱えている問題のようにも思える。

③　離島の抱える問題

　しかしこのような離島が慢性的に抱えている本質的問題は住民の本土流出である。住民は学校や会社、買い物など島外に出ることが多く、立地的に島外に住居を構えて生活したほうが便利である。結果的に島から出て行く人が今まで多かった。大都市というよりも近隣の都市である高松への移住が多いと聞かされた。このような考え方による住民の移住は過疎化を生み、若年層が本土に移動することにより島の高齢化も進行する。これを受けて、行政組織はまだ残っている島民のためのインフラ・ストラクチャーの継続を行うのか、それとも維持コストの削減のために切り捨てるのか、という判断を迫られることにもなる。逆に考えると、離島は過疎化によってインフラ・ストラクチャーの整備や土地の開発が比較的行われておらず、自然のままの風景を維持しているともいえるわけだ。このような問題により離島がもっている自然や景観などは概ね他の離島に対しても当てはまるものとなっている。

3. 男木島の特徴

　そのような離島独自の性質をもった男木島であるが、実は他の離島と少し違った環境におかれている。他の離島は陸地の面積比を考えて、平野部が少ないから耕作が行えず、農業が発達していないと先ほど述べた。これは男木島にも当てはまることであり、男木島は漁業が盛んである。しかし沿岸部の周辺は比較的平野であることが多く、他の離島の多くはそこを生活圏にしている。例えば近くにある同じ瀬戸内海に浮かぶ小豆島は、島の南側が平野となっており、そこに港と人々の生活圏が存在している。反対の北側は切り立った山が多く、それを採掘して資源として回収している。しかし男木島は港こそあるものの、平野部が極端に少なく、またそれ故に傾斜の多い緩斜面に集落が立地している。これこそが男木島のもつ他の離島にない特徴であるだろう。本来傾斜の多い場所に住むには、建築上の問題や、道路の不成立、そして最も大きな問題は生活上の不便さなのだ。特に高齢化が進んでくると階段の多い斜面を

移動することの肉体的な困難さが老人の上に降りかかる。このことが現実の生活上の問題として顕著に表れてくる。しかし、このことは確かに特徴ではあるのだが、マイナスではあってもプラス的特徴ではない、と考える人が大多数であろう。確かにこのことが住民にとっては酷くマイナス的特徴であり、その土地の地形とはそこに住み始めた住民に与えられた試練である、といっても過言ではない。しかしこれは「景観」という視点から見ると決してマイナスではなく、むしろプラスとしてはたらいているのだ。傾斜地であるため家々の造るスカイラインがだんだんと盛り上がる。ひな壇に並ぶようにすべての家が海から一望できるのである。その上の樹木地と相まって海の青、空の青の間に人々の居住空間を切り取る。これが私たちの心の描く瀬戸内海の風景の一典型として迫ってくる。そして古い時代の建築様式が多数を占める住居の空間が懐かしさを醸し出す。

4. 景観について

　そもそも良い景観、悪い景観とはなんであろうか。以下に2007年2月に活動を終了した美しい景観を創る会の設立趣旨から良い景観を説明している部分を抜粋しよう。

　『日本はかつて世界に誇れる美しい国でした。四季折々に違う表情を見せる自然、その自然と折り合いをつけながら、生活の中に巧みに取り入れる人々の生活、そうした変化を愛でる日本人の豊かな感性を通じて、日本独自の美しい景観を創り出していました。』

　つまり「整備されている」「調和がとれている」「自然豊かであり、歴史的な背景がある」ということが美しい景観、つまり良い景観だと記載されている。逆に悪い景観とは、同じく美しい景観を創る会によれば「放棄」「過剰」「錯綜」「惰性」「慢心」の5つをキーワードとしている。つまり「煩雑としている」「行き過ぎている」景観である。しかし美しい景観を創る会は多くの場所から非難を受けており、また今現在ではそのホームページは存在していない。この批判の理由は明らかであり、つ

まり「私は煩雑なほうが落ち着く」「整備され過ぎているところは気持ち悪い」という「個人的」な趣向をもつ人が多数存在し、美しい景観を創る会と対立したのだ。しかしここで重要なことは、「個人的」な良い景観と悪い景観の価値観をもっている人が多いというこの一点である。つまり景観の良し悪しは公的に決められるものではなく、それは個人の好き嫌いなのである。故に最近聞かれるようになった「工場萌え」という、非自然的な工場の機械的な美しさに魅かれた人々がツアーを行っているという文化も理解できよう。

　結論から言うと風景は人の心により判断されるもので、良い悪いという判断基準は存在しない。心地よい、興味深い、懐かしいという肯定的な判断意識と、不安だ、居心地が悪い、汚いという判断意識の軸の間に配置されるように思う。その判断は個人的な要素が大きいため一般的な基準である良い・悪いという判断が当てはまらにことが多いように思う。

5. 心象風景と景観の関連性

　更にいうと、個人の景観についての嗜好はその心象風景によるところが大きいのだと思う。自分自身がどのような経験、風景、生活、と出会ったことがあるかなどが精神上に映し出されたもの、それが心象風景であり、これは酷く抽象的であり形而上学的である。また心象風景と故郷的景観について記述した『風景の事典』によると、『では、この心象風景はいったいどこから来たものなのか。また、都会で生まれ育った私が「田舎の風景」を懐かしいと感じるのはなぜか。石川啄木は評論「田園の思慕」で、故郷に関して次のように解釈している。啄木によると、故郷を離れた都会生活者は「温かい田園思慕の情を抱いて都会の人情の中に死ぬ」。そして、その子供は、つまり二代目は「身づからは見たことがないにしても、寝物語に聞かされた故郷の佛（略）のうららかなイメエジは、恰度お伽噺の『夢の島』のやうに、過激なる生活に困憊した彼等の心を牽くに充分である」。そして三代目ともなると「思慕すべき田園を喪う」のだという。』と書かれており、その人が経験したもの以

外であっても、日本人という人種の中に伝聞され残っているものも存在しているといえる。つまり心象風景とはそれまでの自分自身の経験と、日本人の心の底に存在している風景とがかけ合わさったものであるといえる。

　そのような心象風景は現実にはなかなか存在せず、また存在しないからこそ心象風景として抽象的な位置を保っている。しかしそれに似た景観であれば、精神上にふわふわと抽象的に存在している心象風景が共鳴し、心象風景的風景として新たに心の中に刻み込まれるのではないだろうか。それは当然個人によって違うものであるが、先述した通り昨今の世界はインターネットにより高度に情報化されており、またそれにより情報の共有化、つまり個人の経験のオリジナリティの欠如が緩やかに進行している。これを受けて、概ね統一された価値観によって形成された心象風景は和と洋の混成という一点に向かっているのではないだろうか。

6. 景観的観点からみた男木島

　男木島の抱えているマイナス的特徴は、それ故に住宅の密集化を生み、また他の離島と同じくインフラ・ストラクチャーが万全でなく、開発も行われていないため簡単に言うと、多くの自然風景が残っている。他方、男木島の住民生活圏を実際歩いてみればわかるが、ぐねぐねと曲がりくねった細い路地が迷路のように張り巡っており、多くの人が普段の生活では経験したことのない奇妙な空間として認識されるだろう。つまり、男木島は自然の多い日本の田舎町のような空間的特徴と、ある種ヨーロッパ的な迷路のような空間的特徴を併せもっているといえ、またそのような奇妙な空間にある家と家の間から見える海がスタジオジブリ作品のようなファンタジックなものとしても感じられる。和と洋、現実と空想、このような正反対の性質を併せもつ奇妙さが個人の心象風景に刻み込まれる。つまり男木島のもつマイナス的特徴は、これにより「景観」という視点からはむしろプラス的特徴であるということがわかっただろう。

7. 男木島の特徴2

　山間部に生活圏を構えることと同じように、生活環境的にはマイナスであっても、景観環境的にはそうではない男木島の特徴をもう一つ挙げたい。それは風である。多くの離島にとって海から来る潮風、また波飛沫は植物の枯渇などの塩害を生み、建築物や金属などに多大な影響をあたえる。これは男木島にとっても例外ではなくむしろその影響を受けやすい。男木島は建築物が斜面に広がっている、つまり階段状に広がっているため、潮風が多くの住宅に直撃する形になるのだ。これにより塩害などはもとより、強風などによってだけでも住宅がダメージを受けることもある。これを防ぐために男木島では古くから実践されてきた知恵が存在する。それは住宅の向きを北西、または南東に揃えることである。こうすることで住宅が風を受ける面積が小さくなり、その影響も小さくなるのだ。これによって景観にとって何がプラスとなっているのだろうか。それは住宅の向きが概ね揃っているということ自体である。つまり住宅の向きが揃っていることは、「統一された景観」を自然に演出している。これにより、雑多なイメージを与えない町並みとなっているのだ。

8. フランスの景観規制条例

　例えば、フランスでは、住宅の向きや高さ、材質や野外広告物などを揃えるよう法律によって規制されている。風景法は土地占有計画（plan d' occupation des sols、通称POS）において「景観の質の保全及びその変動の制御」に配慮することを義務づけた。POSは、市町村の土地利用を規定する法的拘束力を持つ都市計画で、都市開発を計画・管理すること、農地・景観・森林などの自然空間を保護することなどを主な目的としている。市町村長は、建築計画がPOSに合致する場合にのみ建築許可を下すことができるとされている。パリ市のPOSでは、高さ規制や建物の容積率規制を設けて都市景観の保全を図っている。パリ市のPOSに基づいて行われる高さ規制のなかで、特徴的な規制としては、「景観の全体

的保護のための紡錘体（fuseaux de protection generale de site)」による高さ規制が挙げられる。この規制は、ある特別な意味を持つ景観のなかに、これを阻害する性質の建造物が侵入することを防ぐために、三次元平面の範囲に含まれる建物の高さ規制を行うものであり、以下のように行われる。

（1）眺望対象の前で、最も良い景観を得られる地点を設定する。

（2）眺める人の目と眺望対象の屋根の両端を結んで、三次元平面を（この三次元平面が紡錘体とされる）。

（3）三次元平面の領域に含まれる建物の高さを、それより下側になるよう規制する。

（4）眺望対象の背後の風景を保全する場合は、三次元平面上にその平面の高度を示す「最高高度ライン」を引き、このラインを超えないよう建物の高さを規制することも可能。

9. フランスと男木島の類似性

このようなフランス・パリの景観規制や計画により、厳しい建築基準が設けられており、これにより整った町並みが保全されている。これは上記した男木島と同じ状況であるといえる。つまりフランスは法律により町並みを保全し、かたや男木島は環境により町並みを保全しているのである。また、共に住民にとっては幾許かの不自由さを提供していることも一致している。このようなフランス的町並み保存が、偶然ではあるが和と洋の統一を体現しているのではないだろうか。そう考えると男木島の路地を歩いたときに感じる不思議な感覚も、男木島のヨーロッパ的な町並み保存と日本の故郷的自然風景がマッチングしているがために発生していたと説明できるだろう。

10. まとめ

男木島を歩いた時に感じた、日本の古い自然的風景と異国的風景とのファンタジカルな融合。このような感覚は個人の画一化された心象風景

に直撃し、新たな空間として個人の精神に記憶される。このような町並みをもった場所は日本の他の場所には無いのではないだろうか。上記したような男木島の町並みはどれも男木島の周辺環境によって偶発的に発生したものである。離島という環境もまた異国という雰囲気を助長しているのかもしれない。男木島は是非日本人の若者に観光してほしい場所である。画一化された心象風景に新たな光景を刻み込んでみてはどうだろうか。

参考文献、参考URL

財団法人日本離島センター著（1998）『SHIMADASU』、日本離島センター
千田稔ほか編（2001）『風景の事典』、古今書院
風景論、景観論、景観まちづくり関係
　http://d.hatena.ne.jp/RVNK/20080310/1205146576
ヨーロッパの景観規制制度―「景観緑三法」提出に関連して―
　http://www.ndl.go.jp/jp/data/publication/issue/0439.pdf

直島の本当の魅力とは

佐藤　遥菜

1. はじめに

　2010年、瀬戸内国際芸術祭が開催されたことによって、直島の知名度は大幅に上がったように思われる。この芸術祭では、国内外から多くの観光客が訪れ大成功を収めた。アートと環境の島と謳われている直島であるが、実際はどのような島なのだろうか。ここではガイドブックだけでは分からない、直島の魅力を伝えていきたいと思う。

2. 直島の概要

　直島は瀬戸内海に浮かぶ、人口約3,300人、面積約8㎢の島である。
　「直島」という地名は、保元の乱で敗れた崇徳上皇が讃岐へ流される途中この島に立ち寄り、その際に受けた島民のおもてなしの心や素朴さを賞して命名されたと伝えられている。

(1) アートの島

　直島が有名になったのはここ十数年の話である。㈱ベネッセホールディングスが主体となり、直島に現代アートを取り入れた美術館を建設したことがきっかけにして、古くからある地域の民家を活かした家プロジェクトと呼ぶ民家と現代アートを融合させた展示物を作ったことに始まる。話題を集めたことにより、直島町がアートで町おこしを始めた。このことがアメリカの旅行雑誌の高い評価を受けて、国内外から多くの観光客が訪れるようになった。島には店や宿泊施設が増え、次第に観光客をもてなす態勢が整っていった。また忘れてはならないのが、瀬戸内海という多島美を特徴とする瀬戸内海国立公園というすぐれた景観の中に存在することが島そのものを美しく感じさせている。
　主な見どころとしては、ベネッセハウス、地中美術館、家プロジェク

トなどが挙げられる。また、2010年には李禹煥（リ　ウーファン）美術館が開館し、新たな観光スポットとなっている。

（2）環境の島

　隣の豊島に放置された産業廃棄物等の中間処理施設を直島に建設することを契機として、循環型社会のモデル地域を目指す「エコアイランドなおしまプラン」が国の承認を受けた。直島町民と全事業者の参加と協働でこのプランを推進していくことにより、まちの魅力を高め、大きく飛躍・発展しようとしている。

3.　直島の“ヒト”

（1）「お接待」の心

　前に書いたように、直島の人は素直で温かい。それは直島を訪れた多くの観光客が感じとっているように思う。なぜ直島の人々は島外から訪れる人に対し親切なのだろうか。

　ひとつの理由として、「お接待」の心が挙げられると思う。古くから日本には遠くからくる人をマレビトとして大切に扱う習慣があった。特に辺地になるほどその習慣が残った。直島にもこの文化が長く残ったのではないかと思う。だからこそ、「よそ者」であった崇徳上皇を素直に尊びもてなしたのではないか。そして、その習慣が今にも引き継がれているように感じられる。

　実際に直島を歩いていると、島民によく声をかけられる。時には通りすがりのおじいちゃんがみかんをくれたりもする。ボランティアで家プロジェクトのガイドをする人、暑い時期には冷たいお茶を無料で振舞ってくれる人、と直島の人は外から来た人をもてなすことが当たり前になっているように感じる。

（2）素直になれる島

　私は香川大学につくられた学生組織「直島地域活性化プロジェクト」

に属している。拠点「和カフェぐぅ」を中心に島の活性化を学生の立場から支援している。私が直島に通い始めて３年経つが、その中で自分が変化していることに気がついた。直島の人の温かさに触れ、会話を持つことによって、自ら周りの人に話かけるようになったのである。観光客と話をしていると、「島の人が温かく話かけてくれたのがすごく嬉しかった」、「ここに来ると素直になれる気がする」ということをよく耳にする。直島の人の温かさが、訪れる人の心をも温かくしているからではないかと思う。

　私が思う直島の一番の魅力は「ヒト」だ。この人の温かさはどこに行ってもない、特有の温かさが直島にはあると思う。どんな理由で直島を訪れてもいい。多くの観光客は現代アートが目的だろう。しかしそれだけを見て帰るのではなく、もっと直島を感じて欲しい。直島に暮らす人と触れ合うことによってこそ、真の直島の良さが見えてくるのではないか。

4. おわりに

　私は、直島の魅力は現代アートよりも、直島の人の心にあると感じている。しかし忘れてはいけないのは、「アートがあったからこそ、直島の良さが伝えられた」ということだ。もしアートがなかったらそもそも直島に足を運ぶ人もいなかったかもしれない。アートというきっかけによって直島を訪れてはじめて、直島の人の温かさを感じることができるからだ。そのことは直島に暮らす人々も感じている。「未だに現代アートのことはよくわからない。」そう話す島民もいる。「でもそれがあるから、観光客が来てくれて、直島を素敵だと思ってくれるのはとても嬉しい」と話してくれた。

　瀬戸内海という美しい風景を背景にした地域に、現代アートの観賞を目的とした観光客が訪れる。遠くから来た観光客を島民が自分たちの流儀でもてなす。そのもてなしを受けた観光客が直島の人の魅力に気付く。

　アートが直島に入ったことによって、このような連鎖が起こり、直島の魅力を引き出すことに繋がったのではないか。

　アートと環境の島、直島。その魅力を引き出しているのはそこに住む島民であると私は考え、この島を訪れる際には、是非それを感じて頂けたらと思う。

＜参考URL＞

　直島町ホームページ　http://www.town.naoshima.lg.jp

鉄道の走る島

角名　一紀

1. はじめに

　1988年4月、瀬戸内海に大きな変革が起きた。四国と本州の架け橋となる「瀬戸大橋」が開通したのである。塩飽諸島の5つの島の間に架かる6つの橋梁とそれらを結ぶ高架橋により構成されているこの橋により、四国と本州を結ぶ「鉄道（瀬戸大橋線）」が開通し、交通の便が格段に良くなったことは間違いない。それに加え「島の上を走る鉄道」という日本ではなかなか見ることのできない光景をも生み出したのである。ここで1つ気になることが浮かび上がってくる。「島の人々にとっての鉄道」というものである。そこで、このレポートでは、島に住む人々にとって「鉄道」というものがどういったものであるのか、どういった思いを抱いているのか等、実際現地を訪れ感じたことや島民の方へのインタビューを通して考えていくことにする。補足として、鉄道マニアの人にはたまらないであろう「鉄道絶景ポイント」も少しだけではあるがお届けするつもりなのでぜひ参考にしてもらいたいと思う。

2. 鉄道の走る島

　瀬戸内海において鉄道の走る島は5つ存在する。北から「櫃石島」、「岩黒島」、「羽佐島」、「与島」、「三つ子島」である。このうち「羽佐島」と「三つ子島」は無人島である。どちらの島も釣り人が船から降り、利用する事はあるようだが、たどり着くための交通手段は実質存在しない。「三つ子島」に至ってはほぼ岩なので、本当に注意が必要である。残りの3島は有人島であり、交通手段はある。しかし、注意すべき点がある。一般車が降りられるのは、3つのうち「与島」だけなのである。残りの2つは島民以外は路線バスで行くしかない（島民には本州四国連絡高速道路（株）が発行する専用の別納カードがある）。一見不便なだ

けに思えるが、かなり高額の橋の建設費や高速料金等が掛かっていることを考えると、驚きの安さかもしれない。以上５つが瀬戸大橋の下に位置する島である。日本で鉄道が通過する島は他にもある。山口県の彦島では山陽本線が通し、関門トンネルの入り口にあたる島である。さらに静岡県浜松市の弁天島では東海道新幹線・東海道本線が通過している。弁天島は海に浮かぶ島ではない。浜名湖に浮かぶ島である。島内には弁天島駅も存在する。

3. 島民にとって「鉄道」とは…

　約20年前瀬戸大橋という巨大な建造物が建設され、それとともに走り始めた「島を走る鉄道」。ここでは、その鉄道に対して島民の方がどのような思いを抱いているかなど、実際のインタビューから得た事を紹介していこうと思う。

〔協力者:ぽんたん農家のもとかわさん（80）、岩黒中学二年生の岩本豊君（13）〕

・「電車」は怖い!?憧れ!?

　まずは島民の方が「電車」に対して抱いているイメージについてである。もとかわさんが初め抱いていた印象は「怖い」というものであった。なぜか。その理由は音にあった。「ゴォー…」という地響きのような音が家の中にも伝わってくる。明るい時間帯はまだ「電車が走っているのだな」という実感があるが、夜になると印象がまったく違ったものに変わるそうだ。最初は怖くて眠れないということもあり、「電車には困らされた」とおっしゃっていた。ただ慣れてしまった今となっては「ただうるさいだけ」だそうだ。「慣れ」こそ本当に怖いものかもしれない。続いて、岩本君の印象である。彼はもとかわさんと正反対で「憧れ」を抱いていた。彼が言った「なんでこの島には駅が無いの？全然電車に乗れないよ」この言葉が胸に響いた。島の駅がないのはおそらく、本当に限られた需要しか見込めないからだろう。また、もし観光客が大挙してきたとしてもそれを受け入れるだけのキャパシティが無い。だからこそ車でさえ入島が制限されているのだろう。彼の抱いたこういった憧れも

島民が島を離れていく理由となっているのかもしれない。「電車に対するイメージ」にかんしてはここまで。年齢や人によって大きく意見の分かれる質問で、大変興味深かった。

・島民に電車など必要ない!?

　次は「島民の方は電車を利用するのか」という疑問についてである。この疑問には、２人とも即答してくれた。「全く利用しない。」と。上にも書いたように「駅があれば…」という思いが大きな理由だろう。また、遠出をする事も少ないらしく、わざわざバスで児島に出て、電車に乗るよりも、自分で車を運転して外出するほうが経済的にも効率が良く、多いらしい。「こんなに近くを走っているのに全く利用しない」、なかなか興味深い事実かもしれない。「近くて遠い存在」とはまさにこのことだろう。つまり、島の人にとっては「不便」という言葉が一番似合う存在であり、岩本君のように電車に憧れを抱く子もいるが、利用する機会もとても少ないというのが「島民にとっての鉄道」の現状のようである。

・島民だからこそ知っている!!島を走る鉄道のお話。

　最後に「島を走る鉄道独特の豆知識みたいなものはあるのか？」という疑問についてみていく事にする。この疑問に対しては、ぽんたん農家のもとかわさんから、大変興味深いお話を頂いたので、そのお話を紹介する事にする。

そのお話とは、「電車は季節によって発する音に違いがある」というものである。なかなか衝撃的なものではないだろうか。少し細かく見ていくことにする。もとかわさん曰く、「夏は空気がどんよりしている。だから、その空気を伝わってくる電車の音がじかに伝わってくる。夏は窓を開けて寝るのがかなりうるさいから、暑いのに、窓を閉めて寝るしかない。しんどいよ。それに対して、冬の空気は澄み切っている。だから、電車が走る音は、空気に散漫してしまう。その結果、地上に伝わってくる音も夏より小さなものに感じられる。だから冬は寒いけど夏より好きかもしれない。」ということである。これは島に長く住んでいるからこそ知りえた貴重な情報だろう。また「島」という土地の特性である

「静けさ」という条件があったから気付いたともいえる。私の家のすぐ
側に線路があり、電車が走っているが、車が走っていたり、学生の話し
声が聞こえたりなどして、集中して音を聞く事など出来ないし、注意し
て音を聞こうという気にもならない。島の人は、周りが静かだから、聞
こうと思わなくても自然と耳に入ってくる。「島」という場所だからこ
そ知る事のできたこの情報は、大変興味深く、とても印象にのこってい
るものである。

　以上が、島民にとっての鉄道というテーマについての調査結果であ
る。少しは楽しんでいただけただろうか。
私自身は、実際に島を訪れたからこそ知
る事のできた素晴らしい情報に巡り合え
たので、とても大満足である。
　ちなみに、もとかわさんに会えば、こ
んなものも貰えるかもしれません。
　ぜひ岩黒島で「もとかわさん」探してみ
てください。

↑ぽんたん♪

4. 島から見た鉄道〜絶景ポイント〜

　ここでは、はじめにお知らせしたようにマニアにはたまらない（僕が
独断で選んだものなので需要があるかは定かではありませんが…）島か
ら見た鉄道絶景ポイントをいくつか紹介していく事にする。鉄道マニア
ではない私もスポットを探すまでの過程では、島ならではの環境に、少
年に戻ったかのようにはしゃいでいた。辿り着くまでには良い運動が出
来るのかもしれない。また道中には鉄道以外の絶景ポイントも見られた
ので、マニア以外の人にも楽しめる要素は十分だ。それでは、どうぞ
「鉄道の世界」へ。

【1】与島〜フィッシャーマンズワーフ〜

　まず1つ目のポイントは、比較的良く知られている場所かもしれません。

　ということで「初級編」ということにします。それではどうぞ。

　どうですか！！

　えっ…

　鉄道が見えないって！！

　それでは、もうちょっと近づいてみましょう。

　さあ、どうですか！！

　えっ…

　まだまだ見えないっ！！

　仕方ありません。では、もうちょっと。

　よくできました！！

　ようやく見えましたね。

　えっ…

　小さすぎるって…

　良いカメラで撮ったらいいんです。

　初級編なのでこれで我慢してください。

　次は「中級編」です。

【2】岩黒島

　それでは、2つ目のポイントに向かいます。今度はポイントに向かうまでの過程もお届けいたしますので、参考にしてください。

岩黒島にはバスでしか行けません。（島民以外）

岩黒島バス停で降り、さらにエレ
ベーターも降ります…

ゴゴゴゴ…　何か音がしますね。
（エレベーターの横から下を覗く）

電車が走ってるじゃないです
か！！隠れたポイント発見です。

それでは改めてエレベーターを降りましょう。

学生が書いた地図がありました。

これを頼りに（１本道ですが…）
進んでいきましょう。

少し進むと、海岸に降りれそうな
道を発見できます。

この道には少し草むらを掻い潜っ
ていく必要があるので要注意です。

ようやくつきました。中級編のポイントです。

島の名前の由来でもある真っ黒の石と瀬戸大橋
を走る鉄道のコラボレーション。絶妙です。

えっ…鉄道が見えないって…

近寄って良いカメラで撮ったら写ります。

　まだ、中級編なのでこれで我慢してください。

　最後は「上級編」です。

【3】櫃石島〜大浦跨線橋〜

　いよいよ最後のポイントです。

このポイントは皆さんお待ちかねの島民の方も知る人ぞ知る「隠れた絶景ポイント」。ぜひ期待してください。

　今回は「櫃石島」です。岩黒島同様バスでしか行けません。

　が、地上に降ろしてくれます。

　いきなりですが、まず櫃石島の伝説の石「キイキイ石」の所に向かってください。

←「年が経つにつれ、大きくなる」という伝説があるそうです。

　それはさておき、この「キイキイ石」がある王子

神社の入り口近くに側道があるのでそこに入ってください。目的地はその先にあります。

　このような感じです→

さあ、着きました！！
隠れた鉄道絶景ポイント
「大浦通跨線橋」です。

「跨船橋（こせんきょう）」とは…【橋の一種で、鉄道線路をまたぐもの】です。

名前からしても、期待感が沸いてきますね。

それでは、ここから撮った写真をお見せしましょう。

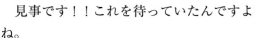

見事です！！これを待っていたんですよね。

鉄道マニアの方も、そうでない方も参考になったでしょうか。

ぜひ一度行って写真を撮ってみてください。

あっ、シャッターチャンスが限られているので要注意を！！

5. おわりに

以上で、「鉄道の走る島」についてのレポートは終わりである。「読みやすさ」というものを念頭において書いたので、少し内容に欠けるということもあるかもしれない。しかし、私自身は就職活動から少し離れ、何も考えることなく「島」という場所を楽しめたし、とても印象的な情報まで得る事ができたので非常に満足している。癒しを求めたいなら、ぜひ一度島を訪れてみる事をお勧めする。

島の住民に突撃インタビュー！！

服部　達也

1. はじめに

　この章では櫃石島に行き、私が個人的に以前から疑問に思っている事を櫃石島の住民の方にインタビューして、現地の生の声を文章にして書いていく。その上で、出来るだけ私なりの解釈をつけていこうと思っている。この櫃石島を選んだ理由は、瀬戸大橋の完成によって以前と生活環境が変化した部分を聞くことが出来るのが最大の要因である。

　今回は櫃石中学校の校長先生、元自治会長の池田さん、そしてもう1人元自治会長をなさっていた東山さんにお話を伺うことが出来た。

2. カード制について

　まずは、入島のカード制についてである。櫃石島は島の出入りを車で行う際、設けられたゲートを自由に通過するのにカードが必要であり、その制度の事をカード制と呼んでいる。ただしバスで入島するときにはカードは必要無い。瀬戸大橋の開通によって櫃石島の交通の便は飛躍的に便利になったのだが、以前から生活している島民にとっては「島民以外の人々が多く島に入ってくるかもしれない」という恐怖心があった。橋が開通した事によって、しまなみ街道下の小さな集落の環境が観光客の来訪によって悪化したという例が実際に存在したからである。やはり、お話を伺った東山さんも「夜に車が走られても困る」、「農作物が取られるかもしれない」と島をオープンにしたくない姿勢をとっていた。

　この問題を解決するために作られたのがカード制である。制度としては、瀬戸大橋を通る通行料が島民であれば2割の負担で納まるのに対し、島民以外の者は通行料の全額負担を原則としているのが現状である。つまり一度島から出て、住所を移した島民達が里帰りをする際にも通行料を全額負担しなくてはならないという事である。これについて池

田さんは、自分達の子供が帰る際にも割引をして欲しいと仰っていた。

　ここまでを踏まえて、多少の融通の効かなさに不便な面もあるように感じているようだが、カード制を導入したことについてはインタビューを行った方々皆満足しているようだった。

3. 個別インタビュー内容

（1）池田さんへのインタビュー

　続いては、インタビューを行った方々一人ずつのお話をピックアップしていこうと思う。

　池田さんには「何故島に残ろうと思ったのか」、「観光についてどう考えているか」「橋ができて変わった事」を伺った。

　まずは島に残ろうと思った理由である。回答では池田さんは長男であったため、祖父や祖母から跡取りになることを言いつけられており島を離れることなど最初から全く考えておられなかったそうだ。しかし、周囲の人々は多く島外へと出て行き昭和30年くらいには600人いた人口は減少の一途を辿り、現在では200人〜250人くらいにまで減ってしまった。島外へと出ていった多くの人は、関西圏へ集団就職を行ったと伺った。池田さんの息子さんも大阪へと行き、現在もそのまま大阪の方で生活をしているそうだ。

　また観光について、池田さん自身は島の地域活性化を望んでいるのだが、具体的に何かをやりたいというのは無く、また観光を売りにしたいとは思っていないようであった。やはり島に見知らぬ人間を招き入れる事には多少の抵抗があるようで、島外からの移住者ではなく自分の子供達が島に戻ってきてくれればいいと仰っていた。つまりは観光によって人を集めるのではなくUターンしてきた元島民達と一緒に島を活性化したいという願望のように感じ取れた。島の中でも比較的新しく見受けられる新築物件は、帰ってきた島民によるUターンの結果であり、少しだが池田さんの願いが届いているように感じた。

　そして、橋が出来て変わったことについてである。瀬戸大橋が開通し

て一番変わったのは交通の便だ。特に高齢者が多いので、病院に行き易くなったというのがとても助かるという事であった。また、病院の方から、マイクロバス、ヘルパーのサービスも受けられるようになったとも伺った。それ以外にも、パン屋が週2回パンを売りに来るそうだ。電気は橋を通って供給されるため、停電の数が激減したらしい。更に瀬戸大橋を作るにあたっての細かい裏事情についても話して下さった。電車の騒音についての取り決めがあり与島、岩黒島が80ホーン以下であればOKなのに、櫃石島は75ホーン以下でないといけないといった規則であった。この話をしている時の池田さんは少し優越感を含んでおり、とても嬉しそうな表情をされていた。

　そして現在は、橋との共存を1番に望んでおられるようだ。お話を伺ってみて、やはり自治会長をなさっていたので島の環境、島の住民を念頭に置いて考えている事が非常に伝わってきた。

（2）東山さんへのインタビュー

　次は東山さんのお話である。質問内容はこれと言ったものが無かったので、お伺い出来たお話を順々に載せていく。現在の櫃石島の生活では、欲しい物は岡山県の児島に買い物に行くのが当たり前となっているが、東山さんが子供の頃は島にも商店が3店あり、国から配給された物を売って商売をしていたそうだ。しかし時代と共に人口は減り、需要が少なくなってくると規模を縮小せざるを得なくなってしまったので、利益も出なくなった。更に瀬戸大橋の開通により、若い人達は皆児島に買い物しに行くようになったことが決定打となり、現在は1店になっている。

　また、バスの現状についてもお話して下さった。休日には、釣り客が結構な数押し寄せ、多いときには20〜30人くらい島に来る事があったのだが、現在ではバスの利用客もどんどん減り、バスの便が減る可能性もあると仰っていた。私が島に行った時も、平日だったのでほぼ乗客はいなかった。人が来なくなるという事は活気が失われる事に比例とすると私は考えている。だからこのまま島を訪れる人が減少していく事につい

てどう思っておられるのか観光と合わせて伺ってみた。

　観光について伺った際、東山さんは池田さんとは異なり誘致をしても
いいとの考えを持っていた。極端な話をすれば島にある空き地に大きな
マンションを建てたり、何か工場などの類の建物が出来たらいいなとの
事だった。カード制の時には余所者が入ることを反対していたのに、現
在ではかなり考え方が変わっているように思える。瀬戸大橋が出来ても
う20年ほど経つが、その間に人口の減少などを含め島の状況はどんどん
悪くなってきている。私は東山さんの意見の変化が島の将来を案じる心
と、現在の島の現状というものを色濃く映し出しているように感じた。

4. 感想

　島に行き、島民にインタビューをした感想を述べようと思う。お話を
伺った方によって観光の考え方など多少の意見の違いはあったが、池田
さんも東山さんも島について話をしている最中はとても活き活きされて
いた。また島の将来の事を心配なさっていて、やはり生まれ育った櫃石
島という地が好きだという気持ちが伝わってきた。

　近年の日本には郷土愛や愛国の気持ちが欠けているのではないかと思
う。振り返ってみると私もその一人であった。こうして、島に行き島民
の方々から話を伺うことができて気付かされた点があり、今度は私が学
んだことをまた別の人に伝えていければいいなと思った。

石の島で生まれた信仰

白潟　祐里

1. はじめに

　瀬戸大橋を渡るマリンライナー。窓から見える瀬戸の海とそこに浮かぶ島々。その島の一つに櫃石島がある。「櫃石」という島名から分かるように、この島は石との関わりが深い。全国の島の中で、他にも「石」や「岩」のつく島はあるが、特に櫃石島は石のいい伝えや伝説が多く残っており、石は信仰の対象となっていた。なぜこの島で石が信仰されるようになったのか。その理由について考えていきたい。

2. 信仰の対象となった理由

(1) 石に恵まれた環境

　もともと、瀬戸内海には花崗岩が多く、櫃石島の石もこの花崗岩である。住宅建築専門用語辞典によるとこの石は、地下のマグマが地殻内で地下深部にて冷却固結した結晶質の石材である。石の外観は雲母、長石、石英など色々な鉱物の結晶が集まって出来ているので、見た目には様々な色の大小のつぶつぶが見え美しく、耐久性に優れた石材として建物の外部を中心として最も多く用いられているそうだ。このような特徴を持っていることから、かつて徳川幕府による大阪城再築の際に石垣用に切り出されたこともあるのだという。櫃石島は「石材の島」として有名な場所の一つであったのである。この石に恵まれた環境が信仰の生まれた要因の一つであるといえる。

　しかし、ここで一つ疑問に思うのは、先に述べたように、花崗岩は瀬戸内海で見られるもので、もちろん櫃石島以外にも同じような環境にある島はある。例えば、与島でも櫃石と同様、大阪城築城に使用された跡が残っている。しかし、与島は櫃石のような信仰はなく、むしろ商売道具として「石」は扱われているとのこと。同じ瀬戸内海の島でも「石」

の価値観が大きく異なる。

　なぜ櫃石島では、石を信仰の対象とするようになったのだろうか。

（2）言い伝えから考えられる理由

①　自然に対する感情から生まれた信仰

　　ここからは櫃石島に伝わる伝説や言い伝えから信仰の対象となった理由について考えてみたい。まずは「銭噛石」のお話である。

　「櫃石の最も高い山から北を眺めると、指呼の間に下津井の町がある。その山の頂から北側にほんの少し下ったところに「馬石」と呼ばれる石があり、その横に銭噛石がある。亀が山に向かって這い上り。尻は下津井に向いているような形である。大阪城築城の際に切り出された石と同じ刻印がついている。櫃石はもともと、ほとんどの者が船乗りと大工であった。人々には、北前船に乗って儲けた筈なのに、何年経っても裕福にならず、不思議に思って児島の五竜院でおがんでもらった。そのお告げによると、『山の頂に化け物がおる。その化け物が、儲けて帰った金を噛んで、下津井の方へ出してしまっている。山へ登り、頂上に変わった形の石を見つけたら、下へ落としてしまえ。そうすれば島の内は何とかなっていくだろう。』とのことであった。お告げを受けた人々は、村人と共に頂上まで登り、そこに奇妙な形の石がデンと座っているのを見つけた。人々はこの石こそと思い下へ落としてしまった。二年、三年と経ち、村内は良くなっていった。お告げは当たったのであった。人々の喜びのうちに、七、八年から十年も経つと、あまり面白くもない生活になっていった。昔を思い出した人々は馬石まで登ってみると、あの奇妙な形の石が上っていたのであった。人々はまた石を落としこんだ。こうして、石を落とすとうまくいくが、何年かすると這いあがってくる。そういう繰り返しであった。今もその石は頂上近くに上を向いて座っている。」

　　この銭噛石の言い伝えの中で、「奇妙な形の石」という表現に注目したい。奇妙ということは普通の石ではないということを意味してい

る。当時の人々は恐らくこれは何だといった感情をもったであろう。その感情はどの時代の人間にも共通する感情である。それは、例えば、私たちが普段目にすることのない大きさの木や石を見た時の不思議な気持ちや自然に対する偉大さを感じる気持ちである。その感情が石への信仰に繋がっていったのではないだろうか。

② 　偉大な人物との関わりから生まれた信仰

　次に「氏神石」について、その一部を紹介したい。

　「日本武尊が九州征伐の途中、穴海で悪魚が航路を害していることを聞き、退治してやろうとおいでになった。悪魚は尊の勢におそれ南海へ逃げてしまった。尊は熊襲を退治しての帰途、氏神石のところで悪魚を退治された。そこで、島の人々は、尊を氏神として祀ったのだという。氏神石のあたりで漁をしている時、櫓がその石にあたることがある。こんな時はその日の漁を休んで港に帰ってくる。ご神酒。線香、御洗米の準備をして氏神石まで引き返し、お詫びをしてその日は漁を休んでしまう。・・・以下省略」

　この話に出てくる日本武尊は日本神話の中で最も優れた英雄の一人とされており、櫃石島以外にもいろいろな地方の言い伝えの中に登場している。

　この英雄である日本武尊が、退治という形ではあるがこの石に接触したということが、信仰に関係していると考える。私たちは、英雄でなくても例えば好きな芸能人が座っただとか触っただとか、そういったものに非常に敏感になっているように思う。そして、その場所や物に実際触れたりすることで満足感や幸福感を得るのではないだろうか。それは今も昔も変わっていないと考えられる。よって、当時の島民は、日本武尊が退治した場所であるとされる石を大事にするようになり、それが信仰という形に変わっていったのではないだろうか。

3. おわりに

今回紹介した以外にも「キイキ石」という、キイキと鳴きながら大き

くなった石の話や、島の名前の由来となっている「櫃岩」の話など、い
ろいろな内容のお話が残されている。これらも歴史上の人物や出来事に
関わっていたり、大きさや形が普通でないような石が対象となっていた
りしている。

　信仰されるようになった理由について断定はできないが、環境を始
め、歴史や人間の共通する感情が何らかの形で関わっているということ
はいえるように思う。

　また、今回調べている中でたくさんの石に関わる言い伝えや伝説を知
り、昔の人々の石に対する思いの強さを感じることができた。現代にお
いて石への信仰は薄れつつあるものの、一方で、地元の子どもたちが石
の歴史や言い伝えなどを冊子にしたり新聞に載せたりしている。未来を
担う子供たちにバトンはしっかりと渡されている。今日まで伝わってき
た言い伝えを、石の歴史を、昔の人々の想いをこれからもこうしてずっ
と受け継いでいってもらえたらと思う。

＜参考文献＞

・香川県立坂出高等学校地歴部、昭和54年11月、『せとうち第４号　民俗調査
　報告「櫃石島の伝説」』
・『朝日新聞』、2006年６月18日、「残石に串だんご刻印」
・『ひついし新聞』、2007年９月１日、「聞いて興奮！石伝説」
＜参考URL＞
・住宅建築専門用語辞典　http://www.what-myhome.net/32mi/mikageisi.htm

島の消防団

山木　詩穂子

1. はじめに

　櫃石島を訪れた際、私たち香川大学経済学部の学生と櫃石中学校の中学生と交流会を行った。その中で、島の消防団についての話がでた。その際、中学校の先生が一人の男子生徒に向かって「将来、消防団に入るんだよね。」と言った。発言の意図がわからなくてどういう意味なのだろうかと考えてしまった。中学生のころからなりたいものが消防団って、どういう意味なんだろうか？そもそも島の消防団とはどういうものなのかを考えてしまった。

2. 地域組織について

（1）消防団とは

　そもそも消防団であるが、消防団の歴史は古くその起源は江戸時代の町火消あるいはそれ以前のものとも言われている。今日の消防団とは、常勤の公務員などで組織される消防署に対し、他の職業に就いている一般市民で構成され、ほぼすべての市町村に存在している。基本的には非常備の消防機関である。でも、消防署などがない櫃石島のような離島などでは常備消防を担っている。そのため、島での消防団の役割は一般の消防団の役割より大きく重大であると思われる。瀬戸内海には数多くの島々があるが、その中でも消防署がある島は少ない。もし、島で火事や水難事故が起こった場合、消防署などがない島では、要請をかけても来るまでに時間がとてもかかってしまう。このように常備消防を担うためにも島の消防団は非常に重要であるといえる。では、櫃石島の少年は島を守るためだけに消防団に入りたいのだろうか。消防団の消防以外の機能について考えていきたい。

（2）青年団とは

　現在、消防団は消防活動を行う組織であるが、実質的に青年団の機能を担っている消防団もあるようである。そこで青年団について見ていきたい。

　青年団とは、各地域の青年男女から組織され、地域の祭りなどのイベントやボランティアなどの社会活動を行う組織である。日本青年団協議会では、青年団の目的を「青年の生活を高める」こととしており、「一人の力では解決できない社会の問題や矛盾にたいして団体（組織）として取り組んでいく」としている。青年団の歴史は消防団の歴史より古く、鎌倉や室町時代にまでさかのぼり、その頃に存在した若者組や若衆宿が起源とされている。では、つぎに若者組について述べていく。

（3）若者組とは

　若者組とは、地域を支える集団として組織され、若衆宿と呼ばれる拠点に組織員が集まり、暮らしをともにしながらその地域の仕事などを学んでいく。若者組に入ることを若衆入りや宿入り、入舎ということも若衆宿があってのことと思われる。若衆入りは15か16歳からでき、退団は地域などによってバラバラで、25歳から遅いところで40歳である。また、結婚したら退団とされているところもある。仕事についてであるが、地域によって若干異なるがだいたい祭礼や祭り、防火活動、水難救助などが主な仕事である。それ以外にも、組内の者の結婚まで面倒をみていたようである。昔は組の者が夜這いの手引を行ったというのである。

　次に、若者組が青年団に変化した過程について述べる。青年団は明治に入り自由民権運動が高まる中で、青年組織の結成が広まっていったのがきっかけとされている。また、若者組が存在した地域では、明治以降夜這いを悪いものとする倫理観から、若者組を青年団へ変化させたともいわれる。若者組と青年団の役割が非常に似ていることから、若者組と青年団をイコールと考えてもよいであろう。さらに文献によると、瀬戸内海の直島・本島・広島・高見島・伊吹島では近年まで若者組は存在し

ていたようである。このように青年団と形を変えずに存在していた島で
は、その組織力は非常に強いものであったと考えられる。

3. 櫃石島の消防団

　ここまでで若者組という地域コミュニティに根付いた青年組織が、今
日の青年団となり、その青年団の役割を消防団が兼ねており、消防団は
地域を運営していくにあたって中心となっているともいえる組織である
ことが分かった。では、櫃石島における消防団について考えていきたい。
　消防団は火事の時に出動し、火事の被害を最小限にとどめる。櫃石島
で火事がどの程度起きるであろうか。その頻度は数年に一度の程度であ
る。島での火事は思ったほど多くない。皆が火の始末に気をつけている
からだ。火事を起こすと自分だけではなく地域に多大の損害を与えるこ
とを皆自覚している。島の消防団は自主的組織として島の危機の際の実
際の働き手になる。島で恐ろしいのは海難事故である。海に出ている人
は事故が起きて、海に放り出されると命にかかわる危険にさらされる。
それをも救助に向かうのが、島の働き盛りの人々の集団である。消防団
ということになる。消防団という名称を超えて島の運営にかかわる大切
な役割を果たしている。
　図1をご覧いただきたい。これは2009年に行われた櫃石島での運動会

図1　櫃石島の運動会

の様子である。写真に写っているのは櫃石島の消防団の方々である。写真からわかるように櫃石島には多くの消防団員がいる。運動会という地域のイベントに多くの団員が参加しているのも、消防団と島が非常に密着していることが分かる。青年団が地域の祭りやイベントを引っ張っていくように、櫃石島でも消防団によってこのようなイベントが盛りあげられているといえるだろう。どの地域においても、運動会や祭りといったイベントは地域を動かす媒体といってよい。非日常のイベントによって地域住民が集まり、参加することによって地域は一体となり、地域住民が結束し、連帯感が盛り上がるためである。

　島の消防団に入るということは、単に島の消防活動を行うだけでなく、島民の一員として島を動かす担い手となっていくということだと思われる。櫃石島の消防団は組織力が強いと島の方に伺った。それは、消防機関がない島でより消防活動の重要性が求められているからではあるためと思われる。しかし、それ以上にその地域を盛り上げよう、担っていこうという気持ちが、島という明確な地域区分によってより強まっているためであると思われる。したがって、櫃石島の中学生の想いとは、島を引っ張っていこうという強い意志であると思われる。

　島の中学生との交流で、中学生からは非常に活気を感じた。それは、若いうちから地域を担うという使命感を持っているという表れではないのかと思える。

＜参考文献＞

武田明（1971年）『日本の民俗　香川』第一法規出版
岡山民俗学会・香川民俗学会（1970年）『小豆島の民俗』岡山民俗学会・香川
　民俗学会

＜参考URL＞

日本青年団協議会　http://www.dan.or.jp/index.html
消防団 FIRE VOLUNTEER　http://www.fdma.go.jp/syobodan/

島の郷土料理〜茶粥〜

松下　莉奈

1. はじめに

　私は元々お茶に興味があり、初めてゼミ生で行った志々島で、碁石茶と出会った。

　志々島には志々島とその近隣の島にしか残っていない食習慣がある。それは古くから伝わる碁石茶で作られる茶粥である。志々島の碁石茶は飲料として使われるのではなく、茶粥専用のお茶として親しまれており、碁石茶というのは生産地の高知県大豊町での呼び方であり、志々島では碁石茶はその形からかたまり茶や馬のくそと呼ばれていたそうだ。碁石茶が手に入るという、島で唯一の商店を上田良和さん、富子さん夫妻が営んでいて、そこでは碁石茶が1袋500グラム入りで売られているのだが、値段は忘れてしまった。

2. 郷土料理とは

　郷土料理とは、その地域特有の産物を、その地域独自の調理方法で作った料理、地域固有の料理のことである。郷土料理は、その地域から得られる食材を使っていることが主な特徴で、調理方法も他に見られない独特のものである。家庭料理と重なる事もあり、農業・山林業・漁業を生業としている土地の「ふるさと料理」となる事もある。

　郷土料理は様々な理由に伴う地域色が色濃く強く出ている。気候風土や地理条件により得られる食品、調味料に制約があることが影響している場合が多く、また保存方法の違いによっても利用できる食材が異なる。また、気候によっては、発汗を促す香辛料を多用したり、生薬やハーブをとりいれ、より健康にすごせるように工夫がなされることも少なくない。

　郷土料理は大きく分けて次のように3つに分類される。（香川県大百

科事典より抜粋）

①　材料、調理方法ともにその地方独特のもので、他の地方では見られ
　　ない料理
②　ある地方で大量に生産し、保存性のある材料が他の地方に送られ、
　　消費地で優れた料理方が発達した料理
③　各地方で生産される材料を用い、その地方の人々の工夫によって地
　　方ごとに異なる特有料理となったもの
　　現在郷土料理と言われるものの多くは③に該当する。

　香川県は古くから交通に開け、他の地域との交流が盛んであり、良い
ものは積極的に取り入れるという県民性により、独特の郷土料理はあま
り見られない。碁石茶をこれらに当てはめて考えてみると、どれにも当
てはまらないように見える。今では高知県の数軒のみで作られる食材が
その場所から遠く離れた、また限られた狭い地域で独特な調理によって
特別な料理となっているのである。なぜこういう料理が成立したのかは
多くの謎がある。

3. 茶粥とは

　日本には遣唐使が7世紀ころ中国の団茶を持ち帰ったとの説がある。
（高知市歴史散歩より）

　奈良では茶粥の歴史は古く、鎌倉時代には僧侶の間で食され、後に庶
民に広まり、昭和30年代頃までは「奈良の朝は茶粥で始まる」といわれ
るほど、どこの家庭でもよく食されていたそうである。（ぴこねっと生
粋市場郷土料理より）

　茶粥とはその名の通り、お茶で炊いたお粥のことであり、素朴な料理
である。茶粥文化は中国から渡来し、奈良、京都へと広がり、北前船で
瀬戸内海へと伝わってきた。

　志々島の茶粥は碁石茶を煮出し、調味料を入れずに米と芋や豆を入れ
て煮込んだシンプルなもので、米も水道水も無かった貧しかった時代に
漁村が生んだ食べ物である。茶粥は煮出したお茶に、米を入れて中火で

15分程炊く。水道が普及する以前は井戸水を使っていたのだが、その井戸水には多少の塩分が含まれていて、お粥には向かなかったのだが、碁石茶を使った茶粥には最適であり、島の人たちは井戸水が塩分を含んでいることを気にしなくて済んだのである。昔、高見島や佐柳島は一粒の米も生産しなかった。麦を唯一の産物としていたが、それを売って生活必需品を買わなければいけなかったので、麦ばかりの飯さえも食べられない家が多かった。茶粥に雑穀や芋などの穀類を入れ、増量させていた。茶粥だけではすぐにお腹が減ってしまうので1日に4回食べるのが普通だったようである。

4.　碁石茶とは

　碁石茶は、高知県大豊町の山間地で栽培されており、四国の山地で数少ない農家が生産しているお茶で、瀬戸内では碁石茶は飲料として使われるのではなく、茶粥専用のお茶として親しまれている。

　碁石茶の作り方に見てみる。（碁石茶の歴史と民俗より抜粋）

①　茶摘み

　ネギツキエンとツバキエンという山茶2種類を混合使用する。

　6月末から7月初めの3、4日間で2年目のもののみ摘み採る。

②　蒸す

　蒸し桶の底にスノコを入れ、中心に竹の芯を立てる。1つの桶に束ねたままの茶葉を入れ、全部入れ終わると芯を抜き、蒸気の抜け道を作る。1時間半蒸し、出た茶汁はと取っておき、細菌発酵で使う。

大型の天秤で吊り上げて、台車で運び、束ねてある枝を振って冷まし、不純物を振り落とす。

③　寝かせる

　蚕室に筵を指揮60cmの厚さに冷ました茶葉を積み、上から筵をかぶせ、外気が当たらないように1週間広げておく。3日で発酵が始まり、4日目から1日1、2回手で温度を確認する。手がはっと熱く感じるようになると、筵の上から手で押さえて発酵を抑制する。5、6日したら

１日３回足で踏んで完全に発酵を止める。茶褐色から黒味を帯びた色になる。そうすれば、上の筵を取り除いて、手前から葉をほぐし熱を冷まし、不純物をさらに取り除く。

④　漬けこむ

　漬け桶に茶葉を底から30cm入れ、取っておいた茶汁をひしゃくに３杯入れ、足で踏み固め、厚さ15〜20cmに圧縮する。これを６、７回繰り返し、口から15cmまで漬け込んでいく。蓋をのせ、漬け込んだ茶葉と同じ重さになるよう重しの石をのせ、10日〜２週間発酵させる。この時点で収穫量の３分の１になっている。

⑤　絶つ

　タチ包丁で定規をあてて縦に25cm角に切り、鎌のようなもので漬け込み時の層ごとに取り出す。ブロックを厚さ10cmに分け、茶切り包丁で１寸角に切り、手で厚さ0.5〜１cmに裂く。一斗桶に入れ足で踏み、揉んで、粘りをつけ、角を取る。再び、漬け桶に入れて１日２回茶葉を踏んで雑菌を防ぎ、晴天を待つ。

⑥　乾かす

　晴天になったら午前４〜５時から筵に置き始め、夕方に筵をたたんで屋内にしまう。４日目に茶の内部の湿気を表面に出すためにシートの中に入れて休ます。５日目にもう一度天日に干して完全に乾かす。

⑦　俵詰め

　既製品の茶袋に37.5kg詰めて出荷する。崩れた茶はふるいにかけて良いものを価格を半額にした「こな茶」として出荷する。

　高知県大豊町の山間地は、霧が多く気温差があり日照時間が長く、お茶の生育に適しているところである。６〜７月に茶葉を刈り取り、蒸し桶に１時間半蒸す。寝かせて自然発酵（１次発酵）させて、さらに漬物のように漬け桶に漬け込み20日程醸成発酵（２次発酵）させて、晴天の日に３日間天日干しし、俵詰めする。好気性カビによって発酵させる作業と、漬け桶のなかで嫌気性バクテリアによって発酵させる漬けこみ作業がポイントであり、強制発酵を２種類もするのである。

　碁石茶の名前は、製造過程の乾かすという過程で重なった茶葉を碁盤のように切って干すので碁石茶とか、固まっているのでかたまり茶とも言われる。碁石茶には、コレステロール値を正常にする抗酸化作用などが証明されており、お腹にやさしい食べ物である。

　碁石茶は作っている地域では飲まれず、すべて瀬戸内へ出荷していた。仲買人が香川県の琴平、多度津、坂出などのお茶屋に出す、また、仲買人兼生産者が瀬戸内の島々へ直接売って歩くという２つの販売経路があった。新茶は香りがよく、１年前に仕入れた碁石茶は色がよくなっているので、旧茶と新茶の５対５のブレンドで売られている。

　私達が高見島を訪れた時、宮崎さん宅に招待していただいた。その時初めて茶粥を食べたのだが、塩など味付けは一切なく、碁石茶とお米だけで炊いている。濃い茶にご飯を入れたような味であった。一緒に食べたゼミ生の中には、うまみ成分があまり感じられない味、好んでは食べたくない好き嫌いがありそうな味という感想を持ったようだ。飲んだことのない人が飲むと飲み続けたいと思うほどの味ではないらしい。しかし、島の人達は碁石茶で作った茶粥を長年食べ続けていて、やめられなくなると言っている。

5. 近年の碁石茶ブーム

　平成14年、健康ブームを背景にしたテレビ番組が流行する中、マスコミ各社で取り上げられると一躍人気の健康飲料になった。「美容に良い、便秘に良い」とテレビの全国放送で紹介された。「ダイエット」「便秘」「腸内活性（整腸作用）」「老化防止」などに良いといわれ、特に「乳酸菌による腸の働きの活性」には即効性があると研究されている。「乳酸菌」は熱に弱い性質があるが、碁石茶は熱湯で注いで大丈夫なのである。熱湯で注いだ状態で研究されており、乳酸菌が違う形に変化するそうで、碁石茶ならではの成分なども多く含まれているそうである。たった２日間で１年分が売れ、数日間、生産者宅も道の駅も、町役場も電話が鳴りやむことはなかった。地元ですら手に入らない碁石茶は、本当に

「まほろし」となってしまった時もあった。

　こうした状況を受け生産者が再開、参入し、平成15年には生産高も増えた。これを受けて、町は販売ルートの開発にも乗り出す。しかし、急激な需要拡大は良いことばかりではなかった。新規参入者の品質にばらつきがあり、消費者の厳しい声も寄せられていたと言う。

　そこで、平成16年後半から高知大学や県農業技術センター茶業試験場の協力を得て、町の職員が栽培方法を学び、「伝承人」として２名が生産者を指導し、生産者の育成と品質の高位平準化に取り組んだ。一方で、小笠原さんを組合長に平成17年５月に生産組合を設立した。小笠原さんも新たな生産者に惜しみなく協力し、組合として一定の栽培・製造方法が確立されていったのである。また、大量生産による品質の平準化と価格の低廉化を実現させるため、第３セクター『大豊ゆとりファーム』を設立した。また、茶園の整備、後継者の育成のため、地域グループ等と連携し碁石茶による新たな特産品開発に取り組んだ。

　平成14年以降、大豊の茶農家全９戸が生産に復帰し碁石茶の生産を開始した。平成17年には約６haの茶園から生産された茶葉を使用し、生産者全体で5,500kgの碁石茶の製造に至る。そして、財団法人地域産業センターによる、「平成18年度"本場の本物"」に認定され、碁石茶は全国９産品の１つに選ばれた。

参考URL

http://www3.synapse.ne.jp/hantoubunka/minzoku/02.0.htm
http://www.shikoku-np.co.jp/feature/nokoshitai/syoku/8/index.htm
http://www.pref.kagawa.jp/kanko/seto-island/repo/takamijima/takamijima2.htm
http://www3.synapse.ne.jp/hantoubunka/minzoku/02.21.htm
http://www.asahi-area.com/bk/special/sp05-4.htm
http://www.orenjiha-to.com/2goishi/index.htm
http://www.honba-honmono.com/item/page7.html
http://www.maff.go.jp/j/nousin/tiiki/sanson/img/pdf/tokusyuu_8-1_part1.pdf

丸亀市本島笠島地区の重要伝統的建造物群保存地区とこれからの在り方について

辻　健太

1. はじめに

　本島を訪れた際、古めかしくも伝統的な木造家屋ときれいに整備された道を見て美しく素晴らしい景観だと素直に思った。しかし同時に島民の方の少なさとひっそりとした島の雰囲気にはやや似つかわしくない景観だとも感じた。立派な建物とそこで暮らす人々の間にどこか違和感を覚えたことやその後調べていく中で塩飽諸島の歴史、本島の笠島地区にある重要伝統的建造物群保存地区（以下重伝建地区）のことを知っている人はどのくらいいて、どれくらいの人がこの地区を訪れているのだろう、どうすればこの島のことをもっと知ってもらえるだろうと感じたことなどが今回のテーマのきっかけとなった。

　このレポートでは初めに重伝建地区とはどのようなものでそれが笠島地区とどのようなかかわりがあるのかを歴史的側面から明らかにしていく。そして現代の維持システムや費用体系などを述べた後、最後に本島の笠島地区はこのままの状態であるべきなのかどうか自分なりに結論付けをしていく。

2. 重要伝統的建造物群保存地区について

　まず伝統的建造物群保存地区（以下伝建地区）について説明していく。伝建地区とは「伝統的建造物群及びこれと一体をなしてその価値を形成している環境を保存するため、次条第1項又は第2項の定めるところにより市町村が定める地区」（文化財保護法　第142条）をいう。さらにそのなかでも重伝建地区とは「文部科学大臣は、市町村の申出に基づき、伝統的建造物群保存地区の区域の全部又は一部で我が国にとつてその価値が特に高いものを、重要伝統的建造物群保存地区として選定することができる」（文化財保護法

　第144条）というものである。この制度により周囲の環境と一体をなして歴史的な風致を形成している伝統的な建造物群を、新しいカテゴリーの文化財として捉えることになり、単体ではなく複数の建築物群が構成する空間環境が文化財として認められるようになったのである（伝建協HPより）。この制度が成立するに至った背景は1960年代の高度経済成長期にさかのぼる。この時期は山は切り開かれ、海が埋め立てられるなど開発に開発を重ねており、それこそが豊かになっていく実感を味わえるものであった。しかしそれと同時に田畑が無くなり家が建て替えられていくことで身近な環境にも変化が及んでいることを実感していた時期でもある。そのころから新しい風景の出現とともに失われていく地域の自然や歴史を守ろうとする動きが始まることとなる。

　その一つとして1966年に古都保存法が制定された。日本を特徴づける古都を守ることが景観保全の始まりとなる。その後金沢、倉敷など誰もが歴史性を認めることができる建築物のある各都市でも町並み保全の意識が高まることで自治体独自の条例がつくられるようになった。その後も無名の町並みをも守ろうという動きに発展し、1974年の全国町並み保存連盟の発足に至った。そして翌年の文化財保護法の改正へと続いていく。

3. 現在の重伝建地区と本島笠島地区について

　2009年12月現在、重伝建地区は北海道から沖縄まで全国に74市町村86地区存在しており、大きく分けて山村、農村等の集落・宿場の町並み・港と結び付いた町並み・商家の町並み・産業と結び付いた町並み・茶屋の町並み・社寺を中心とした町並み・武家を中心とした町並みの8つに分類できる。このなかで笠島は港と結び付いた町並みに属し、笠島を含め12地区に及ぶ。その中でも島に重伝建地区があるところは、新潟県の佐渡島と広島県の大崎下島と長崎県の的山大島と香川県の本島だけであることから、非常に珍しく貴重な島である。

　本島は香川県丸亀市に属する島で面積は6.74平方キロメートル、人口497人（丸亀市HPから引用）の島で、塩飽諸島の中心として戦国時代には塩飽水軍が活躍し、江戸時代には人名による自治がおこなわれた島である。その

島の中にある笠島地区が昭和60年4月13日に港町として重伝建地区に認定された。なぜ瀬戸内海に浮かぶ塩飽諸島のひとつの島に重伝建地区に値するような地区が出来上がったのか、それはこの島の歴史と深く関わっている。

4. 塩飽諸島における本島の歴史について

　塩飽諸島というのは岡山県と香川県の間に挟まれた備讃諸島の中央部に点在する島々の総称である。具体的には櫃石島、本島、牛島、高見島などまだまだ数多くあり各島の属島まで含めるとその数は28にもなる。瀬戸内海は昔から大陸と大和王朝を結ぶ航路として人の移動や物の輸送を船で行っていた。中世になって荘園が多くなるとそれらの年貢を運ぶために海港が発達するようになる。治承年間のころになると、造船技術はかなり進みその頃の造船技術を代表する土地として塩飽本島は有名になり、また海賊衆の根拠地でもあった。このように自分で船を造って操作し、いつでも人とモノを運ぶことができる海運力は、塩飽に繁栄をもたらした要因の一つであったと言える。織田信長の時代にも塩飽船方衆は海上輸送に力を尽くし、触掛という優先通行権のような特権を与えられたとも伝えられている。塩飽の海賊衆は信長との信頼関係を土台に豊臣秀吉のためにも力を尽くした。小田原の北条氏征伐の際にも台風に遭いながら糧米全部を小田原に送り届けたことが評価され、塩飽の島びとたちに1,250石の地を領地させた。当時領地を持っているものは大名、小名に限られていたが士分ではない彼らは自らを人名と呼んだ。

　人名制では人名は彼らの中から4人の年寄を選び、この年寄が一切の政治を掌握しその下に年番、庄屋、組頭があって年寄を助けて政務を分担していた。この統治の形式は廃藩置県により倉敷県に編入されるまで存在していた。

　その後時代は国家統一を果たした江戸時代になり、水軍としての存在意義が薄れ始めた塩飽の人々は、国内で商品の流通が活発化していることに乗っかり回船業を営むようになる。塩飽の船舶は堅牢であり、水夫は御用船方として技術の優れていることに定評があったので、幕府から

とくに多く採用された。西回り海運が開けたことにより塩飽からは多くの回船業者が出現して、塩飽の黄金時代を作り出した。

　回船業が衰え始めるころから農業に生きるものや大工を職として出稼ぎするもの、漁業に専業するものなど塩飽衆の転業分化が速い速度で行われるようになった。塩飽にはもともと船大工が存在していたが、造船や船舶の修繕の需要が少なくなり、取得した技能を家大工という形で発揮したのであろう。そうして造られた家々が現在まで残る笠島地区にある重伝建地区である。（以上「塩飽の島びとたち」一部引用）

　ここまでは重伝建地区の希少性や塩飽諸島の輝かしい歴史を辿ってきた。しかしこのような歴史ある建物はお金をかけて保存、修理していかなければ長年保つことができない。次からはこの地区内の建造物の管理システムや費用体系についてみていく。

5. 伝建地区の維持システム

　伝建地区の整備とは大きく分けて５つある。１つ目には伝統的建造物の修理・伝統的建造物以外の建造物の修景、２つ目に伝建地区内の防火施設等の整備、３つ目に伝建地区内の管理施設等の整備、４つ目に伝建地区内の環境整備、５つ目に伝建地区の助成措置などである。これらの整備内容の中には消火栓・自動火災報知機の設置、町並み保存センターの整備、道路・街灯・公園などの基盤設備の整備なども含まれている。

　費用の面を見てみると一つの例ではあるが、「修理、修景経費についての所有者等への補助の内容は、市町村が独自に決定しているが、補助対象は外観（密接な関係がある内部—構造体など—を含む）にかかる経費とし、修理の場合は２／３から８割程度、修景については６割から２／３程度の補助とするところが多く、その限度額は修理については１件あたり６百万円から８百万円、修景については４百万円から６百万円程度が多くなっている」（刈谷　2008）ということである。固定資産税の免除や市町村の独自の税の減免措置を行っているところもあり、また国や地方自治体から助成金が出ているとはいえ結果的に一つの地区を保存し

ていくことには多額の費用と多大な手間がかかるということが分かる。

6. 重伝建地区とこれからの笠島地区について

　これまで説明してきた内容を含め、ここからは重伝建地区は笠島に本当に必要で守るべきものなのか、またこれからどのように活用していくべきなのかについて考えていく。

　まず重伝建地区を持ち続けるメリットは何であろうか。一番のメリットはというと「観光資源になりうる」という点であろう。島のような面積が狭く、周りが海に囲まれており、少々不便で人口の少ない場所にはあまり人は訪れようとしない。仮に人々が訪れるとするならば、その場所に何らかの目的がある場合だと考えられる。笠島地区において重伝建地区はその目的となりうる場所であるといえる。昔ながらの建物に興味がある人、歴史に興味がある人、町並みに興味がある人、こういう人にとっては島を訪れる動機となる。また島民にとっても島外の人が訪れてくれることで外部との交流が図れ、町の活性化にもつながりリピーターの獲得にもつながることで島の衰退に歯止めをかける一つのきっかけになるのである。

　しかし、同時に考えていかなければならない問題も存在する。それは先ほども述べた修理・修景など文化財を保存するためにかかる費用と手間である。この費用の多くは国や市町村が負担しているわけだが、果たして建物ばかりにお金をかけることが今、この笠島に必要なことなのだろうか。確かに島にとっても日本にとっても後世に残していくべき文化財なのかもしれない。また伝統的建造物は一個人の家屋であるため、いつまでも残していきたいという気持ちもあるだろう。しかしながらこの島には過疎化という真剣に考えていかなければならない問題が差し迫っている。平成22年4月1日現在丸亀市本島町笠島の人口は136人であるが5年前の平成17年には177人もの人が住んでいたのである。この問題を抱えながらもなお建物や景観にお金をかけ続けるべきなのであろうか。仮に保存をやめるとなるとその費用はこの島への他の施策に対する費用には回らないであろうから、保存を続けるほうがこの地区にとってはメ

リットが大きいのかもしれない。ただもし費用を違う施策に回すことができるなら島人の生活はさらなる充実につながる可能性があると思う。

　ここまでの話になると、笠島だけの話ではなく、国レベルで伝建地区の見直しにもつながってくる。つまり、伝統的な建造物を保存することは非常に大切なことである。ただ、それ以上に一刻でも早く考えなければならない問題がある以上、上手にバランスを取りながら様々な施策に目を向けて費用と手間を使ってほしいと思う。その中で笠島は過疎化という地方や島共通の問題があるわけなので、きれいな島を保存しつつ人の集まる明るい島になっていくことを願っている。

7. おわりに

　私自身笠島の取り組みに反対しているだとか、伝建地区を廃止すべきであるというつもりは毛頭ない。むしろ実際に笠島に行ったことで自然と調和した家々は非常に美しく、まさに癒しの島という印象を受けた。また取り組み自体も昔ながらの家に泊まってもらえるようにしたり、アートと家屋のコラボレーションをされていたりと非常に面白いと感じた。しかしだからこそ、この島をどのようなコンセプトでどういった方向性に進んでいくのか、過疎化の問題にどう取り組むのか、この島にとって重伝建地区は本当に必要なのか、どう活かしていくのかについて島民だけでなく、県民や国民が関心を持って改めて考えていかなければならないのではないかと思う。

参考文献・参考URL

小浦久子（2008）『まとまりの景観デザイン』学芸出版社
刈谷勇雅（2008）「文化財建造物　保存と活用の新展開」『政策科学』
よねもとひとし（1998）『塩飽の島びとたち』星雲社
全国伝統的建造物群保存地区協議会　http://www.denken.gr.jp/
文化庁　http://www.bunka.go.jp/index.html
丸亀市ホームページ　http://www.city.marugame.kagawa.jp/index.html

咸臨丸と本島〜太平洋横断
を支えた塩飽の水夫〜

二宮　和裕

1. はじめに

　咸臨丸という船の名前を聞いたことがある人は多いだろう。咸臨丸は江戸幕府が所有していた軍艦であり、幕府の船として初めて太平洋を往復した船である。それではこの太平洋横断に、塩飽出身の水夫が大勢乗船していたことを知っている人はどれくらいいるだろうか。咸臨丸の航海を支えたのは、幕府からも一目を置かれた瀬戸内海の水夫だったのである。咸臨丸＝勝海舟だけではないということを、塩飽諸島の歴史などを踏まえながら伝えていきたいと思う。

2. 本島の特徴

（1）本島の概況

　瀬戸内海のほぼ中央部に位置する備讃瀬戸に、瀬戸大橋の掛かる与島や櫃石島といった大小28の島が点在しており、これらの島々を塩飽諸島という。その中心が昔、塩飽島と呼ばれた本島である。本島周辺は潮流がことのほか速く、潮が沸くように流れる所から塩飽の名が生まれたと言われている。瀬戸内海は古くから日本の文物交流の大動脈であるが、その要衝にあたる塩飽の海域を支配することが瀬戸内海の制海権を掌握することに繋がることから、日本の政権を手にした人たちは常に塩飽を自分の勢力下に置き、塩飽水軍の力を利用するようにつとめていた。また塩飽では人名制度といった特異な自治制をとってきたことも特徴的で、江戸時代には優れた操船技術をもって幕府の御領船方となり、交易によって繁栄を遂げてきた島として知られている。現在ではその昔、自治を認められた船方が政治を行っていた塩飽勤番所（国指定重要文化財）や、ノスタルジックな風景が広がる笠島まち並保存地区（国選定重

要伝統的建造物群保存地区）を筆頭に、瀬戸大橋を見ながらのサイクリングや釣りが楽しめるといった観光資源の多い島として多くの人が訪れる場所となっている。

（2）人名制度とは

　豊臣秀吉は天下統一を果たしていく上での戦の度に兵船を持って参戦し、そこで兵士や物資の輸送に協力した塩飽水軍の功績に対して、塩飽領1,250万石を船方650人に領知させる旨の朱印状を与えた。また徳川家康も関ヶ原の戦の直後に同様の朱印状を出し、引き続きその領有を認めたので、塩飽ではこの650人の船方を自ら「人名」と誇称し、明治の廃藩に至るまで人名による自治制が続くことになったのである。江戸時代において武士以外の者が土地を領有することがなかったということから、塩飽の船方の人名制度は全国唯一のものであり、その功績が非常に優れたものだったことがわかるだろう。

4名の年寄
（幕府の支配受けながら一切の政治を掌握する。）

650人の人名

幕府

【人名制度】

咸臨丸模型（塩飽勤番所　所蔵）

3. 咸臨丸と塩飽の水夫

（1）咸臨丸とは

　咸臨丸は江戸幕府が所有していた軍艦であり、日本軍艦として初めて太平洋横断を果たした船として知られている。またその際、艦長を勝麟太郎が務めていたことでも有名である。

　咸臨丸が太平洋横断に挑むことになった背景には、それまで行っていた鎖国政策から開国への政策転換の実施というものがある。鎖国を行っていた江戸幕府は、アメリカや諸外国から交流と貿易を求められるようになり、黒船の来航といった外国との科学・産業の格差をまじまじと見せられることで、ようやく開国を決意することとなった。その結果アメリカとの間に通称条約が結ばれ、その批准の調印を行うためにアメリカへ渡ることとなったのである。そして使節の随行艦として咸臨丸が選ばれたのである。

（2）航海を支えた塩飽の水夫

　咸臨丸には軍艦奉行木村喜毅を始め、艦長の勝麟太郎以下96名が乗船したと伝えられている。またその中で50人を占めていた水夫のうち、35名もの水夫が塩飽出身者であったという。このことからも塩飽の水夫が

本島港にある顕彰碑

幕府から厚い信頼を寄せられていたことが分かり、彼らの功績により、咸臨丸は37日間の航海を無事に終えることができたのである。また本島では咸臨丸渡米150周年を記念して、地元住民を中心に顕彰碑を建て、水夫の功績を後世にまた多くの人に伝えている。

4. 所感

　私がこの内容を取り上げた理由は、瀬戸内海の小さな島で昔幕府に一目を置かれる程の実力を有し、また日本全体にまで影響を与えるような大きな功績を収めたという史実におもしろいと感じたからである。また咸臨丸に見るように、主な人物だけに焦点があたってしまい、その他活躍した人物が表立って紹介されないことは残念なことだと感じたのも、理由の一つである。今回実際に本島を訪れ数々の歴史的資料を見ることにより、改めてこの島の人たちが残した功績の大きさを知ることができ、また同時に驚きを感じた。特に人名制度という独自の制度があったということは興味深いことであり、そういった部分で本島の面白さというものに気づかされた。また歴史以外にも本島にはまち並保存地区があったり、レンタサイクルでサイクリングができたり釣り道具の貸し出しが行われていたりなど、観光をする上で多くの魅力がある場所であることに気づく。このように歴史探訪や町歩き、またアウトドアまで幅広く楽しめる島というのもなかなか珍しく、魅力ある場所だと感じた。そういった意味で誰もが楽しめる島だと思うので、みなさんにも是非足を運んでもらい、その魅力を存分に楽しんでもらいたい。

参考文献・資料

本島「塩飽勤番所」に所蔵されている資料をもとに作成しました。

発見！　伊吹島の民俗

堤　康平

1. はじめに

　私は当初、島の調査のテーマとして島の娯楽（遊び）を考えていた。そして、実際にフィールドワークで行った事のあった伊吹島をその対象として調査することにした。しかし、実際に島に行き現地の人に島の娯楽について、尋ねてはみたものの島特有の遊びというものは、特には出てこなかった。調査に行き詰っていた時に「亥の子祭り」という行事があるという事を聞いた。話を聞いているうちに、非常に興味が湧いてきたのでテーマを変え、いっそのこと亥の子祭りについて調べようと思った。調査で分かったことは、その祭りは年中行事であり、その祭り独自の歌があるということ。後、現在は行われておらず昔から伊吹に住んでいる人しか知らないという事だ。今回は主に、亥の子祭りの形式や歴史、そして祭りの際に歌われる亥の子歌についてくわしく述べようと思う。

2. 亥の子祭りの形式

　亥の子祭りは、旧暦十月、亥の日の亥の刻に行われていた。亥の子の祝い、単に亥の子、また亥猪（げんちょ）など呼び方は様々だ。（しかし、現地の人が言っていた亥の子祭りで以下は統一したいと思う。）稲の収穫祭として亥の子の神を祭る西日本に多くみられる祭りである。その内容は、亥の刻に穀類を混ぜ込んだ餅を食べる（亥の子餅）、子供たちが地区の家の前で地面を搗いて回る。この行事の目的には、多産（多産の象徴であるイノシシにあやかって）や商売繁盛、収穫を祝うなど様々な諸説がある。

　ただこの行事は、実施形態が各地で違う。ちなみに確認しただけでも愛媛県（宇和島市高光地区、伊予市大平武領地区）広島県（福山市・新市町金名地区）、岡山県（笠岡市真鍋島）でも行われていたようだ。現在も行われている地域もある。地面を搗くのは、田の神を天（あるいは

山）に返すためと伝える地方もある。（注１）

　伊吹島ではその地区の子ども達が集まり商店などを回って歌を歌いながら平たく丸い形の石に繋いだ縄を引き、石を上下させて地面を搗く。（図１参照）

3. 亥の子祭りの歴史

　亥の子祭りの歴史は古く様々な言い伝えがあるが、一般的には中国から伝わった説が有力である。江戸時代には、市中でこの日に炉や炬燵を開き、火鉢を出し始める習慣があったそうだ。それには、火災を逃れるという意味が込められていると言われている。また、昭和40年代に、この時期になると準備や亥の子歌の練習に夢中になり、宿題や勉強がおろそかになることなどから、学校が亥の子行事を禁止し廃れてしまった地域もある。愛媛県宇和島市吉田町のように、公民館行事として保護奨励され未だ行われている地域もある。伊吹島もそういった理由からなのかは、分からないが戦後行われなくなったと伊吹の人は言っていた。だから、今でも亥の子祭りについて知っているのは、年配の人だけというのが現状である。昔からの伝統行事がこうやって、後世に受け継がれないのは少し残念だ。

図1　祭りに使われる石

4. 亥の子歌について

　亥の子祭りの代名詞とも言える亥の子歌には、地域によって大きく違っている。代表例としていくつかあげてみようと思う。

【広島県福山市・新市町金名地区】

亥の子の宵（えー）に祝わんものは　鬼産め　蛇産め　角のはえた子産め　（せんせんせんよ）

一つ　鴇は　栴檀の実を　祝え　（せんせんせんよ）

二つ　鮒子は　水の底　祝え　（せんせんせんよ）

三つ　蚯蚓は　土の底　祝え　（せんせんせんよ）

四つ　嫁御は　姑の髪　祝え　（せんせんせんよ）

五つ　医者殿は　薬箱　祝え　（せんせんせんよ）

六つ　娘は　化粧箱　祝え　（せんせんせんよ）

七つ　泣き子は　親の乳　祝え　（せんせんせんよ）

八つ　山伏は　法螺の貝　祝え　（せんせんせんよ）

九つ　紺屋は　藍瓶（やがめ）　祝え　（せんせんせんよ）

十で　豆腐屋は　豆腐籠　祝え　（せんせんせんよ）

亥の子の宵（えー）に祝うた者は　四方へ蔵建て　繁盛せ　繁盛せ

【愛媛県伊予市・大平武領地区】

亥の子　亥の子　こいさんの亥の子

亥の子餅ついて　祝おうじゃないか

お亥の子さんという人は

一で　俵ふまえて

二で　にっこり笑ろて

三で　酒造って

四つ　世の中良いように

五つ　いつものごとくなり

六つ　無病息災に
七つ　何事ないように
八つ　屋敷を広げ建て
九つ　小倉を建て並べ
十で　とうとうおさまった
エットー　エットー　エットーヤー

【伊吹島の亥の子歌（問に対して返事をした場合)】
問いかけ：「祝いましょかな」
返事：「祝え　祝え」

エーイト　エイト
こいさら　亥の子と言うて　祝たる人は
四方の隅い　倉建て回し　大黒さんの法は
一で　俵踏まいて
二で　にっこり笑ろて
三で　酒作って
四つ　世の中えいように
五つ　いつもの如くなり
六つ　無病息災に
七つ　何事ないように
八つ　屋敷を広めたて
九つ　小倉を建てまあし
十で宝を収めたて
来年の麦も今年の麦も穂に穂が咲いて
作り冥護もえいように
祝え　祝え　金倉祝え
銭も金もがっさり　がっさり
大根のきられも除くように　かぶらのきられも除くように

祝え　祝え　金倉祝え
銭も金もがっさり　がっさり

【伊吹島の亥の子歌（問いかけを無視した場合）】
問い「祝いましょかな」

祝わんとこにゃ
端切れで家建てて
馬のくそで壁塗って
草履のやぶれで屋根葺いて
中貧乏貧乏

　これらの歌に共通して言える事は、数え歌であり似たような形式を
持っているということである。特に愛媛県大平武領地区と伊吹島は形
式、歌詞などを見比べても非常に似ており、地域的な特徴が出ているよ
うである。広島市金名地区は「せんせんせんよ」という不思議な言葉が
でてくる。また、豊作や商家繁盛を願う歌なのだが中には直接それらと
は、関係がないと思われる箇所もある。非常に独特の言い回しがされて
いて、それが何を意味しているのかは分からない。想像になるが、当時
の生活に対する人々の不満などが込められているのではないだろうか。
　また、伊吹島独自の特徴というものもみられた。「祝いましょかな」
という問いかけに返事がないときには、悪態唄を歌うというものであ
る。そこには、問いかけを無視した人には悪口のこもった歌を歌うなど
して、あくまでみんなで祭りをみんなで盛りあげようとする当時の人々
の思いが見受けられる。それは、この祭りが地域一体となって行われて
いたことをあらわしている。この、返事により2パターンの歌を使い分
けるのは、調べた限りでは伊吹島独自の特徴と言える。

5. おわりに

　今回亥の子祭りについて調べて、とても独特な雰囲気を持ったこの亥
の子祭りにとても興味が湧いた。いうなれば和製ハロウィンともいえる
この非常に珍しい祭りが現在伊吹島では、行われていないのは非常に
残念だ。伊吹島は人口がこの30年で1／10ぐらいになってしまった。ま
た、とても傾斜のきつい坂が多くあり、移動が大変である。そういった
ことも亥の子祭りが無くなってしまったことに関係しているのかもしれ
ない。しかし調べてみると現在もそのなごりが残っている地域はあるの
で、是非ともこれからも継続し後世に伝えてほしいと思う。この調査を
通して、離島の抱える問題の一つが見えた気がする。

参考文献・参考URL

観音寺市志（史）　合田學著
亥の子祭り　http://www.pleasuremind.jp/COLUMN/COLUM120B.html
伊吹島歴史散歩　http://www6.ocn.ne.jp/~kmiyoshi/index.html
Wikipedia－亥の子
　http://ja.wikipedia.org/wiki/%E4%BA%A5%E3%81%AE%E5%AD%90

伊吹島のいりこ

松下　莉奈

1. はじめに

　いりこの三大産地は、四国の伊吹、鳥取の境港、富山の氷見である。さぬきうどんのだしをとるのにも使われる、観音寺市伊吹島近海で獲れるカタクチイワシの稚魚「いりこ」。最近では化学調味料の普及や魚離れなどで、消費量はピーク時の半分ほどに落ち込み、漁獲高も減っている。

　「いりこ」と聞いてイメージするのは、カルシウムが豊富で積極的に摂りたいヘルシーな食材ではないだろうか。でも最近では、いりこを使ってダシをとる家庭も少なくなっている。魚臭さや雑味が気になり、使う機会から遠のいていくのである。実際、近年、消費者のいりこ離れやいりこ自体の質の低下が進み、残念ながらいりこ本来の美味しさが伝わっていないと思う。いりこの現状に危機感を持った。

　香川県観音寺の沖合い西方約10kmに位置する伊吹島。瀬戸内海・燧灘に浮かぶこの小島は、その人口の半数以上が煮干生産に携わるという煮干の島である。「伊吹産煮干」は漁から加工までの一貫生産で、形、味ともに最高級品である。このあたりは水深が浅く流れも緩やかなためいわしの骨や身がやわらかいのが特徴である。そのためいりこにしたときに水が浸透しやすく、だしの出がよいと言われている。伊吹島周辺で漁獲した片口鰯を使った煮干（いりこ）の品質の良さは煮干業者の間でも日本一と言われている。

2. 香川県の水産物加工事情

（1）水産物加工の現状

　香川県の水産物加工品生産量は、平成20年に26,764トンであり、主な加工品は、水産物つくだ煮が全体の39％と最も多く、次いで冷凍食品26％、ねり製品16％となっている。これらは原料の大部分を県外から仕

入れて加工しているものである。

　煮干しは、県内で漁獲されたカタクチイワシを用いて生産され、その生産量は全国第8位を誇っている。

（2）県産水産物による主な加工品

①　煮干し

　香川県西側の燧灘、特に伊吹島は煮干し（イリコ）の名産地として、全国に知られていて、漁業者自ら漁獲から加工まで行い、鮮度抜群の煮干しが生産されている。

②　干しエビ

　県内では、1,000トン前後の小エビ（サルエビ、アカエビ、トラエビなど）が漁獲され、エビせんべいやかき揚げの材料に使用されるほか、干しエビに加工され、そうめんの出汁用に用いられる。

③　焼ノリ・味付ノリ

　香川県産乾ノリは、香川県漁連の共販で全国の商社によって購入され、全国各地で焼・味付ノリ等に加工されるが、そのうち一部は県内の

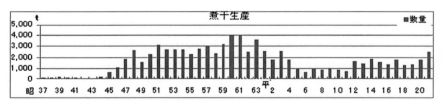

表1　伊吹漁業協同組合のホームページより

表2　主な水産物加工品生産量（平成20年）

品　名	生　産　量		
	香川県	全　国	全国順位
ねり製品（かまぼこ類）	4,292t	516,723t	26
冷凍食品	6,892t	333,414t	15
煮干し	3,384t	71,240t	8
水産物つくだ煮	10,500t	90,871t	2
焼・味付ノリ	38,797千枚	7,880,014千枚	23

平成20年水産加工品生産量（農林水産省）より

加工会社で焼ノリ、味付ノリ等に加工され、販売されている。11月から12月に最初に摘み採る初摘みノリは、柔らかく、香り、旨味の高い高級品である。基準をクリアした「"初摘み"香川県産ノリ」を原料とした加工品について、平成21年度から認証制度が設けられ、「"初摘み"香川県産ノリ」認証マークが付いているものが目印となる。

3. 伊吹いりこ、銀付いりこ

(1) 銀付いりことは

　香川・伊吹島のいりこは最高と昔からいわれてきた。なかでも漁獲量の0.5％程度しかできないよりすぐりの最高級煮干が「銀付」である。

　ただし、いつでも獲れるいりこではない。7月、岸近くにミズクラゲが発生し、その群れに、なにかのかげんで、カタクチイワシの群れが入り込こみ、それを一網ですくいとったときだけ、網ずれなどがない、きれいな肌の銀付になる。くらげがクッション代わりになるからである。この観音寺や伊吹島では、よそのようにビタミンEなどの酸化防止剤は使わず、昔から原魚を塩だけで煮る。それを手選りして、うろこのはがれのないものだけを集めたのが、銀付いりこである。その名のように、鱗がぴかぴかに輝くいりこで、頭からそのまま食べても味にえぐみがないし、苦くも生臭くもない。そして湯に放てば、うまみを底に秘めた、上品であっさりめのおいしいだしがとれる。見直したい無添加自然食品、希少なこだわりの味である。

(2) 特徴

　伊吹いりこの美味しさの秘密は、鮮度を第一に考えている事である。他の産地では漁と加工が分業になっているが、伊吹島では漁から加工まで一貫してすばやく行う。伊吹いりこの最大の特徴は、漁場と加工場が非常に近く、漁獲から加工まで網元が一貫して生産していることである。水揚げから茹で上がるまでにわずか30分もかけずに乾燥機へかける。いわしは、生でも鮮度が大事で、煮干に加工すると酸化が進むが、

伊吹島のいりこは、昔から酸化防止剤等の添加物を一切使用しないで仕上げている。

　伊吹いりこはパッチ網漁法という方法で獲る。パッチ網漁法とは、2隻の船でイワシを逃がしながら網を引き、鮮度を保ちながら引いていく。そして2隻で網を閉じ、一緒になって巻き上げる方法である。

　伊吹島で煮干し生産が始まったのは1860年代で、組合共販の開始は1962年である。取扱高は1988年の約44億円をピークに、1996年には約6億円にまで減少したが、カタクチイワシ資源回復計画などで、2008年は約13億円余りに回復した。

(3)　「伊吹いりこ」ブランド化へ

　伊吹産いりこの地域ブランド化を目指す伊吹いりこブランド登録推進協議会の初会合が2009年8月6日、香川県観音寺市の伊吹漁協魚市場会議室で開かれ、商標の登録名を「伊吹いりこ」とし、指定基準（規格）などを決めた。伊吹島周辺では、パッチ網漁と呼ばれるカタクチイワシ漁で伊吹島沖合で捕獲後、島内で加工されたチリメンを除く体長3、4センチ以上のカタクチイワシを「伊吹いりこ」として、地域ブランド登録を申請した。会議には同協議会委員（漁協や流通関係、学識経験者ら11人で構成）や関係者約20人が出席。かがわ産業支援財団新事業サポートセンターの長峰茂氏を委員長に選び、協議会規約や登録申請までの活動などを協議した。

　申請に当たり、伊吹いりこに設ける基準は、油焼けによる黄変・臭気

表3　いりこの種類・銘柄はサイズで決まる

銘柄／サイズ	水揚げ時期
大羽／8cm以上	6月上旬～下旬
中羽／6～8cm	7月下旬～9月上旬
木羽／4～6cm	7月中旬～8月上旬
かえり／3～4cm	7月上旬～中旬、9月中旬前後
ちりめん／1～3cm	6月中旬～7月中旬、9月中旬前後

伊吹漁業協同組合の広告より作成

のないもの、租脂肪分５％・水分18％以下、原材料はマイワシ・カタク
チイワシ・ウルメイワシ・マアジであること、特定の酸化防止剤以外を
使用しない、などである。2010年３月上旬の出願を目指した。

　県内で地域ブランド登録されているのは、庵治石とひけた鰤の２品で
ある。

　2010年６月18日、香川県観音寺市瀬戸内町の伊吹漁協煮干出荷場で伊
吹いりこの初入札会が開かれ、体長８センチ以上の大羽（おおば）（親
イワシ）が、キロ当たり約450円で取引された。漁協関係者によると、
品質は例年並みだが価格は高値が付いた昨年を下回ったそうだ。会場に
は、加工場から直送された約15,000ケース（１ケース約７キロ）が運び
込まれ約30業者が入札に参加した。特産品ＰＲのため、さぬき海の幸販
売促進実行委員会が企画した、2010年１
月の料理コンテストで部門優勝した「い
りこマフィン」の試食会も行われた。同
所での入札は週３回程度行われ、盆明け
ごろまで続くそうだ。

　伊吹漁業協同組合が、2010年３月15日
に特許庁に申請を行っていた「伊吹いり
こ」のロゴマークが、10月15日に、商標
登録された。

4. 伊吹いりこ普及のための動き

　香川県観音寺市の特産品「いりこ」の普及拡大を図り、まちを活性化
しようと、「いりこ」を使ったさまざまな料理の試食会が行われている。
いりこ料理の代表的なものには、いりこの天ぷら、いりこ飯、いりこ酒
などが挙げられる。

　平成21年度「我が家のイリコ料理」大会では、優秀作品に一般の部で
は前菜赤ワインで変わる大羽にぼし、学生の部では高校３年生のイリコ
マフィンが選ばれた。

　2010年11月13日、観音寺・伊吹いりこ普及推進協議会（会長、白川市長）は、香川県観音寺市坂本町の観音寺働く婦人の家でいりこ料理と酒の講習会を開き、料理の試食やいりこ酒の作り方を学んだ。受講生21人は、いりこ酒マイスターに認定された。約1時間半の講習会には市内の飲食、宿泊施設などの関係者らが参加した。県漁連が伊吹いりこの概要などを説明、いりこ酒の作り方の指導を受けたあと、料理を提案した料理長による磯辺揚げ、クッキーなどを試食した。

　2010年12月5日、香川県観音寺市瀬戸町で地元産いりこをアピールする「第1回観音寺・伊吹いりこ祭り」と「観音寺・三豊お魚市」が開かれ、開場早々から大勢の家族連れらが来場した。伊吹煮干集出荷場での即売イベントは、県漁連と三豊・観音寺市の7漁協が協力、鮮魚類や水産加工品の販売のほか、いりこ飯、カキ飯などが大人気であった。またいりこ料理や、ハマチのしゃぶしゃぶ試食には長い行列ができたそうだ。初開催の「いりこ祭り」は、地域ブランド登録申請中の特産・伊吹いりこPRが目的であった。大羽いりこの買い値を来場者が争う「模擬競り」では、約6.5キロの大羽いりこ（市価約6,500円）が、半額で競り落とされた。いりこ作業を体感するコーナーでは、カタクチイワシに交じった小魚やエビなどを親子で選別したり、小学生による魚のつかみ捕りイベントなども行われ、大勢の人出で終日にぎわった。伊吹島の四季、年中行事、古い絵馬、出部屋資料の展示も行っていた。

参考URL

http://www.shop.rohto.co.jp/shop/goods/goods.aspx?goods=112203
http://www.pref.kagawa.jp/suisan/ryuutsuu/kakou.html
http://www14.ocn.ne.jp/~ibuki/history.html
http://www.kodawariya.co.jp/shopdetail/013014000001/
http://www.iriko.jp/ibuki/
http://www.pref.kagawa.jp/chiji/blog/22_11_04a.shtml
四国新聞　2009年8月7日付け、2010年6月19日付け

瀬戸内海で味わう京都言葉

井上　敬太

1. はじめに

　「お前は御前（おんまえ）言うてな、相手を敬う意味で使うから、先生は怒ったらいかん」

　伊吹島で小さな商店を営む、90歳を超えているとみられるおばあちゃんはこう話してくれた。伊吹島に住む高齢の方は、「お前」という言葉を「目上に対する尊敬語」として使っている。つまり、小学校の生徒が先生に対して「お前」と言うことは、高齢の方にとっては「尊敬の意味を込めている」と解釈するので、先生は生徒の言葉づかいを注意してはいけないということである。このような平安時代の古い言葉が今でも残っている島は珍しい。

　実際、「御前」以外にも聞いたことのないような言葉が多用されており、「武士（平家）の言葉が残っている」と説明してくれた。加えて、彼女の話を現地の人に通訳をしてもらえなければほとんど理解できなかった。

　また、会話を進めていくうちに、彼女の話す言葉、特に高齢の方の話す言葉に関しては、独特のアクセントがあり、日本の言語学者、金田一春彦氏により学会に紹介されていたことが分かった。

　このことから私は、彼女との話しづらさを感じたと同時に、伊吹島で話される言葉に興味を持った。ここでは、伊吹島で使われている言葉（方言）はどんなものか、また、伊吹島のアクセントとは何かを明らかにする。これらの繋がりはどうなっているかついても明らかにしていく。

2. 伊吹島の言葉

（1）概要

　離れ島であることや、そのほとんどが漁業に従事している関係で、一般的に言って荒っぽく、説明が端的に簡明で、声高・早口である。波の

音、エンジンの響き、風の音の中での瞬間的に発する言葉が、すべての用をたさなければならない職業柄、習慣性となったものとされている。

（2）言葉を短くする方言

　具体的にどんなものか、例文を挙げてみよう。

　「先生、あみっしゃい、浜のあんにゃらがのん、うちらのチンプラとってけえんのどい、おまや、はいいて、びゃいてけえさい」

　これは、「先生、あれを見て下さい。浜の兄さんたちが、わたしたちのブランコをとってくれません。先生早く行って叱ってください」という意味である。文にするとよく分からないものばかりだが、共通語でどう言い表してよいか分からない言葉でも、島の言葉でいえば一言で言い尽くせる場合もある。（表1）

（3）独特な意味合いの方言

　敬語の方言が多く「おまえ」もその一つである。（表2）人称代名詞をはじめ、男女による違いが少なく理解しにくいものもある。大部分が男女による使い分けがない、人称代名詞の例を表にしたのが以下の表3である。

3. アクセント

（1）概要

　伊吹島のアクセントは国語学・日本語学界では有名である、金田一春彦氏によれば、「文化保護財に指定したいアクセント」である。この伊吹島のアクセントが学界に知らされたのは、昭和40年前後のことである。

表1　伊吹島独特の言い表し方

島のことば	意　　味
口の、おみやがない	終始喋ったり、食ったりしていること
あららん　こららん	大混乱、なすべきことを知らない状態を言う
あげいわし	いわしがとれすぎて、網子
けえもない	なんの気配もない
いきね	たいして変わらない
ちぢみのあれ	旧11月24日頃、天候が荒れるので餅を食べる

しかもそれを発見したのは香川大学の一学生であった、妹尾修子という
方で、この発見については、指導された和田実氏の論文とともに「国語
研究22（國學院大学）昭41」に掲載されている。その後、上野善道氏と
佐藤栄作氏の二人の学者が同時に、かつ、お互いに独立に、調査・研究
をすすめた結果、上の妹尾・和田氏の発見とはまた別の観点から、伊吹
島のアクセントが非常に重要なものであることを明らかにした。

　では、伊吹島のアクセントのどこが注目されているのか。

表2　伊吹島の敬語表現

ことば	使用例	ことばの説明
おまえ	おまえのかい	・あなたのですか。目上の人に尊敬の意をこめていう。 ・古語の「御前」（源氏物語）
おまや	おまや、どこいっきょんじゃ	あなたは、どこへ行っているのですか
かい	たべたんかい	食べましたか
くれさいよい	まある　こうてくれさいよい	まりを買ってください、きっとね
けえさい	びゃいてけえさい	叱ってください
しゃい	あがらっしゃい	おあがりください
しんじょい	ふとんしいて、しんじょい	・布団を敷いてあげます ・進上（奉ること、献上・贈呈の意）（枕草子）
しんじょかい	はまぐりとってしんじょかい	アサリをとってあげましょうか ※アサリをはまぐり、ハマグリをいしはまぐりと言う
どい	うらのどい	私のですよ ※裏の土井さんではない
のん	いてくるけんのん	行ってきますからね
	そんじょのん	損ですね

表3　伊吹島の人称代名詞

対象	ことば	ことばの説明
自称	うら	わたくし（島民の間では、老若男女を問わない）
	うらら	わたくしたち
他称	われ	自分ではなく、同輩、目下の者に対していう
	わいら	われの複数形（ら）
	おまえ、おまえ（い）ら	目上の人に対していう
	こんた、こんたら	・男子の年輩者の間で使われる。 ・ここなたの転化したもの（三馬の浮世風呂）
	あにき、おやじ	年長者に対し、親しみを込めて呼びかけることもある

（2）2音節名詞にある5つのアクセント型

①　2音節名詞

　音節とは音声の聞こえの一種のまとまりを言い、2音節名詞とは、「そのまとまりが2つある名詞」だと言える。つまり、「愛、藍、蟻、案、赤、雨、飴、あく（灰汁）」などの誰もがよく使っている、知っている単語が2音節名詞である。これが英単語だと「candy（飴）」や「advice（助言）」があり、それぞれ「can-dy」「ad-vice」と2つの音節がある。

②　2音節名詞のアクセント

　方言によって異なるが、それぞれの語にはアクセント（音の高低）が決まっている。「愛」を例にとってみると、標準語（東京弁）ではアの部分が高くてイの部分が低い「高低」というアクセント型で発音されている。これを逆に、尻あがりに「低高」で発音するのは東京弁としては異様である。①で示した他の単語についても、それぞれアクセント型が決まっている。

　英単語を例にとってみると「can-dy」なら前にアクセントがあり、「ad-vice」なら後ろにアクセントがある。英語の場合はアクセントがつかないところは弱く発音される。そのため、厳密にいえば「can-dy」を「高低」「ad-vice」を「低高」としないと考えられるが、いずれにしろ、単語によってアクセントの位置は決まっている。また、2音節名詞に関して言えば、アクセントが前にあるか後ろにあるかの2種類である。

　ここで重要なのは、「アクセント型の種類（高低の配置の具合）は有限」ということである。

　東京弁では、先の8語のうち、「愛」のほかに「藍・案・赤」すべて「最初が高くて後が低い」「高低」のアクセントで、「蟻・飴・あく」の3語は、「最初が低くて後が高い」「低高」のアクセントである。つまり、単語は8つあるが、アクセントの型（高低の配置の具合）は2種類しか存在しない。東京弁の場合、辞書に載っている2音節の数千語全部を調べても、アクセント型はもう1種類増えて3種類にしかならない。（表4）

　低高1、2の違いは、助詞の「が」をつけると違いがでるというもの

である。これを表5に示す。

③　方言による2音節名詞のアクセント型の違い

　②ではあくまで標準語とされる東京弁を例にとってきた。今度は、おお
ざっぱであるが地域別にどれほどのアクセント型があるか挙げてみる。（表6）

④　2音節名詞の5つのアクセント型

　ここで本題である。伊吹島のアクセントのどこが注目されているの
か。結論から言うと、「アクセント型が5つあるところ」と、それが「平
安末期のアクセントに酷似しているところ」である。

　伊吹島のアクセントの場合、日本語の一般的な「高低」「低高」の2
種類のアクセント、多くても4種類のアクセント型にとどまらず、合計
5つのアクセント型が確認できる。（表7）

　ここで金田一春彦氏の推定による平安末期の京都アクセントの、2音

表4　アクセントの型

高低	糸、肩、外、空、中、雨、桶、声、春、藍、窓・・・
低高1	牛、梅、顔、風、口・・・
低高2	足、犬、馬、鳥、山、石、歌、音、紙、川・・・

表5　方言のアクセント型の違い

低高1	低高、低高高	例：牛　低高	牛が　低高高
低高2	低高、低高低	例：足　低高	足が　低高低

表6　地域のアクセントの種類

大阪、京都、神戸、徳島、高知、（香川）	4種類（n音節に2n前後の種類）
東京、名古屋、長野、新潟など	3種類（n音節にn+1種類）
岡山、広島、鳥取など	3種類
鹿児島	2種類（n音節に2種類）
宮崎	1種類（n音節に1種類）

表7　伊吹島のアクセント

1．高　高	牛、梅、顔、風、口・・・
2．高　低	石、歌、音、紙、川・・・
3．高　中	足、犬、馬、鳥、山・・・
4．低　高	糸、肩、外、空、中・・・
5．低　降	汗、雨、桶、声、春・・・

※なお、ここで「中」は高と低の中間、「降」はその音節の中で高から低に急激に下降する。
　というものである。

節名詞のアクセントを表8に示す。

　伊吹では3番目の「低低」が「高中」となっている点が異なるが、そのほかの点では、伊吹と平安末期京都はまったく一致していることが分かる。また、各アクセント型に入っている単語までかなり一致している。つまり、伊吹島の「高低」の単語「石、歌、音、紙、川・・・」は、平安末期京都でも「高低」だということである。

（3）　上野氏と佐藤氏の研究

　妹尾・和田氏の調査は2音節名詞が中心だったが、上野・佐藤両氏は、もっと長い単語も含めて、アクセント体系全体を調査した。

①　東京弁のアクセント型

　東京弁の音節ごとのアクセント型はそれぞれ、以下のようになっていることが分かっている。

　　　1音節名詞：2種類、2音節名詞：3種類、3音節名詞：4種類
　　　4音節名詞：5種類、5音節名詞：6種類

　これを一般化すると、「n音節にn＋1種類のアクセント型がある」ということになる。最も多くの種類がある方言でもせいぜいn音節に2n個ぐらいしかない。

②　伊吹島のアクセント型

　ところが、伊吹島の場合はn音節に3n個前後の種類がある。2音節では2×3＝6個前後の5個存在している。

　つまり、日本の諸方言の中で一番アクセント型が多い、ということが明らかになった。平安末期の京都アクセントでも3n個前後の種類があったと推定されており、この点でも伊吹アクセントと平安末期の京都

表8　平安時代の京都のアクセント　金田一春彦氏による

1.	高　高	牛、梅、顔、風、口・・・
2.	高　低	石、歌、音、紙、川・・・
3.	低　低	足、犬、馬、鳥、山・・・
4.	低　高	糸、肩、外、空、中・・・
5.	低　降	汗、雨、桶、声、春・・・

アクセントは酷似していると言える。

4. まとめ（1）

【1】　伊吹島の高齢の方が話す言葉（方言）の意味は、源氏物語や枕草
　　　子でみられるような、古い言葉をその当時の意味のまま使っている
　　　傾向が見られる。
　　　　平安時代に使われていた言葉が、現在でも使われている。
【2】　言葉（方言）の特徴として2音節名詞のアクセント型が5つあり、
　　　それが平安末期のアクセントと酷似している。
　　　　音節の数が違っていても、平安末期と同じ、n音節に3n個前後
　　　のアクセント型の種類がある。
　　　→平安時代に話された発音の仕方で、現在でも話されている。

5. 京都の方言

　では平安時代に使用されていた言葉は、今でいう「何弁」だったのか。
伊吹島の方言は本当に讃岐弁なのか。仮に讃岐弁でないのなら、なぜ伊
吹島で話されているのか。これらを探っていこうと思う。

（1）共通語は京都方言（京都弁）

　歴史的にみれば、長らく日本の実質的な標準語は京都方言であった。
近代以前にあっては、平安時代の京都の貴族語に基づく文語体が、伝統
的な書記言語の標準語として広く通用していた。日常の口頭言語につい
ても、江戸方言が成熟する江戸後期までは京都方言が中央語であり、京
都を中心に新語が日本各地に伝播していったとされる。京都方言がかつ
て中央語だった名残は現代共通語にも残っており、古風な文体で「わ
しは知っとるのじゃ」のような近世上方語風の表現が多用されること、
「残っており」、「寒うございます」、「ありません」などの文法、「こわい
（関東方言ではオッカナイ）」、「うろこ（関東方言ではコケ）」、「梅雨（関
東方言ではニューバイ）」などの語彙がある。

　要約すれば、江戸後期まで主に使用されていた言語は京都方言であり、その当時京都で話されていた言葉が今でも残っているということである。つまり、平安時代に一般に話されていた言葉（標準語）は京都弁である。

　よって、伊吹島は元祖京都弁である。

（2）江戸時代までの京都弁と現代の京都弁

①　概要

　京言葉（きょうことば）とも呼ばれ、狭義では京都府京都市旧市街、広義では京都府山城地方の方言を指す。古くは京談（きょうだん）とも。近畿方言の一種であり、大阪弁とともに上方言葉の中核をなす。一般に、優雅な言葉として知られる。

　母音を長く丁寧に発音して発音のテンポが遅い点、柔らかく角の立たない言い回しを好み敬語や婉曲表現を多用する点が女性的であり、そのことが優雅性の要因であるとしている。

②　現代の京都弁

　優雅であるという印象は舞妓のお座敷言葉のイメージによるところもあり、一般市民の日常会話ではテンポが早く、語調もきつい話し言葉が聞かれる。

　加えて、古くからの大都市で京言葉は変化し続けており、平安時代以来の古語はあまり保存されていない。明治維新前後にも京言葉は大きな変動があったとされ、代表的な京言葉「どす」「やす」「はる」なども幕末・近代以降に成立・普及した言葉とされる。現在では共通語化や関西共通語化も進み、伝統的な方言を用いるのは高齢層や花街の芸妓社会などに限られている。1993－94年の方言調査によると、「どす」に関して80代では「使用する」と回答した割合が49.2％なのに対し、10代では「聞いたこともない」が54.0％となっている。

　アクセントについては表6のとおりである。

③　結論

　江戸時代までの京都弁と現代の京都弁は異なっている。つまり、「平安時代の言葉＝江戸時代の言葉＝当時の京都弁」とは言え、「平安時代の言葉＝江戸時代の言葉≒現在の京都弁」と言える。よって「京都弁≒京都弁」とも言える。

　よって、平安時代に使用されていた言葉は、今でいう「何弁」だったのかは分からない。

（3）　讃岐弁と京都弁の関連性

①　讃岐弁

　現在、日本語の方言区分によれば、香川県は「四国弁」であるとされる。

　古来より瀬戸内海を通した海上交通が盛んであったため、関西方面ほか各地からの影響を常に受けてきた。一方で、讃岐弁は他の四国方言と同様に中国方言と共通する表現も存在する。例えば、「〜から」に当たる「〜けん（東讃弁）」「〜きん（西讃弁）」の使用は、岡山弁や広島弁で使われる「〜けん」「〜けえ」と共通している。

　助動詞に注目してみると、ミックス型であると言える。（図１）

②　京都弁との関係

　京都弁は京阪式アクセントである。京阪式は「橋」（高低）と「箸」（低高）と「端」（高高）の３種類の区別があるが、東京式では「橋」「端」（低高）と「箸」（高低）の２種類の区別しかない。

　香川県自体は、京都弁のルーツ（京阪式アクセント）を受けている。香川県周辺で用いられるアクセントを讃岐式アクセントと言い、これは早い時期（中世以前？）に京阪式から分岐して独自に発展したものと考えられているため、独特の進化を遂げている。しかしながら、伊吹島は古い京都弁が残っている。

　古い京都弁を話す人の絶対数が少ないため、ここでは「伊吹島の方言は古い京都弁」だが「伊吹島で話される方言は讃岐弁」としておこう。

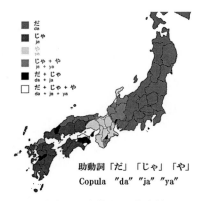

助動詞「だ」「じゃ」「や」
Copula "da" "ja" "ya"

図1　助動詞の地域性

（3）なぜ伊吹島で話されていたか

観音寺市史に記されているものをまとめると、次のようになる。

【1】　平安時代に相当数の人が住んでいたと推測できるが、海上10余キロに浮かぶ孤島であり、水も得がたいことから、永住するものはいなかったと考えられる。

【2】　源平両氏が覇権を争っているころ、海賊船の基地または寄港地、あるいは乗組員が一時的に住みつく程度にしか利用されず、離合集散を繰り返していた。

【3】　農漁業の開発が本格化するのは戦国時代。

　　　→長宗我部氏の制覇の過程で敗勢に追いやられたもの、権力闘争に敗れた党派が、その活路を求めてこの島にたどりつき、そのまま永住。

【4】　三好氏と合田氏は伊吹島で両氏激しく争い、その後、島内は二派に分かれ平和な社会を作ったとされる。

【5】　昭和28年の調べでは三好姓が28.8％、合田姓が13.1％。

　　　このことから、戦国時代に住みついた三好氏と合田氏の、両氏の間でコミュニティが作られた。加えて、伊吹島で漁業ができたことにより、永住することが可能になった。戦後の統計を見ても、島民の４割を三好氏と合田氏が占めることから、当時両氏が話していた言葉、つまり京都弁が、両氏の繁栄とともに根強く残ったと推測できる。

6. まとめ（2）

　伊吹島の方言は

【1】　元祖京都弁である。加えて、近世までの標準語であると言える。

【2】　現在伊吹島の方言を話すことができるのは、一部の島民に限られ
　　　るため、「伊吹島の方言は古い京都弁」だが「伊吹島で話される方
　　　言は讃岐弁」とする。

【3】　戦国時代当時の「標準語」のまま、三好氏と合田氏とともに繁栄
　　　してきた。

7. さいごに

　現在、島内で伊吹島の言葉（方言）を話せる人は、私が出会ったおば
あちゃんを含めて3人ほどしかいないと言う。3人とも高齢なので、伊
吹島の方言が下の代に受け継がれていないことが分かる。

　こういう現象になったのはおそらく、新しい「標準語」の広まりが要
因だと考える。現在伊吹島の方言を話せる人は、島内の狭いコミュニ
ティの中で育ち、小さい頃からよく耳にしていたのが、伊吹島の方言
（＝元祖京都弁＝当時の標準語）だったと推測できる。しかしながら、
彼らの子供の世代は伊吹島の方言にあまり触れることのなかった世代、
つまり、テレビやラジオを介して東京弁（現代の標準語）に触れる機会
が多かった世代、と推測できる。つまり、生活の変化によって伊吹島方
言が話せる人、話せない人に二分されたと考える。

　生活の変化は、私たちに豊かさをもたらしたと同時に、代々受け継が
れてきた文化を忘れさせる側面ももつと考える。逆説的にいえば、生活
の変化が新しい文化になることもある。変化によって淘汰されるもの、
新しく生まれるもの、両方あって当然だが、伊吹島の方言の価値の大き
さを考えると、次代に残したい文化である。

　言語学者の金田一春彦氏は、（高齢の方が話す）伊吹島の方言を「日
本一奇麗な言葉」と称していた。私も同感であり、伊吹島のアクセント

は、彼と同じく「文化保護財に指定したいアクセント」であると考える。

　伊吹島の方言は、今後なくなることは必至だろう。しかし、金田一氏をはじめとした研究者の方々が、伊吹島の言葉やアクセントについて研究され、それが書物となって現在に残るということは、文化を残すという意味でも大きな意味があると考える。今回、中井幸比古氏の書籍を多く引用させていただいたが、文化を残すといった意味でも、私の文章が本として発行することは大きな意味があると考える。

　さて、伊吹島の言葉やアクセントについて長々と述べてきた。江戸時代までの標準語と現在の標準語の理解できる、バイリンガルな人が瀬戸内海の島で暮らしていると思うと、瀬戸内海も捨てたものじゃないなと感じていただけるのではないだろうか。

　伊吹島へ来て、ぜひこの「京都にない京都」を身をもって体感していただけたら、私は幸せである。

＜参考文献・URL＞

Wikipedia「伊吹島」：https://ja.wikipedia.org/wiki/%E4%BC%8A%E5%90%B9%E5%B3%B6
Wikipedia「音節」：http://ja.wikipedia.org/wiki/%E9%9F%B3%E7%AF%80
Wikipedia「京言葉」：http://ja.wikipedia.org/wiki/%E4%BA%AC%E8%A8%80%E8%91%89
Wikipedia「京阪式アクセント」：http://ja.wikipedia.org/wiki/%E4%BA%AC%E9%98%AA%E5%BC%8F%E3%82%A2%E3%82%AF%E3%82%BB%E3%83%B3%E3%83%88
Wikipedia「日本語の方言」：http://ja.wikipedia.org/wiki/%E6%97%A5%E6%9C%AC%E8%AA%9E%E3%81%AE%E6%96%B9%E8%A8%80
Wikipedia「標準語」：　http://ja.wikipedia.org/wiki/%E6%A8%99%E6%BA%96%E8%AA%9E
コトバンク「上方語」：http://kotobank.jp/word/%E4%B8%8A%E6%96%B9%E8%AA%9E
コトバンク「中央語」：http://kotobank.jp/word/%E4%B8%AD%E5%A4%AE%E8%AA%9E

立ちはだかる伊吹島の坂道

井平　博朗

1. はじめに

　伊吹島に到着してまず一番に目にするのは、おびただしい数の原動機付自転車である。その中には、ナンバープレートが付けられていない物も多数ある。さらに凄い事に原動機付自転車に二人の人間が乗り、煙草を吸いながら坂道を登って行った。このような行動は伊吹島を歩けば何度も目にする。この光景は、まるで台湾やベトナムに旅行に来たような雰囲気に包まれている。この風景を信じるか信じないかはあなた次第である。なぜ伊吹島ではこのような風景が出現するのか、不思議に思った。

2. 住人の交通手段

　ではなぜ伊吹島に原動機付自転車が多いのか。その理由は、すぐに分かった。船着き場の前に、傾斜のきつい坂が立ちはだかる。我々は歩いて登ったのであるが、とてもしんどい思いをした。集落に行くまで歩いて登るには厳しい坂である。そして坂の上の平坦地やそれに続く緩斜面に、家や学校や畑などの生活圏がある。毎日浜から、そこに行くために必要不可欠なのが坂である。原動機付自転車や自動車を運転出来ないような人は基本歩きでこの坂を登らなければならない。最近は、観音寺市の配慮で100円を払うと、相乗りの車で家の近くまで運んでくれる。しかし道が狭いので車で行ける範囲も限界があり、便数もそれほど都合よくはできていない。最終的には自分の足で歩かなければならない。島の老婦人がいっていた「生きていくためには歩くことが必要である」とのことである。そして「この坂を登れなくなったら死ぬつもりじゃ。」という高齢者

図1　港にバイクの並ぶ風景

の意見も存在している。これは私には衝撃的な発言に感じた。

3. 伊吹島の住人が坂の上に住んでいる理由

　高齢者に死を連想させたり、住むために障害であるはずの坂の上に暮らしを構築し、坂の上の集落になぜ固執する理由があるのだろうか。以下が、私が考えたところである。

①　台地型の島であるため。島の沿岸には平地部分が少なく、平坦部分は島の高い所である。島の海岸沿いには住めるスペースが無い。海岸を埋め立てるにしても、添付した地図からも分かるように島の周辺の海が急傾斜で深くなるので、島の周辺に埋立地を作るには大変な作業である。そのため埋立地を作りたくても作れない。さらに埋立地は、何等かの不要物を用いて造成される事が多い。もしこれらの土に有害物質が含まれていれば溶出し、土壌汚染となり伊吹島の産業であるいりこ産業に支障が出ると可能性もありうる。そうなると豊島で起こったように漁民の死活問題である。

②　生活していく上には農業は必要である。この島の平坦地で育てる農作物は、日当たりがよくすくすく育ってくれるので適している。ただ島では灌漑のための水が不足する。方々に水溜めのタンクが置いてある。伊吹島は岩盤でできている島なので、土壌が少なく、農業の可能性は低い。

③　伊吹島の郷土史家三好兼光氏によると、この島の重要性は、戦国時代、坂の上からの見晴らしがよかったという。島の上からの見晴らしが良いのでそれを利用して、東からと西からの水軍の動きを見張りしたのではないかという。特に京にとって西から登ってくる水軍の動きを早くから察知できるこの地の地理的な位置が重要であったと考える。島には現在でも昔の名残があり、たしかに坂の上からは辺りが一望することができ、風景はとても奇麗である。瀬戸内海を展望するこの島からの風景は癒し的なスポットとして必要不可欠に違いない。

④　この島にもし大きな津波が襲ってきたのを考えれば、断崖絶壁を背後にする平地に住んでいるより、坂の上に住んでいる方が安全であ

る。島の住民は長い経験で分かっているのかもしれない。

　私が考えるのに、①の理由が大きく住民は出来ることなら平地で生活することを望んでいる。辛い思いをしてまで坂で暮らしたくはないのである。

　現在島の産業としてイリコの加工業が盛んになっている。伊吹島にとってかけがえのない産業となっている。加工場は島の周辺に作られている。それでも海岸沿いには住居が作られていない。島の住民はもとの頂上の平坦部に住んでいる。

4. 今後の展望

　たしかに今は何とか原動機付自転車や自動車や市のサポートなどがあり、坂の上の生活を暮らせている。しかし今後伊吹島もどんどん高齢化が進み自分で乗り物を運転出来なくなり、乗り物に頼ることが出来なくなるとこの島はどうなるのであろう。みんな死んでしまうのか？いや違うだろう。今まで島で困難に対して乗り越えたように新たな手段を開発する事を望み今後の島が変わっていく展開に期待している。

　最後にもし伊吹島が今後変わっていけば、最初の冒頭で伝えた日本らしからぬ禍々しい光景を見ることが出来ないかもしれない。だからあの光景を見る事が出来るチャンスを、今掴んでおくべきである。みなさん島に行こうよ。

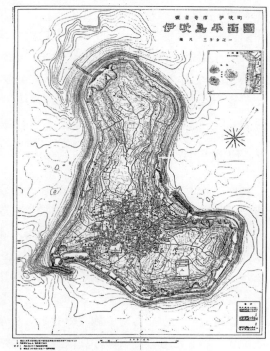

図2　伊吹島の地図　昭和31年作成

伊吹島の民俗資料館から見る島の今後

辻　健太

1. はじめに

　以前、伊吹島を訪れた際、非常に面白いものを見つけた。それは島にある民俗資料館に備えられている一つの台帳であった。そこにはこの資料館にいつ、どこから、何人で訪れたかということが書き込まれていた。そこには自分が全く予想していないことばかりが載っていた。そこでこの台帳をまとめることで伊吹島の新たな側面や、あまり知られていない伊吹島の観光客の性質などを垣間見ることができ、これからの伊吹島について考える一つの材料となるのではないかと思い、今回のレポートを書くことを決めた。

　このレポートでは初めに伊吹島の民俗資料館とはどのような施設なのかという部分に触れ、次に実際に台帳に書かれていた情報を図表化しながらまとめていく。そしてそのデータから考えられること、またこのデータをもとにどういった観点から島の再生や活性化を目指していくべきかについて考えていく。

2. 伊吹島民俗資料館とは

　伊吹島民俗資料館は真浦港から約10〜15分坂道を上がったところにあり、元々は幼稚園であった建物を改装して造られた。ここは無人の無料資料館となっている。伊吹島民俗資料館には昔、島で使われていたと思われる脱穀機などの農具が展示されていた。その他にも島の主産業である漁業で使われた漁具や、生活のための民具など、貴重な島の現物の資料が保存されている。港からそれほど遠くないこともあり、島に訪れた際には多くの人が立ち寄る施設である。左の写真は伊吹島民俗資料館を正面から写したもので右の写真は館内の通路の写真である。

3. データの説明

　今回のデータはこの資料館を2008年に訪れた人の記録と2010年に訪れた人の記録からきちんと台帳やノートに記入されていた全94件を使用する。

　まずこの民俗資料館にどこから訪れたかを示している。図1から香川県内からは約66%、県外からは約34%と3分の2が県内の人が利用していることがわかる。図2では県内のどこから訪れたかを表しており、一番多いのは観音寺市（伊吹島は除く）の約39%、次いで伊吹島と高松市の約16%、その次が三豊市と綾歌郡の約6%、丸亀市と仲多度郡の約5%、善通寺市の約3%、坂出市と木田郡の約2%となっている。

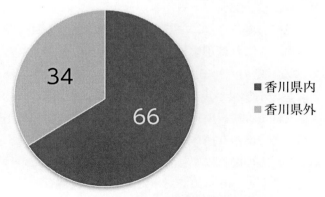

図1　民俗資料館の来館者（%）

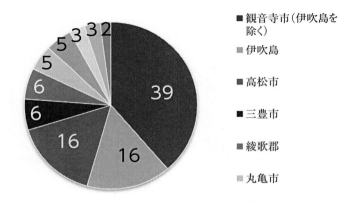

図2　県内の来館者数（％）

注）四捨五入の関係により計100％ではない

　34％の県外からの来館者は愛媛を中心に徳島や高知などの四国地方、また四国以外にも中国地方では岡山、広島、近畿地方からは兵庫、大阪、関東地方は東京、千葉、神奈川、群馬など多方面から来館していることが分かった。

　次に1回の来館の際何人で訪れているかについてみていく。今回はきちんとしたデータをとるために人数不明、または疑問点が残る資料に関しては排除した。その結果全77件を使用する。

　図3から一人で来館したのは約16％、2〜3人は約52％、4〜5人は約10％、6人以上は約22％であることが分かる。

　グラフから見てわかるように、6人以上の割合が2番目に多くなっていることがわかる。これは小学校の1クラスないしは2クラスで訪れているためである。そのため6人以上といっても実際は19人、39人、76人、83人と大勢の小学生が民俗資料館に押し寄せていることが分かる。小学生の団体だけでも17組中11組が占めていた。また団体は小学生だけではなく、高齢者であろう団体の名前も中には書かれていた。

　最後に来館した方の動機に関してである。最も多かったのは「昔から興味があったから」というものであった。昔から民俗資料館や祭りの存在を知っていて、1度来てみたいとは思っていたが今までなかなか来れ

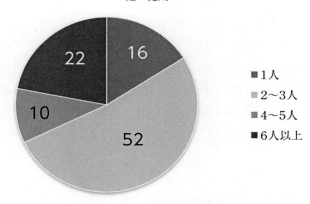

図3　来館者の構成人数（％）

ず、ようやく今回来ることができたという旨の記述が多かった。そのほかにも父の仕事の都合、大学の研究授業、雑誌の取材、雑誌を見たから、観音寺まで来たからついでに活気ある港を見たくなったため、伊吹島に祖父母がいるからというように実に様々な場所から様々な理由で来館していることが分かった。

4. データから考えられること

　今回の調査からみてもわかるように島から近い場所に住む人ほど島に訪れる割合が多いといえる。また3分の1であるとはいえ県外から、特に近畿、四国地方からの来館者も多くいろいろな地域から集まってきていることがわかる。このような点から仮に伊吹島を島外にさらにPRする際、近場となる観音寺市や三豊市、人口の多い高松市に絞るとより効果のあるPRができるのではないか。特に観音寺市からの来館者が多いことから積極的に地元と交流することは直接的な成果としてつながりやすいと思う。また島に来る人の中でも小学生の団体が多いことから、伊吹島が小学生の教育に取り入れられている。観音寺市の洋上教育で、市内の学生が伊吹島に訪れている。ここに集められた資料を通して小学生を集めたイベントや交流が行われている。現在周りの島を見ていても若者が少なくなっており、活気が薄れている島はたくさんある。その中で

伊吹島には実に多くの小学生が島に訪れて来ている。島の人との交流、島の小中学生との交流、一時的なものではなく定期的なものになればより賑やかな島になるのではないだろうか。今はいりこという一大産業があるため人やモノの移動が活発に行われてはいるが、このまま放っておけばいつかかならず島は衰退していく。このチャンスを活かして海を越えた交流に力を入れていくことを考えてみてはどうだろうか。

5. おわりに

　今回は島の民俗資料館を訪れる人の分析結果から、どういった観点で島を再生する手がかりをつかめるかがテーマであった。私の初めの予想では、島や歴史好きな人が1人島を訪れているのではないかと考えていた。しかし、実際に調査をしてみると県内外から多くの人が訪れており、特に小学生の団体利用が多いなど全く予想すらできなかった。そこで他の島にはできない伊吹島ならではの方法という観点から「小学生との交流」という答えにたどり着いた。今回のように島で生活していない私が島を訪れ、調査したことは非常に好奇心をくすぐられるものであり、驚きに満ちた経験ができた。このような経験ができたのも全て伊吹島自体に大きな魅力があったからである。だからこそこの魅力をさらに県内外に広め、いつまでも活気にあふれる島づくりをしていってほしいと思っている。私自身さらなる伊吹島の発展を願っている。

参考URL

伊吹島歴史散歩　http://www6.ocn.ne.jp/~kmiyoshi/page003.html

小豆島遍路の歴史的変遷

西山　優樹・宮内　崇匡

1. はじめに

　近年、「遍路ブーム」と呼ばれる程に遍路が注目を浴びている。かつては遍路といえば弘法大師信仰による巡礼の旅であり、修行の場にもなっていた。そのため現在においてもそのイメージは強く、遍路は宗教的な旅だと考える人も少なくないだろう。しかし交通網の発達や様々なメディアによって遍路が取り上げられることにより、遍路というものがより世俗的になり、多くの人が観光という枠組みの中に位置づけるようになった。

　遍路といえば普通は四国八十八か所巡りのことを指すが、四国遍路以外にも八十八か所の札所を設けそれを巡礼するものが全国に数多く存在している。それらは写し霊場、あるいは新四国などと呼ばれ、四国遍路と同じように八十八か所を巡ることで、弘法大師の功徳を得ようするものである。

　私の研究室では、写し霊場の一つである小豆島八十八か所（小豆島遍路）を取り上げ、実際に歩き遍路を行った。小豆島遍路は四国遍路に比べて距離も短く規模も小さいが、多くの山岳霊場を有し、自然が多く残る起伏に富んだ地形を歩くため、決して容易な道程ではない。筆者が歩き遍路を行っている時、大抵はきれいに整備された道を歩いていたのだが、道とは呼び難いような道を歩く時もあった。それは一般に遍路道と呼ばれ、昔のお遍路さんが利用していた道であるのだが、今では歩き遍路をする人の減少に伴い、利用する人も減っている。

　本稿では、小豆島遍路の歴史を中心に捉え、昔と今の遍路道および札所の比較、さらには昔の小豆島遍路の様子を見ていくことで、小豆島遍路全体がどのような変化を辿ってきたのかについて明らかにしていく。小豆島遍路の歴史を知ることで、少しでも小豆島遍路に対する関心を持って頂ければ幸いである。

1　小豆島遍路の概要

1.1　小豆島について

　小豆島遍路について述べる前に、簡単ではあるがまず小豆島について説明しておく。

　小豆島は香川県の北東に位置し、面積は153.2㎢で瀬戸内海では淡路島に次いで2番目に大きい島である。小豆島は小豆島町と土庄町に分かれていて、人口（2009年）は小豆島町が16,401人、土庄町が15,523人となっている。また島全体の人口における年齢別の割合（2009年）をみてみると、65歳以上の人口が35.0％で、県の中で最高となっていて、14歳以下の人口が10.6％で、県の中で最低となっている。このことから小豆島では少子高齢化が進んでいる事が分かる。

　小豆島には日本三大渓谷美に数えられる寒霞渓や、瀬戸内海にある島の中で最も高い山である星ヶ城（817m）があり、海だけでなく山にも囲まれた自然豊かな島である。また小豆島は日本で唯一オリーブが栽培できる地域として有名であり、オリーブは島の大きな産業の一つになっている。その他の小豆島の主な産業として、食品産業がある。小豆島は醤油、佃煮、手延べ素麺が全国的に有名で、醤油は約400年も前からつくられている。最近では現代の食生活に合わせた新しい調味料作りも行っている。手延べ素麺は戦国時代の終わり頃から小豆島でつくられ始め、昔から素麺の製法は変わっていない。また、小豆島は素麺の全国三大産地の一つともなっている。

1.2　小豆島遍路とは

　小豆島遍路とは小豆島に88ヶ所存在する札所霊場を巡ることであり、四国八十八ヶ所遍路を縮小したもののようで、「島四国」などの別名がある。四国八十八ヶ所遍路の札所が全て寺院なのに対して、小豆島遍路では寺院の他に堂や庵も札所としている。また、小豆島遍路の総距離は四国八十八ヶ所遍路の約10分の1の距離で、約150kmである。巡礼する

順序は特に定められてはいないが、一般的には小豆島霊場総本院がある
土庄を出発し時計回りに巡礼することが多い。この道のりを歩いて巡礼
すると約一週間かかり、自動車を利用する場合は約4日間で巡礼するこ
とができる。服装は白衣に菅笠、金剛杖といった四国八十八か所遍路と
同じような姿で巡礼する。ただ服装には特に指定がなく、歩きやすい服
装で臨んでもよい。遍路が最も盛んに行われるのが、3月〜4月頃で、
主な理由としては気候的に歩きやすいのと、桜が咲く季節なので、のん
びりと桜を見ながら歩けるということがある。また紅葉の季節である秋
もお遍路さんたちに人気があるようだ。

1.3　小豆島遍路の歴史
小豆島遍路の成立

　小豆島霊場がそもそも創設されたきっかけとして、真言宗の開祖であ
る弘法大師が、9世紀初頭の平安時代に讃岐から京の都へ上京する行き
帰り、小豆島に訪れ各所で祈念したことがある。しかしこれはあくまで
伝説の話であり、それを裏付ける史料が残っていないため歴史的事実と
断定することはできない。また写し霊場としていつ、誰が創設したのか
も史料として残っておらず具体的な成立の経緯は分からない。創設の史
料として確認できるものに『小豆郡誌』があり、この本によると以下の
ように記されている。

「貞享三年ニ至リテ本郡ニ於ケル真言宗ノ緇素相謀リ四国八十八所ノ霊
場ニ擬ヘ小豆島八十八所ノ霊場ヲ創設ス、其ノ際寺院ノミニテハ其ノ数
ニ充タザリシヲ以テ各所ニ浄域ヲ撰ビ新ニ堂庵ヲ建立シ以テ現在ノ霊場
ヲ定メタリシトイフ」

　貞享三年（1686年）に八十八か所の札所を決めて創設したのだが、小
豆島にはもともと八十八か所の仏教寺院がなかった。そのため新たに庵
やお堂を建てそれらを札所とすることで小豆島遍路を確立させたという

ことである。しかしこの貞享三年に成立という説には根拠のある史料の
裏付けがなく、十分な説得力を持っていない。しかし宝永5年（1708
年）の『小豆島中寺社方由緒張』には、島内にあった寺院について詳し
く記述されているため、この頃には島内の寺院はかなり整備され、小豆
島遍路がまだ成立していなかったとしても、その礎は出来上がっていた
のではないかと考えられる。また郷土史家である川野正雄氏は小豆島に
現存する往来手形から、宝暦年間（1751〜1764）以降に他国からの巡
拝者が訪れ始めたと述べている[1]が、その往来手形には島四国や遍路な
どの文字は書かれていない。島四国という言葉が史料に表れるのは天保
13年（1842年）の旧大鉡村文書であり、それには「近来、島四国と唱え
物もらいにはこれなく、寺社拝礼いたし候他国のもの、遍路姿にて渡海
いたし候」とあり、天保年間（1830〜1844年）には小豆島遍路が盛んに
行われていたことが分かる。しかしこの時点でも、小豆島八十八か所の
札所や札所番号が書かれた史料はなく、それを知ることができる最古の
史料が嘉永年間（1848〜1854年）の『小豆島名所図会』である。これは
札所名や札番だけでなく本尊や堂宇、札所の由来や景観、さらには札所
にまつわる霊験記についても書かれていて、当時の霊場案内書の役割を
果たしていた。これにより、遅くとも江戸時代の終わり頃には小豆島遍
路というものが確立していたということになる。また小豆島遍路の創設
に関して、第17番札所の一ノ谷庵に興味深いものがある。それは寛政11
年（1799年）の紀年銘を持った人物の墓で、俗名や詳しい業績は記され
ていないがこの人物が小豆島霊場を始めたということである[2]。これが
真実であるにしろそうでないにしろ、小豆島霊場の成立に関しての史料
が残されているということは、それだけ小豆島霊場の創設は島の人々に
とって歴史的な出来事だったのだろう。小豆島独自の弘法大師の伝説も
残っている程なので、小豆島霊場が四国遍路の単なる写し霊場として扱
われているとは言い切れないように思える。

---

[1] 川野（1984）、427頁。
[2] 小田（1996）、171頁。

明治維新と霊場会の設立

　1868年、それまで長く続いた江戸幕府が倒れ、新たに天皇を中心とした明治政府が誕生した。明治政府は江戸幕府が行っていた政治体制を一新し、一気に近代化への改革を推し進めていった。明治維新と呼ばれるこの改革は、行政や軍事だけでなく庶民の教育、文化、宗教までをも改革や構築していき、西洋の知識や技術を導入することでそれらの列強と肩を並べる国家に築き上げようとした。この文明開化によって古い制度は廃止され、新たな制度、新たな思想が数多く生まれるようになっていった。その中の一つとして神仏分離令がある。これはそれまで神仏習合として神道と仏教を一つの信仰としてまとめていたものを、それぞれ明確に区別するためのもので、政府としては神道を国教化し仏教の弱体化を図ることが目的とされた。また神仏分離令が発端となり一部の寺院などでは、仏像や仏具を破壊するといった廃仏毀釈が起こり、神道と仏教の徹底的な分離が行われた。ひどい所では家にある仏壇さえも破壊されたようである[3]。しかし神仏分離や廃仏毀釈は地域の宗教生活の中に必然性があった訳ではなく、明治政府によって外から持ち込まれたものであったので、特別な理由がない限り形式的に神仏分離が行われても、実質的にはあまり変化のない場合も多かった。それでも神仏分離の動きは全国各地で見られ、小豆島八十八か所も例外ではなかった。小豆島の遍路が仏教としての巡礼とされ、廃寺にされる所があったのである。しかし小豆島では仏像や仏具が破壊されるなどの廃仏毀釈は見られなかった。その理由として内海町史では、「当時はすでに島四国八十八か所霊場が設けられ、地元住民はもとより他国からの巡礼者もあった小豆島であるから、仏教寺院に対する過激な取扱いは、島民感情が許さなかったのであろう。」と記述している。また、神仏分離令による過激な廃仏毀釈がおこらなかったことを示すものとして図1の写真がある。これは第38番札所の光明寺の境内の様子である。写真の右にある建物は光明寺の

---

[3] 安丸（1979）、91頁。

図1　38番光明寺の境内の様子

お堂であり、左手には鳥居が設けられている。鳥居は神社を示す代表的な物であるため、この鳥居が寺院と同じ敷地内に設けられていることは神仏混合の形であると言える。さらに第43番札所の浄土寺の境内に第45番地蔵寺堂があり、その隣には荒神社の鳥居が建っている。これもまた典型的な神仏混合の状を呈している。ここからも、小豆島では神仏分離令による過激な廃仏毀釈が起こらなかったことが推測できる。しかし過激な廃仏毀釈は見られなかったものの、実際に神仏分離は多くの札所で行われ、これらの動きによって巡拝者の数も減少し小豆島霊場は以前よりも衰退してしまった。

　そうした中で、小豆島遍路を再び興隆させようという動きが起こり始め、明治40年頃には新聞記者の一行が巡拝を行い、それを記事にすることで札所の紹介を行った。そしてその後の大正2年（1913年）に郡役所内に誕生したのが小豆島霊場会である。これは四国遍路において四国霊場会が成立する昭和31年（1956年）頃よりもかなり早く[4]、小豆島霊場において早くから大きな組織での管理が進められていたことがわかる。小豆島霊場会を中心として各官庁、寺院、町村の人々が尽力した結果、大正5年（1916年）頃には岡山、鳥取、播磨、但馬などから毎年数万人

4）長田、坂田、関（2003）、110頁。

の参拝者が訪れるまでになった。しかし霊場会はこれに満足することなく、さらなる発展のために次々と具体的な事業方針を打ち出していった。その具体的なものとして『小豆郡誌　第一続編』には次のようなものが挙げられている。

・小豆島霊場大師教会を組織して各種の事業を行うこと
・ポスター案内記等に依りて一層積極的に宣揚すること
・団体募集の実際運動に着手すること
・巡拝者を優遇し霊場参拝の真意義を達成しむること
・霊験記を編纂すること

　これらの目標のもと大正7年（1918年）には『小豆島霊場名所案内記』が発行され、昭和9年には弘法大師一千百年御遠忌法要が行われたりした。また各地に霊場会の出張所として巡拝団体を組織し、巡拝の支度の手伝いや案内を行った。この巡拝団体は全国から毎年多くの団員を集めていき、小豆島遍路の発展に貢献した。団員の中には年に何度も巡拝するものもいたらしい。さらに霊場会は昭和10年頃に先達制度を設け、お遍路の団体を世話し指導する人物を先達として霊場会が認定していった。先達は1級から6級まで分かれており、6級の権少先達から1級の大先達まで巡拝回数に応じて称号が与えられた。また霊場巡拝の発展に特に貢献した先達には、特級となる特任大先達の称号が贈られた。この制度は現在も続けられており、霊場興隆のための大きな支えになっている。このような霊場会や先達などの努力により第二次世界大戦中や戦後の食糧難の時代でも、人数が減少することはあっても途絶えることなく巡拝者の姿が見られたという。そして巡拝者の回復とともに、戦後の昭和42年（1967年）には霊場会総本院が鉄筋2階建てに改装された。
　霊場会は上述の事業方針にも挙げられているように古くから霊場に関する広報活動を行ってきた。しかし広報誌や案内書は発行していたが、霊場会自身の手による機関誌作りはなかなか実現できていない状況に

あった。そこで昭和36年（1961年）、小豆島新聞を全面利用して、霊場会の活動状況や行事予定などを紹介した小豆島霊場特集号『遍照』を発行し全国の先達などに配布した。これにより様々な行事を通して霊場会と先達との関係性をより深めることができ、定期的に県外からの巡拝団体を招く事が可能となった。

　現在も霊場会は小豆島霊場発展のための定例行事を行っており、例を挙げると先達教師講習会や大師伝道スクール、大師を偲ぶ遍路行、ふれあい徒歩大巡行などがある。ふれあい徒歩大巡行は私も研究室に入って何度か参加させてもらった行事で、毎年5月と9月に行われ、霊場を8コースに分け、それぞれを1日かけて歩いて巡るというものである。参加者は希望する1コースを選んで巡拝でき、また服装や巡拝の作法なども自由なため、遍路をするというよりはウォーキングや景色を楽しむといった目的の人も少なくない。参加人数も毎年200人〜300人いて、人気の行事の一つとなっている。法要関係では年の初めに島開き法要があり、その年のお遍路さんの第1陣を土庄港で迎え、大師像を担いで小豆島霊場総本院まで街中を供養しながら練り歩き、霊場総本院で法要を行う。そしてシーズン中の道中安全と無病息災を祈り巡拝に出発するのである。このような定例行事により、毎年多くの巡拝客が小豆島を訪れ、八十八か所を廻っている。現在もなお小豆島でお遍路さんが見られるのは、昔から小豆島霊場の発展に尽力してきた霊場会に依るところが非常に大きいだろう。

2　札所の変遷

　表1は現在と江戸時代の札所名と札所番号を表で表した。そして、それぞれの札所の変化を詳しく調べると、変化を大きく6つのパターンにわけることができた。

　まず一つ目は明治の神仏分離令により神社や、それが管轄する別当寺が廃寺とされ札所からはずされたものである。その際、そのお堂にあったご本尊を別の建物に移し、移した先が札所に組み込まれた。9番庚申

堂、10番西照庵、34番保寿寺庵、35番林庵、51番宝幢坊、52番旧八幡
宮、62番大乗殿、64松風庵、66番等空庵、67番瑞雲堂、71番滝ノ宮堂、
83番福田庵、85番本地堂が、このような変化をした。旧9番八幡寺、旧
34番保寿寺、旧51番宝幢坊、旧67番瑞雲寺、旧83番神宮寺はそれぞれ旧
10番亀甲八幡宮、旧35番宝亀山八幡宮、旧52番八幡宮、旧66番伊喜八幡
宮、旧85番福田八幡宮の別当寺で、この他は旧札所が神社、八幡宮など
であった。ただし、34番保寿寺庵、35番林庵の二つの札所はこれらの名
称になる前に、それぞれ浜ノ庵、本地堂に一度変更になってから今の名
称に変わった。また、62番大乗殿と64番松風庵は札所番号も変化してい
る。安置されているご本尊から考えると、旧59番天満宮は64番松風庵
へ、63番大木戸八幡宮は62番大乗殿へと変更されている。

　二つ目は、これも明治の神仏分離令が影響している。神仏分離令によ
り、その当時住職が不在だった寺院が廃寺となったものである。23番本
地堂、36番釈迦堂、42番西の滝、49番東林庵の4つの札所がこの変化を
した。旧23番東光寺、旧36番高宝寺の二ヶ所の寺院は、その地域の寺院
の会座堂つまり、集会を開くときに使用されていた場所であったため、
最初から住職がいなかった。そのため神仏分離令の影響で廃寺になっ
た。41番西の滝は太麻山瀧水寺であった。幕末、その時の住職が京都小
野御殿に勤仕したため無住となり、明治初年に一時廃寺とされた。[5] そ
の後、33番長勝寺が引き取り整備を施し、大正12年に再興した。49番東
林庵は以前、萬願寺として寺院であったが明治になってから廃寺とな
り、54番宝生院に管轄下に置かれた。旧49番萬願寺であった時の嘉永5
年の記録では、「大いに荒廃して、わずかな草庵が存す」[6] とある。こ
のことから、江戸時代からこの札所は荒れていて、住職も存在しなかっ
たと考えられる。そして明治の神仏分離令の影響を受けて、明治に入り
廃寺になったと考えられる。

　三つ目は札所が移転して、その後名称が変更されたものである。18番

---

[5] 川野（1984）、430頁
[6] 土庄町誌編集委員会（1971）、411頁

石門洞、20番仏ヶ滝、45番地蔵寺堂がこのパターンである。旧18番東山
庵と旧20番下之薬師堂は草壁の町に建てられていた。石門洞が18番札所
に移転した正確な時代は不明だが、明治時代になってからである。20番
が仏ヶ滝に移転した時代も不明だが、大正時代の地図では仏ヶ滝が20番
札所になっていなかったことから、大正時代以降である。これらが移転
した理由として、草壁の町での宿泊者が増加して宿などにメリットが
あったという話が残っている。昔は道が整備されていなかった。そのた
め札所を山岳に設置することにより、草壁の町から石門洞、仏ヶ滝を巡
礼したら、再度草壁の町に戻ってくる必要がでてくる。人によっては、
戻ってきた頃には日が暮れて草壁で宿泊するためであった。旧45番地蔵
寺は昭和24年まで西中山に建っていた。戦後の農地解放によって寺領は
没収されて、維持困難となり、相談の結果、浄土寺に合併し、地蔵寺堂
と改め[7]られた。

　四つ目は上記の他に移転が行われた札所である。これに該当する札所
が28番薬師堂、48番毘沙門堂、53番本覚寺である。28番薬師堂の正確な
移転の年代が不明だが、ガイドブックに記載されている地図を考慮する
と平成15年から平成21年の間に移転が行われたと考えられる。48番毘沙
門堂の移転は昭和39年に行われた。53番本覚寺は54番札所の宝生院の西
側にあり、俗に西寺と呼ばれていた。しかし、昭和5年にろうそくの火が
原因で全焼し、その結果昭和6年に現在の場所に移動することになった。

　五つ目は札所の名称が変更になったものである。7番向庵、19番木下
庵、27番桜ノ庵、50番遊苦庵、59番甘露庵、63番蓮華庵、69番瑠璃堂、
81番恵門滝、82番吉田庵、84番雲海寺、86番当浜庵、87番海庭庵、88番
楠霊庵である。これらの多くの旧名称は安置されている本尊によって、
名称がつけられていた。薬師如来だと薬師堂、観世音菩薩だと観音堂、
地蔵菩薩だと地蔵堂と名付けられていた。このように安置している本尊
によって名称を付けていると同じ呼び名の札所が存在して、区別が困難

---

[7] 富永（1993）、97頁

になる。そこで現在の名称に変更したと筆者は考えている。また、ここ
でも59番、63番は札所の番号も変更している。これも安置されているご

表1　現在の札所名と旧札所名[8]

札所番号	札所名	旧札所名	札所番号	札所名	旧札所名
1	洞雲山	洞雲山毘沙門堂	45	地蔵寺堂	地蔵寺
2	碁石山	碁石山不動堂	46	多聞寺	多聞寺
3	観音寺	観音寺	47	栂尾山	栂尾山観音堂
4	古江庵	古江庵	48	毘沙門堂	毘沙門堂
5	堀越庵	堀越庵	49	東林庵	萬願寺
6	田ノ浦	田浦庵	50	遊苦庵	薬師堂
7	向庵	苗羽庵	51	宝憧坊	宝憧坊
8	常光寺	常光寺	52	旧八幡宮	八幡宮
9	庚申堂	八幡寺	53	本覚寺	観音堂
10	西照庵	亀甲八幡宮	54	宝生院	宝生院
11	観音堂	馬木観音堂	55	観音堂	本覚寺
12	岡ノ坊	岡之庵	56	行者堂	行者堂
13	栄光寺	栄光寺	57	浄源坊	浄眼坊
14	清滝山	清滝山地蔵堂	58	西光寺	西光寺
15	大師堂	木庄大師堂	59	甘露庵	天満宮
16	極楽寺	極楽寺	60	江洞窟	鹿嶋庵
17	一ノ谷庵	一谷庵	61	浄土庵	江洞弁財天社
18	石門洞	東山庵	62	大乗殿	浄土庵
19	木下庵	上之薬師堂	63	蓮華庵	大木戸八幡宮
20	仏ヶ滝	下之薬師堂	64	松風庵	観音堂
21	清見寺	清見寺	65	光明庵	光明庵
22	峯山庵	峯山観音堂	66	等空庵	伊喜八幡宮
23	本堂	東光寺	67	瑞雲堂	瑞雲寺
24	安養寺	安養寺	68	松林寺	松林寺
25	誓願寺安	誓願庵	69	瑠璃堂	薬師堂
26	阿弥陀寺	阿弥陀寺	70	長勝寺	長勝寺
27	桜ノ庵	観音堂	71	滝ノ宮堂	滝之宮
28	薬師堂	蒲野薬師堂	72	滝湖寺	滝湖寺
29	風穴庵	風穴権現社	73	救世堂	観音堂
30	正法寺	正法寺	74	円満寺	円満寺
31	誓願寺	誓願寺	75	大聖寺	大聖寺
32	愛染寺	愛染寺	76	金剛寺	金剛寺
33	長勝寺	長勝寺	77	歓喜寺	歓喜寺
34	保寿寺庵	保寿寺	78	雲胡庵	観音堂雲胡庵
35	林庵	宝亀山八幡宮	79	薬師堂	薬師堂
36	釈迦堂	高宝寺	80	観音寺	観音寺
37	明王寺	明王寺	81	恵門滝	四方嶽不動堂
38	光明寺	光明寺	82	吉田庵	薬師堂
39	松風庵	松風庵	83	福田庵	神宮寺
40	保安寺	保安寺	84	雲海寺	海雲寺
41	仏谷山	佛谷山薬師堂	85	本地堂	福田八幡宮
42	西の滝	太麻山瀧水寺	86	当浜庵	観音庵
43	浄土寺	浄土寺	87	海庭庵	観音堂
44	湯船山	湯船山蓮華寺	88	楠霊庵	地蔵堂

---

[8] 現在の札所名は『おへんろ小豆島道案内図』、旧札所名は「小豆島名所図会」
をそれぞれ参考にしている。

本尊を考慮すると旧60番鹿嶋は現59番甘露庵、旧64番観音堂が現63番蓮華庵へと変更している。

　六つ目は札所の番号が変更になったものだ。この変化をしたのは、53番本覚寺、55番観音堂、59番甘露庵、60番江洞窟、61番浄土庵、62番大乗殿、63番蓮華庵、64番松風庵である。この変化した札所の特徴として土庄の前島にある札所が多い。この札所番号の変化の原因の一つとして札所が移ったことで巡礼しやすい順番に変更したのではないかと考えられる。53番本覚寺は昭和5年に火事で建物が全焼し、西中山から現在札所が建っている淵崎へと移転しているし、62番大乗殿、64番松風庵も明治の神仏分離令で、ご本尊を他の建物へと移している。しかし、このように考えると53番本覚寺は60番台になりうる。また、他に移転した札所の番号も変更されることになる。そのため、巡礼しやすい順番に変更されたというよりは、何か他の理由で変更されたようにも考えられる。

3　遍路道の変遷

　遍路道に関して、大正3年に発行された大森國松氏の『讃岐国小豆島実測量改正旅行案内地図』と現在の地図やガイドブックに記載されている地図を参考に比較し、そこから小豆島遍路における遍路道の変化をみていく。変化は土庄・池田、寒霞渓、草壁の3つの地区に分けてまとめた。

池田・土庄

1．26番阿弥陀寺から28番薬師堂へ海岸沿いを通る道ができた。

　　大正時代、阿弥陀寺から薬師堂まで行く陸路の最短距離の道は、山の中にある道であった。昭和39年に蒲野と西村を結ぶ海岸沿いを通る県道251号線ができた。この道は舗装されて自動車が通行できるが、途中道の幅が狭くなっている個所があり、大型自動車の通行はできない。一方、昔からある山の中を通る道は舗装されていない。また最近では、26番阿弥陀堂から28番薬師堂へはこの海岸沿いの県道を通って行くお遍路さんが多い。

2．41番仏谷山、42番西ノ滝へ登る新たな道ができた。

　この道は41番仏谷山、42番西ノ瀧のある大麻山の麓にからマイクロ
バスまでの大きさの自動車が通行可能な道である。41、42番札所に行
くには保安寺からの急な山道を登ることしか方法がなかったが、この
道が完成したおかげで、車での巡礼ができるようになった。

3．62番大乗殿、63番蓮華庵と八幡神社の間に道ができた。

　大正時代の地図には記載されていないようだが、この道は昔から
あった。おそらく、とても狭い道であったため記述されなかったので
あろう。今では自動車の通行量が増加したため、バスも通行できる広
い道幅になった。また、どちらの地図にも記載されていなかったが61
番浄土庵から少し北へ行った峠のところに、八幡宮へ通じる山道があ
り、残っている。だが、通る人が少なく今ある車が通行できる道路が
できる前までは、この山道が主に使われていた。最近では土庄の部落
の人が前島を歩いてまわる行事の時に使用されるくらいである。

4．滝ノ宮堂付近に新しく道ができた。

　71番滝ノ宮から75番大聖寺方面に向けて大型自動車が通行可能な道
路ができている。やはり車での巡礼にとっては便利になったと考えら
れる。

寒霞渓

1．小豆島ブルーラインができた。

　昭和45年日本道路公団が寒霞渓へ向かう有料道路「ブルーライン」
を建設した。この道路の建設で14番清滝、18番石門洞、20番仏ヶ滝の
３つの札所を繋ぐことになった。これによって車での巡礼が行い易く
なり、また歩き遍路をしている人達にとっても打ち戻り[9]をする必要
がなくなったというメリットが生まれた。以前は、14番清滝山から18
番石門洞、20番仏ヶ滝へ行くためには、山を下って草壁の町まで戻っ
てから再度山を登らなければいけなかったため、ブルーライン開通に
よって大きな時間短縮が可能になった。

---

[9] 札所へ行くために同じ道を二度通ること。

２．小部から福田の間に海岸沿いに道ができた。

　　国道26号線が海岸沿いを通り、自動車で小部から福田まで移動できるようになった。この道路が開通したのは、昭和13年である。この道が開通するまでは、小部から福田へ行くためには豆坂と呼ばれる難所を徒歩で越えていかなければならなかった。

３．小部から82番吉田庵に向かう山道が変化した。

　　豆坂と呼ばれる小部の東部から福田を結ぶ山道である。この道の最高地点は388mで、歩いて越えるには険しい道のりであった。この豆坂の名前の由来は、この道の登り下りで足に豆ができるほど過酷な道であったことから、この名前がついた。今ではこの道の途中に吉田ダムが建設され、通行する道が少し変化したと考えられる。また、この豆坂の南側を通る小部と83番福田庵を結ぶ山道もダム建設の影響を受け変化している。

４．めくら坂は現在使用されていない。

　　めくら坂があった場所には現在ゴルフ場が建設されている。ゴルフ場が完成した当初の支配人は、小豆島の住民ということもあり、お遍路さんがゴルフ場の敷地内にあるめくら坂を通行することを許可していた。しかしその後支配人が変わり、ゴルフ場でゴルファーとお遍路さんとのトラブルが発生したため、お遍路さんはゴルフ場に入れなくなり、めくら坂を通行する人もほとんどいなくなった。

草壁

１．87番海庭庵から88番楠霊庵をつなぐ山道がなくなった。

　　昭和40から50年くらいまで使用されていた。しかし、水害により道を修復することができなくなったため、使用されなくなった。この道が使用されていた頃は、道の両側に田畑があり、通行しやすい道であった。ただ、87番海庭庵から88番楠霊庵へ行く道は海岸沿いにもあり、全てのお遍路さんが山道を越えていたわけではない。

２．坂手から１番洞雲山、２番碁石山へ新しい道路ができた。

　　この坂手洞雲山山道の改修工事が完成したのは昭和26年のことで、

この道も自動車での巡礼に対応するため、マイクロバスまでの大きさ
の自動車が通行可能となっている。

3．堀越から田浦間に道ができた。

　北側の海岸沿いには車が通行可能な道ができ、南側には徒歩道がで
きた。大正12年には苗羽田浦線が開通した。昭和33年に道路の改修工
事が終わり、路線バスが1日5便往復するようになった。また、堀越
から切谷へ通じる山道や馬立峠を越える道は今の地図には表示されて
いないが残っている。さらに堀越から切谷へ通じる道も残されてお
り、この道を歩いて田浦へ行く方が馬立峠を越えるよりも近くて、歩
きやすい。

4．草壁から18番石門洞に向かう道が新しくできた。

　この道は神懸通りから寒霞渓へ自動車で向かうための道路である。
昭和30年以降から20年間に山地の開発が進み、新たにダムもできたた
め、直線的な道路ではなく大きく曲がった道となっている。

　小豆島の道の変化の特徴として、難所を避ける海岸沿いの道や札所
へ自動車を使って通行できる道が多く作られるようになった。やはり、
自動車を使った移動が主流になってきたためと考えられる。また、大
正時代の地図には記載されて、現在の地図では記載されていない道で
も残っていて通行できるところが多い。だが、このような道は急な坂
道があったり舗装されていなかったりしている。そのため日常の移動
には使用されず、遍路や行事がないと使用されていないことが多い。

4　札所の移転による遍路道の変化

　次に札所の移転による遍路道の変遷を考えた。これは、遍路道は札所
間をつなぐ道であるため、札所の移転に伴い遍路道の変化もあると考え
たためである。

　まず明治の神仏分離で移転をした札所から考えてみる。これらが移転
した時代は明治時代に入ってからであるが、移転前の札所の場所を記載
されている地図はない。そこで移転前の場所を「小豆島名所図会」を参

考に推測した。その結果、移転前の場所については、旧札所であった別当寺などの建物は現在残ってはいないが、旧札所であった神社や八幡宮の建物は残っており、これらの神社や八幡宮の位置は変化していなかった。別当寺などの建物は、それを管轄していた神社の隣や近くに建てられていた。また巡礼の順序も考えなければいけないが、今回は現在の巡礼の順序で多い土庄から時計回りに小豆島遍路を行うと仮定しておく。そして図２から図10で、これらの移転を地図で示した。その結果９番、10番、34番、35番、67番、71番、83番札所は札所と札所をつなぐ道の途中に移転していた。51番、52番札所は54番宝生院へ、62番札所は63番蓮

図２　　９番、10番札所の移転[10]

図３　　34番札所の移転[11]

図４　　35番札所の移転[12]

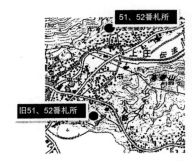

図５　　51番、52番札所の移転[13]

---

[10] 国土地理院　1/25,000地形図「草壁」を基に作成。
[11]〜[13] 国土地理院　1/25,000地形図「土庄」を基に作成。

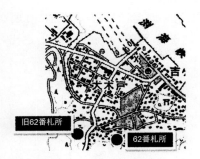

図6　62番札所の移転[14)

図7　64番札所の移転[15)

図8　66番、67番札所の移転[16)

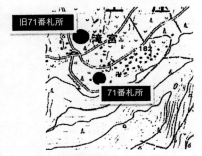

図9　71番札所の移転[17)

華庵へ、66番札所は松林寺へ、85番札所は84番雲海寺の敷地内へとそれぞれ移転している。ただ66番札所は松林寺への移転の後、さらに現在の札所の場所へと移転している。だが、この場所も札所間をつなぐ遍路道上である。64番札所は、旧札所があった場所のすぐ近くに移転している。これらの札所の移転による遍路道の変化は、少しあると考えられるが、大きく遍路道が変わるほどの影響はなかったと考えられる。

　次に18番石門堂、20番仏ヶ滝、28番薬師堂、48番毘沙門堂、53番本覚寺の移転に伴う遍路道の移転について考察する。これらの移転について図11から図15で地図を用いて表した。

　移転以前の18番札所は上村にあった東山庵が18番札所だった。18番札所が2ヶ所記載されているが、南にある18番札所の記は、その東山庵があ

14) ～15) 国土地理院　1/25,000地形図「土庄」を基に作成。
16) ～17) 国土地理院1/25,000地形図「小江」を基に作成。

る場所を記している。18番札所が石門洞になった時は寒霞渓方面に札所
がなかった。そのため、草壁から寒霞渓への道を通り18番石門洞へと巡礼

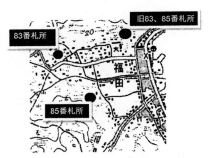

図10　83番、85番札所の移転[18]

図11　28番札所の移転[19]

図12　18番、20番札所の移転[20]

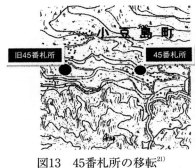

図13　45番札所の移転[21]

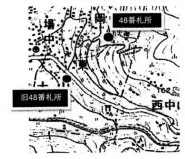

図14　48番札所の移転[22]

[18]　国土地理院　1/25,000地形図「寒霞渓」を基に作成。
[19]　国土地理院　1/25,000地形図「草壁」を基に作成。
[20]　国土地理院　1/25,000地形図「寒霞渓」と「草壁」を基に作成。
[21] 〜[22]　国土地理院　1/25,000地形図「小江」を基に作成。

図15　53番札所の移転[23]

するお遍路さんが増加し、この道が新たに遍路道になったと考えられる。

　次に20番札所の移転について考える。この札所は仏ヶ滝へ移転したが、移転した時期は18番石門洞よりも遅い。そして、20番仏ヶ滝の位置は18番石門洞へと登る道の麓にある。そのため、この移転は遍路道に変化を与えなかったと考えている。

　昭和24年までは、この地図に記載されている西中山に45番地蔵寺は建てられていたが、廃寺となり43番浄土寺の敷地内に移転した。この移転に伴い、45番札所の移転前の場所に立ち寄る必要がなくなった。

　28番薬師堂は山の中から南の海岸の方へと移転した。歩いて西村から、山道の遍路道を越えてきた場合は山を下りて薬師堂へ行き、29番風穴庵へ行くには28番薬師堂の移転前の場所に戻らないといけない。ただ、最近では山道を歩いてではなく、県道を歩いて28番薬師堂へ行く人が多い。

　48番毘沙門堂が移転したのは昭和39年である。46番多聞寺と47番栂尾山の間に移築された。移転先は46番多聞寺と47番栂尾山を結ぶ遍路道上にある。

　53番本覚寺は現在、淵崎の西端丘上に移転している。53番本覚寺はこの地図に記されている北山に建てられていた。昭和5年の火事で物が全

---

[23] 国土地理院　1/25,000地形図「土庄」を基に作成。

焼した。その後、現在の場所に移転した。また地図からではわからない
が、65番光明庵も移転した。元は淵崎の西方にあったが、53番本覚寺の
境内の敷地内へと移転している。これら移転は札所間を結ぶ道の上でな
かったため、遍路道の変化に多少の影響を与えたが大きく変化するほど
の影響がなかったと考えられる。

　このように20番、28番43番、48番、53番札所の移転も多少遍路道の変
化に影響を与えているが、18番札所の移転による遍路道の変化の方が大
きな影響を与えたと考えられる。

5　小豆島遍路の様子の変化

　最後に昔の小豆島遍路の様子を知るために、荻原井泉水の小豆島遍路
の体験記『遍路と巡礼』で彼の小豆島遍路の様子をみていく。彼が小豆
島遍路を行ったのは大正13年の５月、今から約90年前のことである。こ
の時の彼の小豆島遍路の様子みながら、小豆島遍路の様子にどのような
変化があるかをみていく。

荻原井泉水の小豆島遍路

　荻原井泉水が小豆島遍路を行った動機として、彼の妻が亡くなったこ
とがあった。またこの時の遍路は一人ではなく、層雲同人のＩさん、西光
寺の住職のＧさん、Ｉの荷物運びの者の４名で小豆島遍路をおこなった。

　荻原井泉水が小豆島遍路を行うにあたり身に着けていたものは、白
衣、頭陀袋、白い脚絆、白い手甲、檜木笠、金剛杖、鈴であった。この
ような姿の人を見ることがある。しかし、この服装は本格的な巡礼スタ
イルであり、普段の服装で巡礼している人もいる。また、現存している
写真を見ると白衣を着て遍路を行っている人よりも、黒色の着物を着て
遍路を行っている人の方が多い。小豆島遍路は神聖なもので、巡礼にあ
たり上等な着物を着て行っていたが、当時は白い着物はとても貴重だっ
た。そのため白い着物を着る人が少ないと考えられている。しかし戦後
になると、モノが豊かになり白い着物も手ごろな値段で買えるように

なったため、白い着物で巡礼する人が増加した。

遍路1日目

　彼らは57番浄源坊から打ち始め、68番松林寺などを巡礼した。そして72番滝湖寺へ向かい、1日目はそこで宿泊させてもらった。

　土庄を出発し右回りで小豆島をまわり、遍路を行った。彼らが小豆島遍路をした時代も現在と同じように、島を右回りに巡礼することが一般的であった。また、札所の番号順にまわる必要もなかった。

　道標について書かれていた。遍路道を示すために、昔も「指さし」の道標が使われていた。今では、このような道標に加えて、札所を示す標識が設置されている。標識は幹線道路に設置されていることが多く、自動車での巡礼者の増加を顕著に表わしている。

　68番松林寺へ行く途中、彼らはお接待を受けたり、道端で遊んでいる子供たちに「お遍路さん、豆おくれ」と言われたりした。この小豆島遍路では、四国八十八ヶ所遍路と同様にお遍路さんに無料でお茶やお菓子などをあげるお接待の文化がある。お接待の習慣は今でも行われている。また小豆島遍路だけの文化でお遍路さんは炒り豆を袋に入れて道の子供たちに、その豆を与える習慣があった。なかには金平糖をあげるお遍路さんもいた。この習慣がいつ頃から始まったかは不明である。歩いて小豆島の霊場をまわることが一般的であった昭和40年ごろまでは、この習慣が見ることができた。しかし、昭和40年から50年ごろにかけ自動車での巡礼する人が増加し、遍路さんが小豆島の島民との接触する機会が減少した。そのため、この習慣が衰退し、最近ではほとんど見られることがない。

遍路3日目

　2日目は雨が降っていたので遍路は行わず、滝湖寺の住職のはからいで、そこにもう一泊させてもらうこととなった。3日目は72番滝湖寺から山岳霊場である掘抜庵[24]、81番恵門滝の二ヶ所を巡礼した。そして、3

---

[24] 現在の山之観音と呼ばれ、80番観音寺の奥ノ院である。

日目の宿泊は小部の木賃宿であった。当時の遍路宿の宿泊費は35銭と定められていた。宿がある地域は土庄、大部と小部、安田と苗羽、草壁、池田に集中している。というのも、お遍路さんの歩く速さは、ほぼ全員同じくらいで、約７日間かけて小豆島を巡礼して行く。昔、遍路宿は副業的に営まれているところが多く、一般の民家をお遍路さんに貸していいた。なかには善根宿といって無料で自分の家を貸す人もいた。しかし、時代がすすむにつれてお遍路さんだけのための遍路宿というものはなくなり、専業的に旅館を営業するところが増えていった。善根宿のように無料で貸す人も、ほとんどいなくなった。ただ１年に数回、宿に困っているお遍路さんを泊まらせたという話を耳にすることがある。

　この日に行った掘抜庵は山の中にあり、大部からだとそこへ行くには打ち戻りをしないといけない。幸い、その道には掛茶屋という荷物を預かってくれる茶店があった。また、道端に荷物を置いて札所まで歩き、帰りにその荷物を持って行く人も多かった。これは、この当時は遍路の荷物はどこにおいても、決して紛失しないと言われていたためである。恵門ノ滝も同じように打ち戻りをしないといけないため、このような風景が見ることができた。今では、このような荷物を預かる茶店や荷物を道端に置くような光景は目にしない。

遍路4日目・5日目

　小部の木賃宿を出て豆坂を越え福田へ行った。そして福田で札所を巡り、そこからは、難所と言われているめくら坂を越えずに海岸沿いの道を通り88番楠霊庵歩いて目指した。その後峠を越え13番栄光寺へ向い、この日はそこで宿泊をした。

　５日目は13番栄光寺から１番洞雲山、２番碁石山の札所がある碁石山へと進んだ。その間に立ち寄った札所で、お接待を受けた。８番常光寺では、お接待を受けずに立ち去ろうとすると札所の方が、お接待があることをわざわざ教えて引きとめてくれた。その後、田浦半島にある札所へと向かい、そして再び安田に戻り山岳霊場の14番清滝山を目指した。

　碁石山を下る途中、３番札所の奥ノ院隼山では茶店に立ち寄り、そこ

でお多福餅を食べた。茶店はお遍路さんの休憩所として山岳霊場やそこ
へ登る山道で営業していた。18番石門堂や14番清滝山へ向かう遍路道に
は茶店を営んでいた建物跡が今も残されている。茶店は副業に行う人が
多かったため、遍路シーズンのみ営業がほとんどであった。当時、店で
提供されていたメニューは飲み物としてラムネやアメユ、食べ物はとこ
ろてんや、みかんが一般的であった。まれに、おもちを出している店も
あった。

　4番古江庵から5番堀越庵、6番田ノ浦庵と舟で移動した。古江から
堀越への舟での移動と陸路の移動の所要時間はほぼ同じであった。舟は
「醤油舟」と呼ばれる醤油を運ぶ際に使用していた舟を使っていた。一
つの舟に乗ることができる定員は20名程度であった。これら舟は定期的
に運航しているわけではなかった。そのため舟を利用する時には個人的
に事前に予約する必要があった。

　この日の宿泊は14番清瀧山で行った。ここには宿坊が設けられおり、
彼らはその宿坊を一晩借りた。この宿坊には毎晩、多くの遍路を行って
いる人が泊まっていた。この時も彼らが来た時には、20人あまりのお遍
路さんがいた。現在、この札所には宿坊はない。昔はこの札所から13番
栄光寺をつなぐ遍路道を少し下ったところに茶店と遍路宿があった。ま
た、宿坊は今では、ほとんどの札所に残っていない。唯一、16番極楽寺
と72番滝湖寺には宿坊が残っていて、今でも使用されている。小豆島遍
路は講と呼ばれる団体で行われることが多いため、宿坊はこの講が宿泊
する時に使用されることが大半で、個人での利用はほとんどない。例外
として、その寺の関係者と親しい人には宿坊を貸すことがある。

遍路6日目・7日目

　この日の宿泊する場所は以前から32番愛染寺と予定していた。まず寒
霞渓にある18番石門洞へ行き、そして草壁の町にある札所をまわり、三
都半島へ向かった。この日、32番愛染寺に到着した頃にはすっかりと日
が暮れていた。

　18番石門洞から草壁の町へとおりてくると、町では寒霞渓の名物を販

売しているお店が軒を並べている通りがあった。そこには茶店もあり、お遍路さんが休憩していた。昔の草壁の町はおお土産屋や茶店でにぎわっていたようだ。しかし、今はお土産屋を営んでいる店や茶店はほとんどなく、活気もないように見えた。

　また、草壁から28番薬師堂がある三都半島の蒲野までの移動にも舟を使用した。

　7日目は32番愛染寺を出発してから41番佛谷山や42番西の滝がある太麻山を登り、そこから中山へと向かい札所をまわった。その後、中山からは土庄へと札所を巡礼しながら歩いた。7日目の宿は土庄にある同行人Iの実家に泊めてもらった。

遍路最終日

　最終日は小雨が降る中、58番西光寺を出発して土庄の前島を時計回りに一周し札所を巡った。

　58番西光寺から甘露庵へむかう道中、余島を見ながら保土喜崎の砂浜を歩いた。ここは昭和39年6月に埋め立て工事が始まり、現在ではホテルが建っている。

　昔は江洞窟のお堂の周辺は整備されておらず、断崖の下の狭い磯を行くしかなかった。その道のすぐ近くまで、波しぶきが押し寄せてくるため、彼らは海水で足が濡れてしまった。今ではコンクリートを使い整備されている。

　その後彼らは64番松風庵へと向かい、そこで彼らの小豆島遍路の旅が結願となった。

　荻原井泉水の遍路の旅をみてきたが、自動車を使って巡礼をするようになったことで小豆島遍路の様子が変化したと考えられる。自動車を利用すると速く札所を巡礼することができ、そのため島内での宿泊が減少し、それに伴い遍路宿や宿坊などの宿泊施設が減った。また自動車の普及により道が整備され、険しい山道を歩いて越えずに遍路をすることができるようになった。そのことが影響して舟で島内を移動することもほ

とんどなくなった。さらに、移動が自動車になることで札所以外でのお遍路さんと島民とが係わる機会が減っていき、お遍路さんが島内の子供たちに炒り豆をあげる習慣が衰退していった。自動車での巡礼者が増加したことにより、このような変化がおこったと考えられる。

6. まとめ

　小豆島遍路の札所、遍路道、遍路の様子の変化をまとめてきたが、小豆島遍路を変化させる要因として特に大きかったものが、神仏分離令と自動車の普及であることがわかった。神仏分離令が発布されたことにより小豆島遍路では札所が大きく変化した。例えば、それまで札所であった神社や八幡宮、それらが管轄する別当寺が廃寺となり、ご本尊を新たな札所に移した。さらに、この札所の移転により遍路道にも多少の影響があったと考えられる。

　また自動車の普及により、遍路道では難所を避ける海岸沿いの道や札所へ自動車を使って通行できる道が多く舗装された。今では歩き遍路よりも自動車遍路の方が圧倒的に多く、そのため昔の遍路道はほとんど使われなくなってしまっている。様子の変化として以前はお遍路さんたちが島の子供たちに炒り豆をあげる習慣が行われていた。子供に炒り豆をあげる風習は四国八十八ヶ所遍路には存在しない小豆島遍路独自の習慣であった。このような小豆島遍路でしか目にすることができなかった光景が、最近では見ることができなくなってしまったことは残念である。

　このように小豆島遍路は時代と共に変化してきたが、それでも絶えることなく今日まで続いている。これは昔から小豆島遍路を支えてきた人達のおかげであるといえる。例えば小豆島霊場会の存在がある。小豆島霊場会では先達教師講習会や大師を偲ぶ遍路行、ふれあい徒歩大巡行などにより小豆島遍路の保存や巡礼者の増加を促進している。また「草刈り会」と呼ばれる組織は、遍路道の整備を行い昔からある遍路道の保存に努めている。この組織は18番石門洞の住職さんを中心としており、遍路道に使われている山道に手すりを設置し、階段を作るなどの奉仕活動

を行っている。

　時代の移り変わりの中で変化はつきものである。しかし途絶えてしまうものも当然あるが、その中で変わらないもの、残っていくものも確かにある。小豆島遍路において道路や札所が変わり、遍路の形態までもが大きく変わってしまったが、未だにお接待の文化は残っているし、住職とお遍路さんの交流も途絶えていない。だからたとえ道路や札所が大きく変わってしまったとしても、人と人との繋がりが切れない限り小豆島遍路はこれからも続いていくだろう。今後小豆島遍路がどのように変化していくのか、見守っていきたいものである。

謝辞

　2010年12月16日に、小豆島霊場会第23代会長・小林宥心師（石門洞ご住職）に長時間のインタビューを実施した。文献では分からない小豆島遍路の歴史について、たくさん教えていただいた。小林宥心師には心から感謝いたします。

参考文献

愛媛県生涯学習センター『遍路のこころ』2003年

小田匡保「小豆島における移し霊場の成立」1966年

大川栄至「小豆島遍路の歴史と特質」2009年

大森國松『讃岐国小豆島実測量改正旅行案内地図』1914年

荻原井泉水『遍路と巡礼』1934年

岡山民俗学会・香川民俗学会　『小豆島民俗』香川民俗学会　1970年

『月刊ぴーぷる』別冊　1995年11月号

川野正雄『池田町史』香川県小豆郡池田町　1984年

川野正雄『内海町史』香川県小豆郡内海町　1974年

川野正雄『小豆島今昔　民俗を中心として』小豆島新聞　1970年

「小豆島名所図会」『香川叢書　第三』香川県　1943年

「小豆島中寺社由緒帳」1708年『新編　香川叢書　資料篇一』1979年

小豆島霊場八十八ヶ所協力会『おへんろ小豆島道案内図』2009年

谷岡稔『保存版　小豆島・豊島今昔写真帖』郷土出版社　2010年

壺井栄『随筆・小説　小豆島』光風書店　1975年

『徳島文理大学文学部共同研究　小豆島』徳島文理大学文学部コミュニケーショ
　　ン学科　1998年

土庄町誌編集委員会『土庄町誌』香川県小豆郡土庄町　1971年

土庄町誌続編集委員会『土庄町誌　続編』土庄町　2008年

冨永航平『小豆島八十八ヶ所遍路』朱鷺書房　1993年

冨永航平『小豆島　遍路と旅』朱鷺書房　2003年

長田攻一、坂田正顕、関三雄『現代の四国遍路』学文社　2003年

中村安孝　『小豆郡誌』名著出版1971年

三好幾兵衛（健次）「小豆島霊場めぐり」四国新聞社

三好幾兵衛（健次）「小豆島霊場　伝説と史話」　小豆島新聞　1952〜1954年

安丸良夫『神々の明治維新　―神仏分離と廃仏毀釈―』岩波書店　1979年

参考URL

「小豆島町」http://www.town.shodoshima.lg.jp/about/index.html

「香川県統計情報データベース」

http://www.pref.kagawa.jp/toukei/zuiji/population/idoutyousa/popu_n21.htm

瀬戸内観光のもてなしに対する認識

池内　愛

I. 問題の提起

　筆者は2009年、高松市を事例地とし宿泊施設で働くホストとそこに訪れるゲストからデータを収集して、ホスト・ゲスト間におけるもてなし認識の相違について調査、研究を行った。それは、観光地において一時的な観光者の誘致で終わるのではなく、再来訪意向を高めリピーターを生成することが観光地を持続的に発展させために重要とされており、その再来訪意向を高める重要な要因の一つにおもてなしの品質が挙げられている[1]からである。前回の分析結果より、両者間に大きな認識のずれはなかったが、ホスト側の経営形態別、規模別、ゲストの属性別などによってもずれが生じていることが分かった。上記にもあるように、おもてなしの品質が再来訪意向を高める重要な要因であり、おもてなしの認識のずれを少なくすることがその品質を高めるにあたってとても重要であると考える。

　しかし、観光白書の中でも、おもてなし品質については書かれているが、おもてなしとは接客サービスに満足や観光地周辺の住民が温かく迎えてくれたなど、もてなしに対する定義が曖昧である。

　また、学術的にももてなしという言葉ははっきりとは定義されていないと見受けられる。広辞苑によると、1955年に発行された初版以降、2008年に発行された最新版である第六版まで変化していないが、違いなどにまで言及しておらず、意味が広範囲になっている。

　また、前田（2007）は、サービス理論においてもてなしとは、サービスの提供形態における一分類であると述べる一方で、もてなしという言葉にはさまざまなニュアンスがあり、非営利的な個人的行為として相手

---

[1] 観光白書（2008）による

を歓待することを意味して用いる場合もあると示している。つまり、前田の定義によれば、もてなしは有償性であるサービスにも、無償性であるホスピタリティにも含まれることを意味しているのである。また、山岸・豊増（2009）や永田（2006）や服部（2008）は、ホスピタリティともてなしの関係性が強いことを示唆している。

　つまり、研究者によって、もてなしにおける定義は異なっており、明確に定義されていないといえる。しかし、観光者のもてなしの認識を把握し理解しなければずれを少なくすることができない。

そこで、本稿では、瀬戸内の島嶼部の観光地を代表する小豆島と直島を事例地として取り上げ、島嶼部を訪れる観光者のもてなし認識に影響を与える要因を明らかにすることを目的とする。そのため、アンケート調査によりデータを収集し、因子分析を用いる。

II. 先行研究

　前述したように、観光白書（2008）において、観光者の再来訪意向を高める重要な要因の一つにおもてなしの品質が挙げられている。近年、観光立国としてますます観光に対し人々の関心は高くなってきており、各観光地においてイベントを催し、観光客を誘致している地域が多くある。しかし、イベント型の観光による観光者の誘致は一時的なものであり[2]、持続可能な観光地とするためにはリピーターが必要であり、再来訪意向を高めることは重要であるといえる。

　しかし、前述したように、学術的にも、もてなしという言葉は明確には定義されていないと見受けられる。

　広辞苑では、もてなしを1．とりなし、とりつくろい、たしなみ　2．ふるまい、挙動、態度　3．取り扱い、あしらい　4．馳走、饗応と定

---

[2] 赤塚（2009）は、イベント型観光の効果は一過性があることを述べており、経済的効果、社会的効果、それぞれにおける課題について述べている。また、コリン・マイケル・ホール（1996）は、地域社会の支持と地元のニーズと情況への適合性なしには、イベント観光の便益を最大限にできないことは明らかにしている。

義している。1955年に発行された初版以降、2008年に発行された最新版である第六版まで変化はしていない。この定義では、意味を広範囲にとらえることができ、有償性なのか、無償性なのかまでは言及していない。

また、前田（2007）は、サービス理論においてもてなしとは、サービスの提供形態における一分類であり、情緒性のウェートが高く、対象（利用者）個々への個別性を強めたサービスを称していると述べている。しかし、一方で、もてなしという言葉にはさまざまなニュアンスがあり、非営利的な個人的行為として相手を歓待することを意味して用いる場合もあるが、その意味と内容は基本的には同じである。もてなしに相当すると考えられる英語が相手のことを心にかけることを意味しているように、相手を理解し、配慮することが共通して求められていると述べている。

服部（2008）は、もてなしを以下のように定義しており、広辞苑の定義とほぼ等しく、意味が広範囲になっている。

1．教養、性格などで醸成された態度・身のこなし
2．人に対する態度、ふるまい方
3．人に対して自分の望む結果が得られるように仕向けること
4．物の使いぶり
5．饗応・ごちそう

また、山岸・豊増（2009）において、ホスピタリティの定義は訪問者を丁重にもてなすこととしており、永田（2006）もホスピタリティマインドをもてなしの心と定義している。つまり、両者はホスピタリティをもてなしを用いて定義しており、ホスピタリティともてなしの関係は濃厚であると思われる。

ここで、広辞苑におけるホスピタリティの定義を見てみると、客を親切にもてなすこと、またもてなす気持ち、とある。しかし、これは第六版から広辞苑に記載されており、初版から第五版までは記載されていない。つまり、ホスピタリティという言葉は、近年日本において注目さ

れるようになった言葉であるといえる。広辞苑での定義は山岸・豊増
（2009）や永田（2006）の定義と類似していることが分かる。

　しかし、服部（2008）は、ホスピタリティともてなしの相違を述べて
おり、ホスピタリティをもてなしと表現することに違和感があるとい
う。接客に特化してホスピタリティを日本語に訳すならば、親切なもて
なしで問題はないが、もてなしは一定の意味の領域を指してしまうた
め、日本語の一語では表現できないと述べている。つまり、ホスピタリ
ティの中にもてなしが含まれるという意味合いで用いられている。

　一方で、五十嵐（2006）はホスピタリティを以下のように定義してお
り、もてなしという言葉は直接的に入っていない。

> 相手を尊重し、受け容れ、気持ちを汲み取り、相手の充足や満足を支
> 援して相手の気持ちに寄り添い、期待された以上に喜んでもらう姿勢

　以上の先行研究らをふまえ、もてなしという言葉は広範囲な意味でと
らえられると同時に、サービスとホスピタリティの双方に含まれる場合
もあり、研究者によってさまざまな意見が存在し、明確な定義はできて
いないことが分かった。

　したがって、おもてなしの品質を高めることは再来訪意向向上に影響
することが明らかになっていても、観光者のもてなしの認識を把握し理
解しなければ、真におもてなしの品質を高めることは不可能であると考
えられる。

　表Ⅱ-1もてなしについての先行研究はもてなしについての先行研究

表Ⅱ-1　もてなしについての先行研究

	サービス	ホスピタリティ	その他
広辞苑第6版	△	△	○
前田（2007）	○	○	－
服部（2008）	△	△	○
山岸・豊増（2009）	－	◎	－
永田（2006）	－	◎	－

を、表Ⅱ－2はホスピタリティについての先行研究を表にまとめたもので
ある。表中の◎は文献の文中に明確に表記されそれのみの意味合いを指
している場合、○は文中に表記もしくはほぼ同じ意味合いで用いられてい
る場合、△は文中に似た意味合いで述べられてはいるが明記はされていな
い場合、―は文中に似た意味合いとしても明記されていない場合を指す。

Ⅲ. 調査及び分析内容

1. 調査対象地

　瀬戸内海国立公園は、瀬戸内海を中心とする国立公園。1934年3月16
日に雲仙国立公園（現・雲仙天草国立公園）、霧島国立公園（現・霧島
屋久国立公園）とともに、日本初の国立公園として指定された。その当
時の指定区域は東から小豆島の寒霞渓、香川県の屋島、岡山県の鷲羽
山、広島県の鞆の浦・沼隈町周辺の備讃瀬戸を中心とした一帯のみで
あった。その後、過去数回にわたり、区域の拡張がなされた。現在は、
西は北九州市、東は和歌山市にまで及ぶ広大な公園となっている。

表Ⅱ－2　ホスピタリティについての先行研究

	もてなし	その他
広辞苑第6版	○	－
服部（2008）	△	○
五十嵐（2006）	－	○

図Ⅲ－1　小豆島と直島の立地

　また、瀬戸内海は古くから文化の地としても取り上げられ。名所となっている場所が多数ある。近世以前の瀬戸内海観光が、文学作品を媒介とした「名所」訪問や由緒ある神社仏閣への参拝という形式をもっていたのに対し、欧米人は瀬戸内海各地で当時当たり前のように見られた風景に注目し、これらに観光資源としての価値を与えていった。つまり、近代の訪れとともに、瀬戸内海観光は「意味」を求める観光から、「視覚」による観光へと変質していったと言える。

　2010年には、瀬戸内国際芸術祭が開催された。この芸術祭の開催により、島の住民と世界中からの来訪者の交流により島々の活力を取り戻し、島の伝統文化や美しい自然を生かした現代美術を通して瀬戸内海の魅力を世界に発信した。会場は、高松港周辺、直島、豊島、女木島、男木島、小豆島、大島犬島であった。また、瀬戸内交際芸術祭が地元にもたらした経済効果は事前の予想をはるかに超えたと言われ、1度きりの開催予定が、2013年にも開催されることが決定し、さらに注目は高まり、瀬戸内海の島々を訪れる観光者はコンスタントに増えていくと思われる。

　本研究では、瀬戸内の島嶼部の観光地を代表して小豆島と直島を取り上げる。

2. 調査概要

　本調査では、「もてなし認識に関するアンケート調査」と題しアンケート調査を実施した。調査項目は、先行研究やパイロット調査の結果を基に、個人的属性ともてなし認識に関する尺度、訪問回数と再来訪意向と自由記述によるその理由、から構成した。もてなしの尺度は、前田（2007）、服部（2008）、五十嵐（2005）などの先行研究により「有形性・有償性」（Q1、2、6、7、20、24）、「有形性・無償性」（Q3、8、9、21、22、25）、「無形性・有償性」（Q4、5、10、11、12、13、23）、「無形性・無償性」（Q14、15、16、17、18、19、26）の四つのグループで作成した。もてなし認識の要因に関する質問項目として、26項目設定し、それぞれ5段階（「非常にもてなしを感じる」から「全くもてなし

を感じない」）で評価してもらった。

　アンケートの実施日は、11月13日と17日で、小豆島の土庄港で行った。また11月14日に直島の宮之浦港でも行った。

　小豆島の土庄港を訪れた観光者から78サンプルを回収した。無効回答数は12、有効回答数が66であった。直島の宮之浦港を訪れた観光者から70サンプルを回収した。無効回答数は4、有効回答数は66であった。

3. 調査内容

　全体のアンケートデータより、性別の構成は、性別の構成は、男性36%（47人）、女性64%（85人）、年代別構成は、10代1%（1人）、20代23%（31人）、30代23%（30人）、40代18%（24人）、50代14%（18人）、60代17%（23人）、70代以上4%（5人）であった。居住地の構成は表Ⅲ－1参照している通りである。

　また、訪問回数は、1回目の人が48%（63人）、2回目が16%（21人）、3回目の人が9%（12人）、4回目以上の人が27%（36人）であった（図Ⅲ－2参照）。再来訪意向は、「ぜひ来たい」人が26%（35人）、「機会があれば来たい」人が67%（88人）、「あまり来たくない」人が6%（8人）、「来たくない」人が1%（1人）であった。

4. 因子分析

　まず、もてなしに関する観光者の認識を把握するため、26項目の質問項目データを用いて因子分析を行った。この際、5.「非常にもてなしと

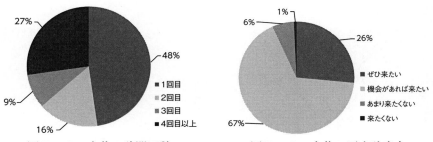

図Ⅲ－2　全体の訪問回数　　　　　図Ⅲ－3　全体の再来訪意向

感じる」、4.「もてなしを感じる」、3.「どちらでもない」、2.「あまり
もてなしを感じない」、1.「全くもてなしを感じない」の5段階評価順に
得点を与え因子分析（主因子法）を行った。分析には、SPSS16.0を用いた。

表Ⅲ-1　全体の回答者の属性

性　別		年　齢		居住地	
男性	47（36%）	10代	1（1%）	香川県	28人
女性	85（64%）	20代	31（23%）	岡山県	26人
		30代	30（23%）	広島県	11人
		40代	24（18%）	東京都	10人
		50代	18（14%）	兵庫県	9人
		60代	23（17%）	大阪府	5人
		70代以上	5（4%）	愛媛県	4人
				愛知県	3人
				神奈川県	3人
				石川県	3人
				高知県	3人
				島根県	2人
				徳島県	2人
				茨城県	1人
				宮城県	1人
				京都府	1人
				三重県	1人
				山口県	1人
				静岡県	1人
				千葉県	1人
				奈良県	1人
				富山県	1人
				福井県	1人
				埼玉県	1人
				熊本県	1人
				鳥取県	1人
total	132（100%）		132（100%）		132（100%）

表Ⅲ-2　因子間相関

因子	サービス品質	ホスピタリティ	公的サービス
1．サービス品質	1		
2．ホスピタリティ	.537	1	
3．公的サービス	.522	.207	1

　因子分析（主因子法、プロマックス回転）を実施した結果、固有値1
以上の因子が3つ認められた。しかし表Ⅲ－3より、累積寄与率の値よ
り5因子構造の方が精度が上がると考えられる。そこで、5因子も視野
に入れて、因子数を変えながら結果を比較検討しようと試みたが、因子
の解釈可能性を考慮して、最終的に3因子を抽出することが適当と判断
した。回転後の結果は、表Ⅲ－4　もてなし認識に関する因子分析結果
に示す。

　第一因子は、施設や従業員の服装が清潔感がある、常によいレベルの
サービスを提供している、など、従業員のサービス面の品質に関する因

表Ⅲ－3　説明された分散の合計

因子	初期の固有値			抽出後の負荷量平方和			回転後の負荷量平方和[a]
	合計	分散の%	累積%	合計	分散の%	累積%	合計
1	9.482	41.228	41.228	9.097	39.554	39.554	8.249
2	3.127	13.595	54.823	2.761	12.002	51.556	6.504
3	1.706	7.419	62.242	1.242	5.400	56.956	4.298
4	1.155	5.022	67.264				
5	.938	4.078	71.342				
6	.784	3.407	74.749				
7	.768	3.338	78.087				
8	.672	2.922	81.009				
9	.585	2.544	83.552				
10	.478	2.079	85.631				
11	.461	2.005	87.636				
12	.411	1.787	89.423				
13	.394	1.711	91.134				
14	.332	1.443	92.577				
15	.299	1.300	93.877				
16	.250	1.086	94.964				
17	.236	1.025	95.988				
18	.223	.968	96.956				
19	.203	.881	97.837				
20	.149	.646	98.482				
21	.144	.628	99.110				
22	.109	.474	99.585				
23	.096	.415	100.000				

子負荷量が大きいため、「サービス品質」とする。第二因子は、地域住民が観光客からの質問に確実性のある返答をする、地域住民が観光客に対して親切な対応をする、など、地域住民の無償の対応に関する因子負

表Ⅲ-4　もてなし認識に関する因子分析結果

	因　子		
	1.サービス品質	2.ホスピタリティ	3.公的サービス
施設や従業員の服装が清潔感がある	0.984	-0.117	-0.045
常によいレベルのサービスを提供している	0.914	-0.051	-0.084
従業員が観光客との関係を大切にしている	0.882	0.007	-0.128
従業員が観光客の関心に対して的確な対応をする	0.807	0.058	-0.148
従業員が観光客の質問に答えられる十分な知識を持っている	0.724	0.118	-0.075
施設や従業員の服装が清潔感がある	0.701	-0.002	0.098
価格に見合う製品やサービスを提供している	0.642	0.068	0.045
従業員が観光客に積極的に対応をしている	0.61	-0.017	0.215
製品やサービスの品質向上に努めている	0.604	0.05	0.128
従業員などが観光客に対し安全な誘導をしている	0.485	0.01	0.219
観光客が行動しやすいルート作りをしている	0.465	0.012	0.252
地域住民が観光客からの質問に確実性のある返答をする	-0.031	0.893	0.031
地域住民が観光客の関心に対し的確な対応をする	-0.061	0.891	0.025
地域住民が観光客に対して親切な対応をする	-0.02	0.882	0.006
地域住民が観光客に積極的な手助けをする	-0.028	0.856	-0.018
地域住民が観光客に対し信頼できる情報を提供している	0.098	0.843	-0.048
地域住民らが観光地を改善しようと努力している	0.115	0.776	-0.054
施設が最新である	-0.157	-0.004	0.778
観光客を歓迎する看板などがある	0.035	-0.088	0.664
マス・メディアを通じた情報提供が適切である	-0.066	0.077	0.643
フェリーの運航時間にずれがない	0.097	-0.085	0.481
有料施設で観光客が感動する演出がしてある	0.214	-0.016	0.404
無料のパンフレットが充実している	0.238	0.182	0.388

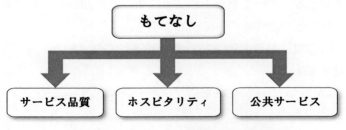

図Ⅲ-4　もてなしの認識の因子名区分

荷量が大きいため、「ホスピタリティ[3)]」とする。第三因子は、観光客を歓迎する看板などがある、無料のパンフレットが充実している、など、公共の施設でのサービスに関する因子負荷量が大きいため、「公共サービス」とした。

　また、3因子間の相関表Ⅲ－2からは、「サービス品質」と「ホスピタリティ」間、「サービス品質」と「公共サービス」間では、0.537、0.522と相関が見られたが、「ホスピタリティ」と「公共サービス」間では0.207と低い相関であった。つまり、「サービス品質」は「ホスピタリティ」や「公共サービス」と緩やかに連動していると言えよう。

　もてなしの因子名の区分は、図Ⅲ－4のように表わされる。

5. t検定における分析の内容と結果

　二つの母平均の差の有無を明らかにするt検定を用いて分析した内容及び結果を述べていく。今回の調査では、瀬戸内の島嶼部の観光地を代表する小豆島と直島でアンケート調査を行い、その島の訪問回数と再来訪意向を答える質問項目を加えた。小豆島と直島は、瀬戸内の島嶼部を代表する観光地であるが、近年の観光客数の変動に大きな違いが見られる。したがって、本稿では小豆島と直島間における訪問回数と再来訪意向の母平均の差の有無との検定を行う。

　まず、両島間における訪問回数の母平均の差の有無の検定の結果、検定統計量Tは、7.768となった。棄却限界は1.656となる。両側検定を行うと、検定統計量T=7.768は、棄却域に入るため、帰無仮説は棄て対立仮説を採択する。このことから、小豆島と直島を訪れた観光者間における訪問回数の母平均に差があることが明らかになった（表Ⅲ－5参照）。

　次に、両島間における再来訪意向の母平均の差の有無の検定の結果、検定統計量Tは、1.073となった。棄却限界は1.656となり、検定統計量T=1.073は棄却域に入らないため、帰無仮説は棄てることができない。

[3)] ここでのホスピタリティは、無償性かつ無形性である。

このことから、小豆島と直島を訪れた観光者間における再来訪意向の母平均に差がないことがわかった（表Ⅲ－6　再来訪意向参照）。

Ⅳ. 考察

1. 因子向上要素

　本稿では、因子分析によって、もてなしの認識は3つの因子に分類され、それらは「サービス品質」、「ホスピタリティ」、「公共サービス」と命名できた。つまり、これら3つの因子は島嶼部における観光者のもてなしの認識に影響を与える要因であると言える。

　Ⅰ章にも記したように、再来訪意向を高める重要な要因の一つとしておもてなしの品質が挙げられている。つまり、おもてなしの品質が高まれば、再来訪意向も高まるということである。今回は、もてなしの認識のずれを少なくするために、観光者のもてなしの認識に影響を与える要因を明らかにした。

　定義が曖昧である「もてなし」の品質を高めるには、今回の調査で3つに分類された要因を理解しそれに基づく行動をすることが、結果として再来訪意向向上につながっていくといえる。

　まず、因子1の「サービス品質」だが、これは、観光関連事業などで

表Ⅲ－5　訪問回数 (n=132)

	小豆島	直島
平均	2.8787879	1.4393939
分散	1.5543124	0.711655
観測数	66	66
プールされた分散	1.1329837	
仮説平均との差異	0	
自由度	130	
t	7.7682789	
P(T<=t) 片側	1.051E-12	
t境界値 片側	1.6566594	
P(T<=t) 両側	2.102E-12	
t境界値 両側	1.9783804	

p<0.05

表Ⅲ－6　再来訪意向 (n=132)

	小豆島	直島
平均	3.242424	3.136364
分散	0.248019	0.396503
観測数	66	66
プールされた分散	0.322261	
仮説平均との差異	0	
自由度	130	
t	1.073265	
P(T<=t) 片側	0.14257	
t境界値 片側	1.656659	
P(T<=t) 両側	0.28514	
t境界値 両側	1.97838	

p<0.05

サービスを提供する従業員が関係してくるため、従業員に焦点を当て考える必要があると言える。よって、サービスの品質を再来訪意向へつなげるために、従業員の「社員教育」に着目していく。

　次に、因子２の「ホスピタリティ」だが、これは、無償性・無形性の強いホスピタリティを提供する地域住民が関係してくるため、地域住民に焦点を当て考える必要があると言える。よって、ホスピタリティを再来訪意向へつなげるために、「地域住民の意識」に着目していく。

　最後に、因子３の「公共サービス」だが、これは、公共のサービスを提供する行政が関係してくるため、政府や自治体などの行政に焦点を当て考える必要があると言える。よって、公共サービスを再来訪意向へつなげるために、「行政の役割」に着目していく。

　つまり、因子１の「サービス品質」における「社員教育」、因子２の「ホスピタリティ」における「地域住民の意識」、因子３の「公共サービス」における「行政の役割」は各因子向上のための要素である（図Ⅳ－１参照）。

　以下、「社員教育」、「地域住民の意識」、「行政の役割」に着目し考察をしていく。

（1）社員教育

　因子１の「サービス品質」を高める際に、社員教育に着目した。前田・佐々木（2006）で、観光業の人材への研修の重要性を指摘している。ま

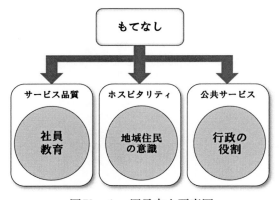

図Ⅳ－１　因子向上要素図

た、石原、吉兼、安福（2000）は、顧客と従業員の出会いにおいて、企業が意図的に操作できるのは従業員であって、顧客を操作するのは難しい。したがって、出会いの場に登場する従業員の言葉・態度・行動、そして服装や容姿が真実の瞬間に大きな影響を与えると指摘している。

　さらに、最近「サービス・プロフィット・チェーン」という考え方が注目されている。それは、図Ⅳ－2のように表される。従業員の高いロイヤルティを確保するためには、従業員の満足度を高めなければならず、そのためには社内サービスの質[4]を高めなければならない（石原・吉兼・安福、2000）。

　また、観光事業は労働集約的であり、かつ観光労働は有為な人材への依存度が高いとされる。個々の利用者に対するサービスは、それぞれに対応するサービス従事者によって提供されており、ゲストとホストとの直接的関係を基本としているが、多くのサービス事業は、さまざまなゲストに複数のホストが対応する個々人対組織という関係によって展開されている。したがって、それぞれのゲストに対するサービス提供の適否は、複数のホストの職務知識や接客技術を指導し、業務全般に対する管理監督によって左右されることが少なくなく、ホスト個々の業務意識の高揚・維持も重要であるが、社員教育はさらに重要であると言えるのである。

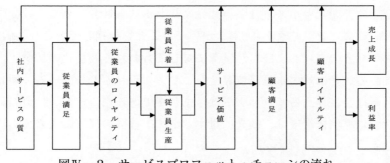

図Ⅳ－2　サービスプロフェット・チェーンの流れ

[4] 職場環境の整備、職務設計、従業員の採用と教育、従業員の認知と報奨などを指す。

　しかし、観光業界は他の産業界に比べ従業員定着率が低いのが特徴であると、石原・吉兼・安福（2000）で指摘されている。ベイン＆カンパニー（Bain＆Company, Ink）のライクヘルドは、従業員維持効果は従業員維持期間が長いほど大きく、従業員の定着率を上げるための内部マーケティングの重要性が増大すると指摘している。

　また、筆者は前回の研究で、観光者の旅行スタイルの変化による情緒的サービスのニーズの高まりに適応した従業員の社員教育は重要でありるということを明らかにしている。さらに、そのような社員教育は、もてなし品質を向上し、再来訪意向に影響することを明らかにしている。

　したがって、観光業における従業員の定着率を上げるための内部マーケティングを行ったうえでの社員教育は重要であり、旅行スタイルの変化に伴う情緒的サービスのニーズの高まりに適した社員教育を行うことは、再来訪意向につながると考えられるのである。

（2）地域住民の意識

　前田、佐々木（2006）は、観光が地域社会に及ぼすさまざまな影響の内容は「経済」、「社会・文化」、「環境」の3分野に集約されるとし、各分野でメリット面・デメリット面があると指摘する。その中でも地域住民と事業者との間で利害が一致しないものがあるとしている。

　石原・吉兼・安福（2000）もまた、相互作用の一形態として観光を捉えた場合、観光とホスト社会、観光産業とホスト社会、ホスト社会同士などの間にコンフリクト（軋轢）が生じることを指摘している。要因は、ホスト社会の文化および自然資源に対して行われる商品化の状況、ホスト社会の観光に対する経済依存度などが考えられるとしている。観光がホスト社会に与えるインパクトはさまざまであるが、ホスト社会の観光に対する経済依存度は、観光に対するホスト社会の反応に大きな影響を及ぼす。

　つまり、観光が地域社会（ホスト社会）に及ぼす影響は様々であるが、特に経済分野におけるデメリット面により、コンフリクト（軋轢）が生じているということが分かる。確かに、山田（2009）も、地域住民は、目

に見える変化に敏感で、自らの経済状況を含め短期的な変化から状況を判断すると指摘しており、コンフリクトが生じる理由として納得がいく。

　しかし、前田・佐々木（2006）は、健全な観光は、経済効率至上主義の中からは生まれてこないとし、観光の本来的姿は、「地域内外の人々が、光を享受しあい、光の維持と発展に連帯し、ともに、心のうるおい、生きる喜びを監督すること」であると指摘している。また、そのために、地域住民自身が地域の有する固有な資源とその価値の再発見・再認識をし、地域の再発見に根ざした地域おこしの活動が、地域住民自身による観光づくりなのであるとしている。実践の積み重ねの中で、すべての地域住民の間に、地域資源活用に基づく地域振興の重要性の認識、一人ひとりの地域住民がその担い手になれる可能性の確認などが広まり、共有されていくことで、等身大の地域振興、自立自存の地域振興が始まると言えるだろう。

　そのような中、加藤（2003）は、観光による地域振興・地域個性の発現のための手段として観光ボランティアガイドが機能しつつあることを示唆した。今後の観光ボランティアガイドは、観光における地域住民のあり方の変容をもたらすと共に、プロとボランティアの性格を併せ持つ観光ボランティアガイド主体の一つとしても、その活動意義の重要性を今後さらに増していくのではないだろうかと言う。

　したがって、観光が地域社会に及ぼす影響のなかでも、経済分野における利害の不一致がコンフリクトを生じさせていることが、地域住民の性質からも理解できたが、地域住民自身が経済至上主義に偏らず、観光による地域振興の重要性を認識し、共有されることで健全な本来の観光の姿に近づくということがと言えた。また、観光による地域振興・地域個性の発現のための手段として観光ボランティアガイドの活動の重要性が示唆された。

(3) 行政の役割

　観光が現在のように大きな存在となった今、行政の果たす役割は以前にもまして大きくなっている。観光産業は一部を除いて中小あるいは零

細企業が多いこと、観光事業がきわめて多岐にわたっていること、地域ぐるみで取り組む課題の多いことなど、行政の先導あるいは呼び水的な活動に大きな期待が集まってきている（石原・吉兼・安福、2000）。

　また、国策としての観光振興に取り組んでいる例として、オーストラリアが挙げられる。オーストラリアで観光をつかさどるのはスポーツ観光省である。観光予算の3倍増しを要求し、国外観光者における事件や事故に対する迅速かつ的を得た行動を取る、スポーツ観光大臣の存在感は、観光を国策とする国の姿勢を感じさせる。

2. 因子間の関連
（1）因子間相関

　表Ⅲ-2に表されているように、因子1（サービス品質）と因子2（ホスピタリティ）間の相関係数は0.537とやや強い相関関係がみられ、因子1（サービス品質）と因子3（公共サービス）間の相関係数は0.522と先ほどと同様のやや強い相関関係がみられた。しかし、因子2（ホスピタリティ）と因子3（公共サービス）間は、0.207と相関関係はみられなかった。

　よって、図Ⅳ-3のような相関関係図が明らかになる。分析によって因子間の相関関係が明らかになったことにより、3つの因子の関係性が明らかになったと言える。公共サービス力が高まれば、サービス品質は高まっていく。また、サービス品質が高まればホスピタリティ力が高

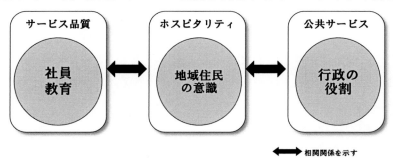

図Ⅳ-3　因子間の相関関係図

まっていくと考えられる。

　つまり、３つの因子間には相互に関係性があることが分かった。

（2）因子2と因子3の関連

　因子間の相関関係により、結果として３つの因子間に相互に関係性があることが明らかになったが、因子２「ホスピタリティ」と因子３「公共サービス」の間には直接的に相関関係は見られなかった。

　しかし、石原・吉兼・安福（2000）は、観光事業を支える行政の重要性を指摘し、観光事業の推進には民間事業者と政府や自治体などの行政が二つの大きな柱となるとしている。また、地域の将来の方向性を持続可能な社会づくりの視点から展望することとなり、計画過程から住民主体のワークショップをはじめ、住民と行政が一体となって将来の地域社会への夢を描くことが、計画実現の持続的開発の基盤となるとしており、観光地づくりと地域づくりの一体化が不可欠であると指摘している（図Ⅳ－４参照）。

　また、白井清兼（2009）は、地域のアイデンティティ確立を目指すまちづくりに成功した事例として、千葉県香取市（旧佐原市）の先進的な取り組みを取り上げている。その中で、「町並み保存関係者」と「佐原の大祭関係者」による独自活動がもたらした意図せざる相乗効果、市民団体による巧みな行政の活用および行政の巧妙な戦略的なプロセスマネジメントが、佐原の持続的な観光政策並びにまちづくり型観光地形成を成立させるための成功要因であったことを分析結果から明らかにした。

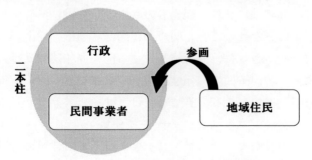

図Ⅳ－４　石原ら（2000）による関係図

「まちづくり型観光」というフレーミングの下で、行政の役割変化に対応してきたとも考えられる。市は主に裏方としての支えという対応から、「中心市街地活性化」という新たなフレームの下、体制構築に行政が積極的に関わっていくようになり、より積極的に市民活動を生み出す役割へと転換した。

　さらに、山田浩久（2009）は、地域住民は、目に見える変化に敏感で、自らの経済状況を含め短期的な変化から状況を判断するので、地域住民の意識が希薄化しないよう、経済的な効果を明確にし、短期の目標を積み上げることによりモチベーションを維持できる環境づくりが必要である。したがって、開発を効果的に継続していくためには、政策者は長期的な視野から全体をとらえ、個々の住民活動を正確に把握し、それらを地域内の経済活動に結び付ける方向性を明示することが必要であると指摘している。

　つまり、観光事業において民間事業者と行政は二つの柱となり、さらに地域住民が計画過程から参加し、住民と行政が一体となる必要性があるといえる。また、市民団体による行政の活用、行政の長期的視野から全体をとらえた戦略的プロセスマネジメントの相乗効果は持続的な観光政策を成功させうるといえる。よって、民間事業者、行政、地域住民は一体となって観光地づくりに取り組む必要性があるといえるだろう。

3. まとめ

　ここまで、島嶼部に訪れる観光者のもてなし認識に影響を与える要因が3つの因子に分かれることを明らかにし、各因子の向上要素についての考察を行った。さらに、分析結果による因子間相関や文献における関係性をふまえ、各因子間の関係性について考察を行った。

　今回の分析・考察により、もてなしは「サービス品質」・「ホスピタリティ」・「公共サービス」の3つの因子に分類され、「サービス品質」は従業員の「社員教育」、「ホスピタリティ」は「地域住民の意識」、「公共サービス」は「行政の役割」が各因子の向上要素といえ、各要素につい

て考察した。また、因子間の相関関係と参考文献を基に「事業者」、「地域住民」、「行政」の関係性を明らかにし、３者が一体となって観光地づくりに取り組む必要性を示唆することができた。

以上のことから、もてなしの要素である「サービス品質」、「ホスピタリティ」、「公共サービス」の各向上要素が一体となって観光地づくりに取り組むことが、重要であると思われる（図Ⅳ−５参照）。

また、観光白書（2008）では、再来訪意向を高める重要な要因の一つにおもてなしの品質が挙げられており、もてなし品質の向上が再来訪意向につながることが分かっている。したがって、そのような向上要素が一体となって観光地づくりに取り組むことは、結果として観光者の再来訪意向の向上につながると思われる。

V. 結論

本論では、瀬戸内海の島嶼部の観光地を代表する小豆島と直島を事例地として、その事例地を訪れる観光者のもてなし認識に影響を与える要因を、因子分析を用いて明らかにした。そして、その明らかにした要因をもとに、因子間の関係性について言及した。因子分析により、「サービス品質」、「ホスピタリティ」、「公共サービス」の３つに分類された因子間には相関関係が存在し、また、従来の研究により、それら３つの因子の向上要素が互いに一体となって高めあう努力をする必要性があると言える。

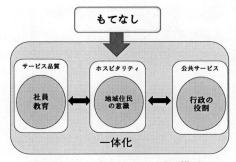

図Ⅳ−５　もてなしの要因構造

　本研究では、小豆島と直島の二島を事例地として取り上げた。 t 検定の分析結果より、訪問回数には差があったのに対し、再来訪意向には差が出なかった。このような結果は、小豆島は何度も訪れている人が多く、直島は初めて訪れる人が多いことが影響していると言える。また、再来訪意向は両島ともに少し高めの数値ではあったがあまり変わらなかった。さらにアンケートによって得られた属性データより、小豆島は年配の方の観光者が多く、近隣県から訪れる観光者が多いのに対し、直島は若い観光者が比較的多く、関東など遠方から訪れる観光者も多いことが分かった。

　以上のことから、小豆島は古くから観光地として有名な島であり、リピーターが多いのに対し、直島は最近アートの島として注目され観光者数が急増している島であるため、初めて訪れる観光者が多いということが言えるだろう。小豆島は、リピーターが多いと言っても観光者は近年横ばい状態であり、新しく観光者を呼び込む努力が必要であると思われる。また、直島は今は観光者も急増しているが、再来訪意向は想像より低く、自由記述の欄には、期待していた以下だった、島内の交通の便利が悪いなど小豆島以上にマイナス意見が多かったことから、小豆島以上に再来訪意向を高める努力が必要となり、おもてなし品質を高めていくことが今後の直島の観光者の増減に影響してくると思われる。

　本研究では、島嶼部におけるもてなし認識に影響を与える要因を明らかにするにとどまった。したがって、今後、島嶼部以外の観光者のもてなし認識に与える要因を明らかにする研究を進めるとともに、もてなし認識からの再来訪意向への発展段階を含めたメカニズムを明らかにしていくことが課題であると筆者は考える。

注
　本稿は2010年度卒業論文をもとに修正・加筆したものである。

参考文献

五十嵐元一（2005）「ホスピタリティと企業行動に関する研究」『北海学園大学
　経営論』第3巻第2号、pp.99〜110
五十嵐元一（2006）「ホスピタリティの機能に関する研究」『北海学園大学経営
　論集』第7巻第4号、pp.19〜31
井口貢編著（2002）『観光文化の振興と地域社会』
石原照敏・吉兼秀夫・安福恵美子編（2001）『新しい観光と地域社会』
加藤麻里子・下村彰男・小野良平・熊谷洋一（2003）「地域住民による観光ボラ
　ンティアガイド活動の実態と動向に関する研究」『ランドスケープ研究』66
　（5）、pp.799〜802
国土交通省（2008）『観光白書平成20年度版』
小豆島観光協会（2009）『小豆島各港別乗降客等調査表』
直島町役場（2009）『平成21年直島町観光客等入込客数動態調査』
永田美江子（2006）「ホスピタリティマインドの体現についての一考察」
　『平安女学院大学研究年報』第7号、pp.75〜83
服部勝人（2008）『ホスピタリティ・マネジメント入門』
前田勇（2007）『現代観光とホスピタリティ』
前田勇・佐々木土師二・小口孝司（2006）『観光の社会心理学』
山岸まなほ・豊増佳子（2009）「日本型ホスピタリティの尺度開発の試みと職
　種間比較」『国際医療福祉大学紀要』第14巻2号、pp.58〜67
山田浩久（2009）「新潟県粟島における観光業の実状と今後の展開」『山形大学
　紀要』第39巻第2号、pp.63〜82

属性による回遊行動の違い―小豆島を事例に―

木口　友里

1. はじめに

　近年、各地域は観光振興を柱とした地域づくりに取り組んでいる。しかし、観光客のニーズを理解できずに入込み客が減少し、衰退する地域もある一方で、地域活性化の取り組みの過程において、観光客の意見を積極的に取り入れ、地域活性化に成功している地域もある。観光産業関係者だけでなく地域住民も交えて、自分たちの住む地域を再発見する作業や事業を通じ、地域に対する愛着や誇りを高めている観光地が現れている。そこで、観光客のニーズを把握するためにも、回遊行動を分析することは有意義なことだと考えられる。また、福田（1999）によると、観光活動そのもののデータの獲得が困難であるため、先行研究も少ない。そして、森三・江川・羽藤・村山（2003）は、回遊行動は空間のもつ意味やイメージに個人差があるため、大きな差が生じるが、実際に回遊することで、新たな空間を再発見することができるため、地域活性化につながると言っている。また、金（2009）は、観光行動やそれによる影響を取り上げる研究は、観光者が与える影響を精査する事例研究が多く、「行動」と「影響」を一般化した研究は少ないことを指摘している。

　そこで本稿は、属性による回遊行動の違いを明らかにすることを目的に論を展開させていく。調査方法にはアンケート調査と類型化を用いる。

2. 小豆島概要

（1）立地・人口

　淡路島に次ぐ瀬戸内海第2の島で香川県に属する。小豆島町と土庄町からなり、瀬戸内海国立公園の中心で、花崗岩採掘が盛んである。面積は、153.2㎢、海岸線の延長は125.7kmである。

　人口は、2011年現在33,668人であり、1947年をピークに減少を続けて

いる。減少率は県下で最も高く、高齢者が人口の3分の1を占め、年少人口比率も県下で2番目に低い状況である。流出した人材のUターンや、新たな人材のⅠ・Ｊターンによる定住人口の増加に向け、香川県や四国経済産業局などと連携し、移住者の受け入れを促進している。

(2) 交通・産業

　小豆島へのアクセスは、岡山県の宇野港からフェリーで土庄港まで約1時間30分、香川県の高松港から土庄港、草壁港、池田港まで約1時間

図1　小豆島の立地

著者作成

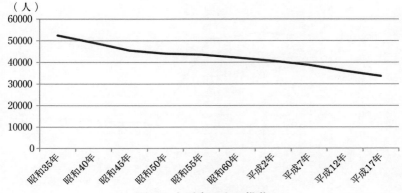

図2　小豆島の人口推移

資料：小豆島町・土庄町役場の資料より筆者作成

かかる。土庄港は宇野、豊島、高松へ、池田港と草壁港は高松へ、坂手港は大阪へ、福田港は姫路へ、大部港は日生へとつながっている。島内では、小豆島オリーブバスが運行し、レンタカーやレンタサイクルも充実している。また、映画村直行便「渡し舟」や岬を走るボンネットバス、寒霞渓ロープウェイといった珍しいものもある。

　産業は、400年の伝統をもつ醤油製造をはじめ、特産の醤油を生かし戦後始まった佃煮製造、醤油とおなじく400年の伝統をもつ手延べ素麺などの食品工業が中心である。また、大坂城築城の際、石垣として使用されたことでも有名な花崗岩が生産されており、古くから「石の島」として知られている。別名「オリーブ・アイランド」とも呼ばれる小豆島は、数多くの観光スポットを有し、観光産業やオリーブオイルをはじめとしたオリーブ製品の製造も盛んである。

(3) 観光

　瀬戸内海には多数の島々があるが、その中で観光地として古くから栄えてきたのが小豆島であった。素麺をはじめ、醤油、佃煮、オリーブなどの生産が盛んである。壺井栄の小説『二十四の瞳』の舞台であり、島をロケ地として二度映画化されている。また、日本三大渓谷美のひとつ

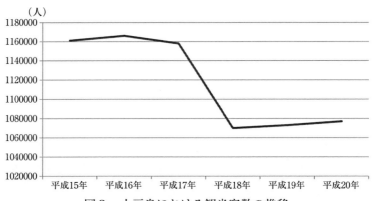

図3　小豆島における観光客数の推移
資料：小豆島観光協会の資料より筆者作成

に数えられる名勝地寒霞渓も有名である。近年、注目を浴びているエンジェル・ロードやふるさと村、オリーブ公園も人気がある。その他にも銚子渓やマルキン醤油記念館など小豆島には様々なジャンルの観光地がある。こうした従来からの観光資源に加え、オリーブに代表される地中海的な明るい雰囲気も訪れる多くの観光客を魅了している。

　観光客数については平成18年に大きな下落を見せた。その要因として考えられるのは、一年を通じ集客につながるイベントが少なかったことに加え、阪神航路の運休や修学旅行などの団体客が大幅に減ったことであった。しかし、それ以降は、徐々に回復の兆しが見える。また、2010年には瀬戸内国際芸術祭が開催され、開催地の中で3番目に多い113,274人が来場し、大きな経済効果をもたらした。

3. 調査手続きおよび内容

（1）調査の手続き

　本稿では、小豆島への観光客の観光行動について明らかにすることを目的としている。そのため、アンケート調査を小豆島で観光を行った方に依頼した。

　アンケートの実施期間は、2010年12月29日、2011年1月6日、8日、12日、16日で、土庄港フェリーターミナルの待合室と土庄港から高松港へのフェリーの客室内で行った。また、本稿ではアンケート調査から収集したデータを分析し、類型化する。以下、順に分析の内容と結果を述べていく。

　アンケートでは、性別、年齢、居住地、職種、年収、同行人数、構成、今回の小豆島観光のメインの観光地とメインの観光地を知った情報源、島内における滞在時間と交通手段を尋ねた。そして、小豆島の地図と主な観光地を提示し、訪れた観光地と順番、ルートを記入してもらった。

（2）調査内容

　小豆島で観光を行った方に依頼し、30のサンプルを回収した。無効は

０、有効回答数は30であった。性別の構成は男性が47％（14人）、女性が53％（16人）、年齢構成は、10代が４％（１人）、20代が37％（11人）、30代20％（６人）、40代13％（４人）、50代13％（４人）、60代以上13％（４人）であった。居住地の構成は、香川県が９人、岡山県２人、兵庫県１人、愛媛県２人、徳島県２人、大阪府１人、京都府４人、愛知県１人、神奈川県３人、千葉県２人、埼玉県１人、茨城県１人、青森県１人であった。滞在時間は、同行人数は自分を含めて、１人が２人、２人が14人、３人が４人、４人が９人、13人が１人であった。同伴者の構成は、夫婦が８人、親子が７人、友人が７人、恋人が８人、その他が４人であった。

4.　分析および考察

（1）　分析の手法

　今回小豆島を５つに区分して分析した。ゾーン１は、小豆島の南西のあたりで、土庄港や平和の群像、エンジェル・ロードがある地域である。土庄港があるため、宿泊施設や飲食店、観光案内所が多い。このため、ほとんどの観光客がこの地域を訪れる。したがって、このゾーンを玄関ゾーンと呼ぶ。ゾーン２は、小豆島の南西のあたりで、オリーブ公園やふるさと村など体験型の観光を求める人々が多く訪れる。また、この地域は、売店が多いため、消費活動が盛んである。特産品をここで買う人が多いため、買い物ゾーンと呼ぶ。ゾーン３は、小豆島の南東のあたりで、二十四の瞳映画村やマルキン醤油記念館があり、中高年層の観光客も多く訪れる。また、道端には佃煮やが多く、昔ながらの町並みを見ることができる。したがって、歴史施設ゾーンと呼ぶ。ゾーン４は、小豆島の中心部あたりで、銚子渓や寒霞渓があり、銚子渓では猿を見たり、寒霞渓では紅葉を見たりと自然を見ることを強みとしている地域である。ここを景勝地ゾーンと呼ぶ。ゾーン５は、小豆島の北東の沿岸部あたりで、福田港や大部港があるが、ほとんど利用しないため、滅多に人がいかない地域である。ここを港ゾーンと呼ぶ。

　この５つを図式化するため、４つに分ける。ゾーン１（玄関ゾーン）とゾーン５（港ゾーン）を小豆島の入り口とし、Ⅰとする。ゾーン２（買い物ゾーン）をⅡとし、ゾーン３（歴史施設ゾーン）をⅢとし、ゾーン４（自然景勝地ゾーン）をⅣとする。これと記入してもらった観光ルートと照らし合わせて分析する。本稿ではゾーン１にある土庄港でアンケート調査を行ったため、必ず最後はゾーン１に戻るが、図式化する上で省略することを前提とする。

表１　　地域別の特徴

地域区分	名称（ゾーン名）	特　　徴
ゾーン１	玄関	土庄港、平和の群像、エンジェル・ロード
ゾーン２	買い物	オリーブ公園、ふるさと村
ゾーン３	歴史施設	二十四の瞳映画村、マルキン醤油記念館
ゾーン４	自然景勝地	寒霞渓、銚子渓
ゾーン５	港	福田港、大部港

筆者作成

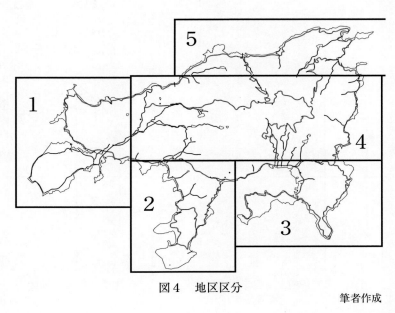

図４　　地区区分

筆者作成

（2）分析

　調査内容を基に図式化したところ10通りの回遊行動が見られた。ま
ず、今回の調査で全体の27％を占め、最も多かった回遊行動は港がある
Ⅰから、オリーブ公園やふるさと村があるⅡに行って、土庄港に帰ると
いうものであった（図6　回遊行動1）。

　次に多かったのは全体の20％で、回遊行動1と同じく、ⅠからⅡへ行
き、その後寒霞渓や銚子渓があるⅣを回って土庄港に帰るというもので
ある（図7　回遊行動2）。

　3番目に多かったのは、回遊行動1、2と同じくⅠ、Ⅱを訪れた後、

表2　図式化における地域区分

	名称（ゾーン名）
Ⅰ	玄関＋港
Ⅱ	買い物
Ⅲ	歴史施設
Ⅳ	自然景勝地

筆者作成

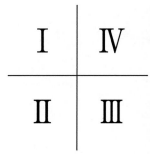

図5　地域区分図式化

筆者作成

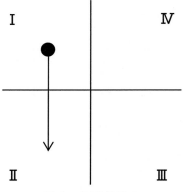

図6　回遊行動1

筆者作成

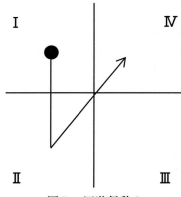

図7　回遊行動2

筆者作成

二十四の瞳映画村やマルキン醤油記念館がある III に行って土庄港に帰る
というものである。これを回遊行動3とする（図8　回遊行動3）。

　4番目に多かったのは、土庄港がある I のみというものである。これ
を回遊行動4とする（図9　回遊行動4）。

　少数回答として、I の後に III に行って、土庄港に帰るというもの（図10
　回遊行動5）や、I の後に IV、III の順番に回るもの（図11　回遊行動
6）、I の後に III、II の順番で回るもの（図12　回遊行動7）が見られた。

　また、全部のゾーンを訪れる人の回遊行動として、I の後に IV、II、

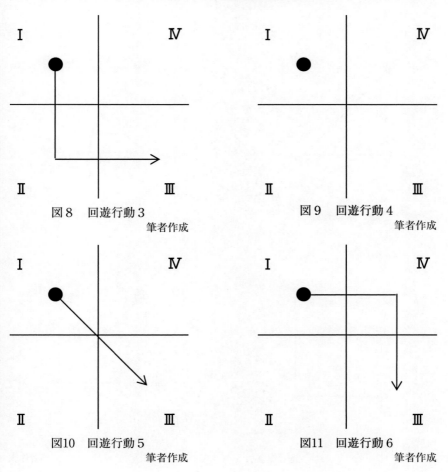

図8　回遊行動3
筆者作成

図9　回遊行動4
筆者作成

図10　回遊行動5
筆者作成

図11　回遊行動6
筆者作成

Ⅲという順番に回るもの（図13　回遊行動 8 ）や、Ⅰの後にⅣ、Ⅲ、Ⅱ
という順番に回るもの（図14　回遊行動 9 ）や、Ⅰの後にⅢ、Ⅱ、Ⅳの
順番で回るもの（図15　回遊行動10）が見られた。

　複数回答を得られた回遊行動 1 ～ 4 について分析していく。回遊行動
1 の特徴としては、約 6 割の人が小豆島を訪れたメインの観光地をオ
リーブ公園としている。このことより、メインの観光地しか訪れていな
いことが分かる。その他の特徴として、若年層、同行人数は自分を入れ
て 2 人の人が多かった。また、10通りの回遊行動の中で自転車を用いる

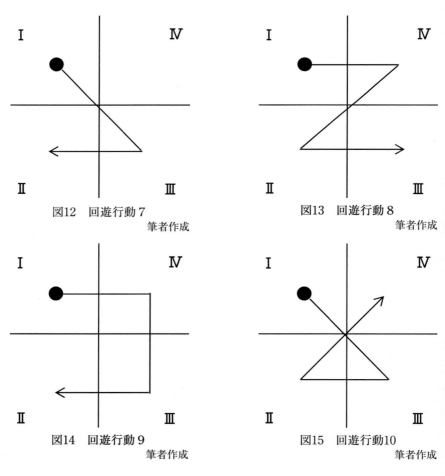

図12　回遊行動 7
筆者作成

図13　回遊行動 8
筆者作成

図14　回遊行動 9
筆者作成

図15　回遊行動10
筆者作成

人が最も多く見られ、小豆島の交通手段として自転車を用いることができる限界はゾーン２（買い物ゾーン）までと考えられる。観光客の居住地の距離や男女間、滞在時間については特徴が見られなかった。

　回遊行動２の特徴としては、中高年層よりも若年層が若干多く、滞在時間は比較的長く、８時間以上滞在している人も見られる。また、メイン観光地を約８割の人がエンジェル・ロードとオリーブ公園としており、

表３　回遊行動の特徴

名　称	図	特　徴
回遊行動１	I　　　Ⅳ　Ⅱ　　　Ⅲ	オリーブ公園が目的地 若年層 同行人数は２人 自転車が交通手段
回遊行動２	I　　　Ⅳ　Ⅱ　　　Ⅲ	若年層 滞在時間は比較的長い エンジェル・ロードかオリーブ公園が目的地 車が交通手段 カップル
回遊行動３	I　　　Ⅳ　Ⅱ　　　Ⅲ	滞在時間が長い 車が交通手段 二十四の瞳映画村が目的地 100km未満から訪れた人が多い
回遊行動４	I　　　Ⅳ　Ⅱ　　　Ⅲ	女性が多い 徒歩、自転車が交通手段 エンジェル・ロードが目的地 カップルや夫婦 滞在時間は比較的短い

筆者作成

滞在時間から考えて時間があるため、メインの観光地ではないが日本三大渓谷美のひとつでもあり、有名な観光地である寒霞渓や銚子渓などの自然景勝地に行ったことが分かる。交通手段として、車が多いため、先ほどの自転車の限界はゾーン２までというのは正しい。また、カップルが多いのは、エンジェル・ロードをメイン観光地にしているためと分かる。観光客の居住地の距離や性別については特徴が見られなかった。

　回遊行動３の特徴としては、今回見られた10通りの回遊行動の中で最も滞在時間が長かった。この回遊行動をとった全員が６時間以上小豆島に滞在していた。交通手段は車が多かった。また、メイン観光地は、二十四の瞳映画村としており、交通手段から考えて、二十四の瞳映画村まで自転車で行く人はおらず、車やバスといった交通手段がないとゾーン３（歴史施設ゾーン）まで行く人はいない。観光客の居住地の距離は100km未満の人が若干多かった。性別、年齢、同行人数については特徴が見られなかった。

　回遊行動４の特徴としては、女性が多く、交通手段が徒歩、自転車の人が多かった。メイン観光地は、エンジェル・ロードにしており、同行人数も２人が多く、カップルや夫婦で訪れたことが分かる。滞在時間は比較的短く、観光目的で小豆島に来たのではなく、何かの用事で小豆島を訪れ、一緒に観光もして帰ったと考えられる。観光客の居住地の距離や年齢については特徴が見られなかった。

　属性による回遊行動の違いについて分析する。性別で見ると、男性は回遊行動１、２、７、女性は回遊行動１、２、３、４をとる傾向がある。年齢別については、ここでは40歳未満を若年層、40歳以上を中高年層とする。若年層は回遊行動１、２、３、中高年層は回遊行動に特徴が見られなかった。地策始点別についてだが、土庄港とその他に分ける。その他とは福田港と草壁港である。土庄港からは回遊行動１、２、３、その他からは回遊行動６、７をとる傾向がある。居住地の距離別では、100km未満が日帰り圏内とされているため、100km未満と以上で見ていく。100km未満では、回遊行動１、２、３、以上は回遊行動１、２、７

をとる傾向がある。滞在時間についてだが、今回のアンケート調査での平均である6時間で分ける。6時間未満を短時間、6時間以上を長時間

表4　性別にみる回遊行動の違い

属　　性	図		
男　性			
女　性			

筆者作成

表5　年齢別にみる回遊行動の違い

属　　性	図		
若年層			
中高年層	特徴が見られなかった		

筆者作成

と分け見ていく。短時間の人は回遊行動1、長時間の人は、回遊行動
1、2、3をとる傾向がある。メイン観光地についてだが、今回のアン

表6　地策始点別にみる回遊行動の違い

属　性	図
土庄港	
その他 （福田港 草壁港）	

筆者作成

表7　居住地の距離にみる回遊行動の違い

属　性	図
100km未満	
100km以上	

筆者作成

ケート調査で約４割の人がオリーブ公園とし、約３割の人が二十四の瞳
映画としていた。このため、メイン観光地別にみるとき、オリーブ公園

表８　滞在時間にみる回遊行動の違い

属　性	図
短時間	
長時間	

筆者作成

表９　メイン観光地にみる回遊行動の違い

属　性	図
二十四の瞳映画村	
オリーブ公園	
その他	

筆者作成

と二十四の瞳映画とその他で見ていく。メイン観光地をオリーブ公園にしている人は回遊行動1、二十四の瞳映画にしている人は回遊行動3、その他の人は回遊行動2をとる傾向がある。

（3）考察

　類型化すると3パターンが見られた。直線型、左回り型、集中型である。直線型はⅠとⅡしか訪れない回遊行動をとる回遊行動1である。属性から見ると若年層がメイン観光地をオリーブ公園とし、短い時間で観光し、土庄港を利用して小豆島に訪れたことが明らかになった。このことより、オリーブ公園は短時間で気軽に観光できる施設だと分かった。

　左回り型はⅠ、Ⅱ、ⅢやⅠ、Ⅱ、Ⅳという回遊行動をとる回遊行動2や回遊行動3である。属性から見るこれらの特徴として、若年層の女性が二十四の瞳映画村をメイン観光地とし、時間をかけて観光をして、比較的近距離から土庄港を利用して小豆島を訪れたことが明らかになった。このことより、歴史的施設である二十四の瞳映画村やマルキン醤油記念館など中高年層に人気のありそうな観光地でも若年層の人が時間をかけて見て回っていることが明らかになった。若年層をも引き付ける魅

表10　回遊行動の類型化

名　称	図	ゾーン	属　性
直線型		Ⅰ、Ⅱ	若年層 オリーブ公園 短時間 土庄港
左回り型		Ⅰ、Ⅱ、Ⅲ Ⅰ、Ⅱ、Ⅳ	若年層 女性 二十四の瞳映画村 長時間 100km未満 土庄港
集中型		Ⅰのみ	女性 その他は問わない

筆者作成

力ある地域だと言える。

　集中型はⅠにしか行かないという回遊行動をとる回遊行動4である。属性から見るこれらの特徴は、どれにでも当てはまるため、特徴が見られなかった。しかし、女性が多いことが明らかになった、移動距離は短いが、滞在時間が長い人もいるため、この地域は魅力的な観光資源が多いことが明らかになった。

　福田（1999）によると回遊行動を左右する最も特徴的な要因といわれているのは観光地の魅力である。観光地の自然資源や観光施設の規模・質など観光資源の魅力が高ければ回遊行動は集中する。以上のことを踏まえて、土庄港の利用者が多く、周辺には観光案内所や飲食店、ホテルも充実しており魅力的な地域だと実証された。また、オリーブ公園やふるさと村がある地域は本稿で明らかになったパターン化された3つの回遊行動で、全てが通っており、魅力ある地域だと分かった。しかし、その他の属性から見て、滞在時間が短いという問題点も上がった。高田・三好・松田（2008）によると滞在時間と消費活動には関係があり、滞在時間が長いと消費活動も活発であることが分かっている。このため、滞在時間を延ばす工夫をし、消費活動を促すことができれば、小豆島自体を活性化させることができる。

5. おわりに

　本稿では、アンケート調査と類型化によって属性による回遊行動が明らかになった。性別、年齢、地策始点、居住地からの距離、滞在時間、メイン観光地によって類型化すると3パターンが見られた。本稿ではアンケート調査を用いた回遊行動の分析にとどまり、定量的な分析まで至っていない。また、地策始点が他の港でも同じような回遊行動をとるのか疑問が残る。今後アンケート調査による分析の精度をあげ、様々な地策始点で、定量的な分析を行うことが課題であると筆者は考える。

参考文献・資料

青木俊明（2005）『中心市街地の訪問動機の分析とそれに基づく活性化方策の考察』

加山真次・湯山久徳他（1955）『小豆島地域調査の概略』専修大学地理学研究会

金徳謙（2009）『観光行動論の視点からみる観光研究』

清水愼一・小林裕和（2006）『「たび」を意識した地域づくり～観光による地域活性化事例研究～』

菅井浩文（2010）『情報提供が観光者行動に与える影響』

高田尚人・三好達夫・松田泰明（2008）『道の駅の休憩場所としての魅力向上の重要性について』

奈良本辰也（1972）『小豆島　ロマンの旅』大和書房

福田大輔（1999）『観光目的地選択行動における選択肢の評価構造に関する研究』

森三千浩・江川雅代・羽藤英二・村山秀敏（2003）『札幌市の回遊行動に関する意識−行動分析』

山村宗男（1963）『小豆島』有紀書房

参考URL（2011年 2 月26日現在）

小豆島町　http://www.town.shodoshima.lg.jp/

小豆島町の現状と課題について
　http://www.town.shodoshima.lg.jp/news/img/zisedaiikuseisien/2syou.pdf

小豆島観光協会　http://www.shodoshima.or.jp/

小豆島における観光者の発地情報の影響

橋本　由加里

1. はじめに

　瀬戸内の風景にスポットがあたるのは19世紀にシーボルトが瀬戸内の風景を絶賛したところから始まる。1912年には、大阪と別府を結ぶ、その時代には珍しい純粋に観光だけを目的とした定期航路が開設され、大人気となった。そして、1934年には、国内初の国立公園である、瀬戸内国立公園としての指定を受けた。2010年には、高松・直島・豊島・女木島・男木島・小豆島・大島・犬島の8つの会場をフィールドに瀬戸内国際芸術祭が開催された。

　瀬戸内には多くの島が存在するが、その中でも小豆島は古くから観光地として栄えてきた。素麺、醤油、佃煮、胡麻油、オリーブなどの生産が盛んであり、多くの特産品も生み出している。また、壺井栄の小説『二十四の瞳』を始めとする数々の物語の舞台となり、同小説を始めとして数々のロケ地にもなった。観光地も多く存在し、寒霞渓は景勝地として有名である。近年では恋人の聖地としての指定を受けたエンジェルロードも小豆島を代表とする観光地となりつつある。このように、幅広い世代に喜ばれる観光地を有している。

　小豆島は、瀬戸内海において淡路島に次ぐ2番目に大きい有人島であるが、架橋されていないという場所である。だからこそフェリーを利用するして小豆島に訪れるということは非日常空間を促進し、瀬戸の島々を眺める絶好の機会を得ることができる。高松と小豆島を行き来するフェリーでは天候がそろえば日本有数の達磨夕陽の絶景ポイントともなる。

　しかし、近年の小豆島への入込数は停滞しており、今後の小豆島への観光誘致が大切になってきている。小豆島の魅力を十分に発信できていないことがその原因だと考える。

　以上をふまえ、本稿では小豆島における観光の発地情報に焦点をあ

て、小豆島の現在の状況と小豆島にこれからのプロモーションについて
指摘していきたい。

　調査方法には、相関分析とt検定を用いる。

2. 調査地の概要

(1) 立地

　小豆島は、備讃諸島に属する瀬戸内海の有人島である。香川県高松
市から約23km、岡山県旧日生町から約28kmに位置している。面積は約
170k㎡で、小豆島では淡路島に次ぐ瀬戸内海第2の面積の島である。島
外からのアクセスはフェリーのみで、小豆島内には、土庄港、池田港、
草壁港、坂手港、福田港、大部港の6つの港が存在している。航路は、
高松、豊島、岡山、日生、姫路、大阪とのものがある。島の構成は、北
に土庄町があり、南に小豆島町があり、2町からなっている。島内にお
ける最高峰の山は、星ヶ城山の817mであり、瀬戸内海の島の中で1番
高い山である。小豆島は、世界一狭い土渕海峡を有しており、現在3つ
の橋と1つの公園で繋がっている。小豆島は瀬戸内の海上の交通の要衝
であったため古くから文化・経済が発展している。島内での移動手段は、
バス、タクシー、ロープウェイ、レンタカー、レンタサイクル、レンタ
バイクがある。しかし、島と言っても面積が広いため、自家用車で観光
人も少なくない。寒霞渓山頂と紅雲亭を結ぶ寒霞渓ロープウェイは所要
時間が約5分であり、その間の絶景を楽しみにして利用する人も多い。
2008年における年間平均気温は16.2℃で、年間平均降水量は、87.5mm
である。小豆島の気候は瀬戸内海式気候と区分することができる。

(2) 人口・産業

　図2にも見られえるように、小豆島人口は1995年以来漸次減少を続け
てきている。国勢調査によると、1995年に38774人いた人口は2010年に
は31,277人となっている。15年間で人口は7,497人減少し、2010年の人口
は1995年と比べると8割程度となっている。

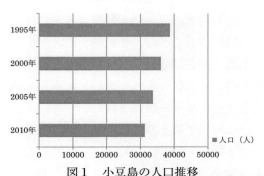

図1　小豆島の人口推移

国勢調査より筆者作成

　小豆島は、多くの特産品を有しており、素麺、醤油、佃煮、胡麻油、オリーブなどの生産が盛んである。また、それらはいずれも日本有数の生産地となっている。

　特に、オリーブは昔ヨーロッパで薬として使われていたものであった。その後、日本に伝来したのは江戸時代末期に横須賀に植えられたのが最初とされているが、これが根づくことはなく、その後もフランスから輸入された苗木が神戸に植えられるなどの事例が存在するが、いずれも失敗に終わっていた。後の1908年に当時の農商務省が、三重・鹿児島・香川の３県を選んで試験栽培を始めたのを機に、小豆島との気候が合致して、小豆島で生産が始まった。現在では、小豆島のみならず香川・岡山・広島などの瀬戸内海沿岸に栽培が広がっている。2008年には「オリーブ植栽100周年」を迎えた。

（3）観光

　瀬戸内海は、瀬戸内海国立公園として、1934年に我が国で最初に国立公園の一つとして指定された。陸域・海域を含めると日本一広大な国立公園である。瀬戸内海国立公園の最大の特色は、大小1,000あまりに及ぶ島々で形成された内海多島海景観で、瀬戸内海一帯は古くから人と自然が共存してきた地域であり、島々の段々畑や古い港町の家並などの人文景観が特徴となっている。また、2010年には瀬戸内国際芸術祭が開催

された。これは、瀬戸内国際芸術祭実行委員会が主催であり、財団法人直島福武美術館財団理事長である、福武總一郎氏が総合プロデューサーで行ったものである。開催期間は、2010年7月19日から2010年10月31日である。小豆島と共に、高松・直島・豊島・女木島・男木島・大島・犬島の8つの会場をフィールドに開催された。

　小豆島内における観光名所としては、まず寒霞渓をあげることができる。寒霞渓は東西7km、南北4kmに及ぶ渓谷である。古くは日本書紀にも記述がある奇勝で、明治初期の儒学者、藤沢南岳が寒霞渓と命名した。この渓谷は火山活動により堆積した凝灰角礫岩などが、度重なる地殻変動により水や風に侵食されて現在の奇岩や岸壁が形成されたものである。1923年には国の名勝に指定されている。また、瀬戸内海国立公園にも含まれ、代表する景勝地としても有名である。1983年には森林文化協会と朝日新聞社が制定した「21世紀に残したい日本の自然100選」に選ばれる。日本三大渓谷美や日本三大奇勝の一つに数えられる。銚子渓は銚子渓お猿の国自然公園を併設しており、ここでは猿だけでなく、うさぎなどの動物を見学することも可能である。「銚子渓の日本サル群」として1957年に県指定の天然記念物に指定されている。また、寒くなると猿がくっついて暖を逃がさまいとしている格好の「猿団子」というものが冬の風物詩にもなっている。二十四の瞳映画村は1987年に映画化された壺田栄の同小説である、「二十四の瞳」（監督：朝間義隆、主演：田中裕子）の映画のロケ用オープンセットを改築した観光地である。大正・昭和初期の小さな村の様相で、映画撮影に利用された木造校舎、男先生の家、漁師の家、茶屋、土産物屋が建てられており、また、壺井栄文学館では、生前壺井栄が愛用していた調度品や各作品の生原稿などを展示しており、映画館「松竹座」では、「二十四の瞳」を常時上映している。新施設「キネマの庵」では、1950年代日本映画の黄金期の名作の数々を映像と写真で紹介したギャラリーや、アルマイトの食器が懐かしい給食セットを楽しむこともできる。エンジェルロードは「天使の散歩道」とも呼ばれ、恋人の聖地として存在している。TBS系列で2009年

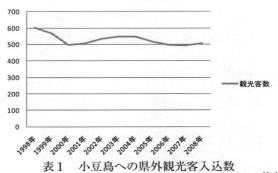

表1　小豆島への県外観光客入込数

筆者作成

に放送された小豆島を舞台にしたドラマであるTBS愛の劇場40周年記念番組「ラブレター」のロケ地にもなった。また、近年ではエンジェルロードとオリーブの葉の間の先端の割れたものをハートに見立てたものでの観光戦略も行っている。

　特産品を利用した物産も多く存在し、しょうゆソフトやつくだにソフトを販売しているところもある。道の駅小豆島オリーブ公園ではオリーブの歴史と共に、オリーブを利用した物産が販売されている。

　また、小豆島内の寺院・山岳霊場・堂庵を巡る小豆島霊場も存在し、四国霊場と寺院の数は同じであるが、10分の1の行程で回ることができる。

　1998年から2008年の10年間の小豆島への県外観光客入込数を見てみると、漸次減少の傾向をたどっているが、2001年に観光客が増加していることを考えるとこれから減少の一途しかたどらないという言い切ることはできない。

3. 内容および分析

(1) 調査の手続き

　本稿では小豆島への観光に対する発地情報の現状を明らかにすることが目的である。観光するにあたって第一の目的となるメイン観光地、小豆島で観光するにあたって用いた情報源、また、観光者の島内における滞在時間と島内における主な交通手段を質問した。アンケートの実施期

間は、2010年12月29日〜2011年１月16日の計８回行った。調査方法は、小豆島にある土庄港でアンケートを配布し、その場で記入してもらった。

（2）調査内容

　小豆島に訪れた観光者からサンプルを回収した。小豆島への観光者30名からアンケートを回収した。そのうち無効は０、有効回答数は30であった。性別の構成は、男性が43％（13人）、女性が57％（17人）であった。年齢構成は10代が６％（２人）、20代が36％（11人）、30代が20％（６人）、40代が10％（３人）、50代が13％（４人）、60代以上が13％（４人）であった。居住地は、香川県が最多で30％（９人）である。ついで、京都府が13％（４人）、神奈川県が10％（３人）である。近県の愛媛県と岡山県はそれらについで６％（２人）という結果になった。職種は、自営業が最多で17％（５人）である。ついで、営業職が13％（４人）で、学生が13％（４人）である。そして、事務職が10％（３人）、パート・アルバイトが10％（３人）であった。年収は、100万円未満が最多で20％（６人）である。ついで、200万円台が17％（５人）、500万円台が17％（５人）であった。同行人数は、２人が47％（14人）で最多である。ついで、４人が27％（８人）であった。構成は、恋人が最多で27％（８人）である。ついで、親子が17％（５人）、夫婦が17％（５人）、友人が17％（５人）であった。

（3）相関分析

　以上のアンケートの結果を用いて相関分析を行った。

　表２より、明らかになったことを述べる。

　第一に、メイン観光地と構成の相関係数 r ＝0.534であり、やや強い相関が認められた。これは、小豆島島内における観光において観光地の属性によって、どういった関係の人と回るかを決めて観光しているということが見て取れる。特に指摘したいのは、恋人の聖地であるエンジェルロードに恋人と行ったと答えた人は、恋人と小豆島を回った人８人に

表2　相関関係表

	メイン	情報量	滞在時間	交通手段	性別	年齢	地域	職種	年収	同行人数	構成
メイン	1										
情報量	0.08519	1									
滞在時間	-0.04734	-0.13896	1								
交通手段	-0.08967	-0.10143	-0.05335	1							
性別	-0.29900	0.04316	-0.16428	-0.30541	1						
年齢	-0.21989	0.41064	-0.11970	0.13625	-0.24048	1					
地域	-0.10355	0.39958	0.10304	0.06786	-0.04630	0.41009	1				
職種	0.21479	0.22224	-0.05844	-0.11406	0.05129	0.02878	0.17950	1			
年収	-0.13156	0.34430	-0.38951	0.18305	0.29858	0.28114	0.04806	0.41584	1		
同行人数	-0.13961	-0.07166	0.03090	0.70537	-0.24361	0.35802	0.25986	-0.11566	0.07350	1	
構成	0.53364	-0.08147	-0.15808	0.21812	-0.24116	0.10625	0.00696	0.20211	0.13234	0.39123	1

対して63%（5人）であったこと。そして、エンジェルロードをメイン観光地として小豆島に来たのは恋人の構成の人のみであったことがあきらかになった。

　第二に、情報量と年代の相関係数 r ＝0.411であり、やや強い相関が認められた。これは、高齢の人ほど情報量が劇的に増加しているということを示しているのではない。つまり、高齢の人ほど情報を多く用いて観光をしているということは見られなかった。

　第三に、情報量と地域の相関係数 r ＝0.400であり、やや強い相関が認められた。ここでの、地域とは観光者の居住地域を示す。これは、小豆島の情報量が小豆島から遠くに行くほど情報量が劇的に増えるということはないということが明らかになった。実際、今回小豆島に来た観光者の87%（26人）が一つの情報量で訪れている。

　第四に、情報量と年収の相関係数 r ＝0.344であり、中ほどの相関が認められた。情報量において言えば、年収との間にあまり関係は見られない。情報量なので、数を示すため、何を利用しているのかが問題になっていないため、特筆するようなことはなかったと考えられる。

　第五に、交通手段と同行人数の相関係数 r ＝0.705であり、かなり強い相関が認められた。小豆島は公共交通手段も充実しており、また、フェリーに自家用車を乗せて訪れることも可能である。そのため、同行者に応じた旅行形態を選択しやすかったということが見て取れる。

（4）t検定

二つの母平均の差の有無を明らかにする t 検定を用いて分析した内容及び結果を述べていく。本稿では 4 つの t 検定を行っていく。

第一に、表3より、100km圏内外において発地情報量の平均に差があるかの有無を検定する。この際の地域とは、小豆島町役場を中心として100km圏内かどうかで二つに分けた。ゆえに、香川県、岡山県、徳島県、兵庫県を100km圏内に入れて考えた。その際、H0：100km圏内外において情報量の平均に差がないとし、H1：100km圏内外において情報量の平均に差があると仮定する。検定の結果、検定統計量Tは、1.628となった。有意水準を5％とすると、棄却限界は1.672となる。片側検定を行うと、検定量T＝1.628は棄却域に入らないため、H0を棄てることができない。このことから、小豆島町役場より100km圏内かどうかによって情報量の平均に差がないということが明らかになった。

第二に、表4より、情報量が単数か複数において年収の平均に差があるかの有無を検定する。ゆえに、発地情報が1つで観光をした人と発地情報が2つ以上で観光をした人に分けた。その際、H0：情報量が単数か複数において年収の平均に差がないとし、H1：情報量が単数か複

表3　100km圏内外において発地情報量の平均の差

(n=30)

	変数1	変数2
平均	1.533	1.267
分散	0.257	0.547
観測数	30.000	30.000
プールされた分散	0.402	
仮説平均との差異	0.000	
自由度	58.000	
t	1.628	
P(T<=t)　片側	0.054	
t境界値　片側	1.672	
P(T<=t)　両側	0.109	
t境界値　両側	2.002	

p<0.05

数において年収の平均に差があると仮定する。検定の結果、検定統計量は、T＝-3.230となった。有意水準を5％とすると、棄却限界は1.672となる。片側検定を行うと、検定統計量T＝-3.230は棄却域に入るため、H0は棄てH1を採択する。このことから情報量が単数か複数において年収の平均に差があるということが明らかになった。

　第三に、表5より世代間によって情報量の平均に差があるかどうかの有無を検定する。1世代30年より、10代から30代と40代以上に分けた。その際、H0：年代間によって情報量の平均に差がないとし、H1：世代によって情報量の平均に差があると仮定する。有意水準を5％とすると、棄却限界は1.672となる。片側検定を行うと、検定統計量T＝−0.617は、棄却域に入らないため、H0を棄てることができない。このことから、世代間によって情報量の平均に差がないということが明らかになった。

　第四に、表6より、公共交通手段を利用しているかどうかにおいて同行人数の平均の差の有無を検証する。その際、H0：公共交通手段を利用しているかどうかにおいて同行人数の平均に差はないとし、H1：公共交通手段を利用しているかどうかにおいて同行人数の平均に差があると仮定する。検定の結果、検定統計量Tは、1.505となった。有意水準

表4　情報量が単数か複数において年収の平均の差

(n=30)

	変数1	変数2
平均	1.138	25.800
分散	0.123	1689.821
観測数	29.000	30.000
プールされた分散	859.794	
仮説平均との差異	0.000	
自由度	57.000	
t	-3.230	
P（T<=t）　片側	0.001	
t境界値　片側	1.672	
P（T<=t）　両側	0.002	
t境界値　両側	2.002	

p<0.05

を5％とすると、棄却限界は1.672となる。片側検定を行うと、検定統計量T＝1.505は、棄却域に入らないため、H0を棄てることができない。

　このことから、公共交通手段を利用しているかどうかにおいて同行人数の平均に差がないことが明らかになった。

表5　世代間によって情報量の平均の差

（n=30）

	変数1	変数2
平均	1.267	1.367
分散	0.547	0.240
観測数	30.000	30.000
プールされた分散	0.394	
仮説平均との差異	0.000	
自由度	58.000	
t	-0.617	
P（T<=t）　片側	0.270	
t境界値　片側	1.672	
P（T<=t）　両側	0.539	
t境界値　両側	2.002	

p<0.05

表6　公共交通手段を利用かどうかにおいての同行人数の平均の差

（n=30）

	変数1	変数2
平均	9.733	3.033
分散	590.409	4.516
観測数	30.000	30.000
プールされた分散	297.463	
仮説平均との差異	0.000	
自由度	58.000	
t	1.505	
P（T<=t）　片側	0.069	
t境界値　片側	1.672	
P（T<=t）　両側	0.138	
t境界値　両側	2.002	

p<0.05

4. 考察

相関分析と t 検定からわかったことをまとめる。

表7　相関分析より明らかになったこと

対　象	関係の強さ
メイン観光地と構成	やや強い相関
情報量と年代	やや強い相関
情報量と地域	やや強い相関
情報量と年収	中ほどの相関
交通手段と同行人数	かなり強い相関

表8　t 検定より明らかになったこと

仮　説	有無
100km圏内外において発地情報量の平均の差	×
情報量が単数か複数において年収の平均の差	○
世代間によって情報量の平均に差があるかどうかの有無	×
公共交通手段を利用しているかどうかにおいて同行人数の平均の差	×

　以上から、小豆島の観光には情報との関係が多く見ることができた。

　小豆島への観光客は、観光をするために小豆島のことを調べて観光をしに来たのではなく、あらかじめ小豆島についてなんらかの形で知っていたと考えられる。近年でいえば、瀬戸内国際芸術祭の影響が大きいといえる。

　今回の小豆島への観光客の情報源はインターネットを利用した人と人づての人が圧倒的に多くともに37％（11人）であった。ついで、パンフレットを利用した人が13％（5人）、雑誌を利用した人が11％（4人）、テレビを利用した人が5％（2人）、ポスターを見てやってきた人が3％（1人）、ラジオを聴いてきた人が3％（1人）、その他の人が5％（2人）という結果になった。

　つまり、小豆島に訪れている観光客のうち60％もの人がインターネットか人づてで情報を得て観光をしているということになる。

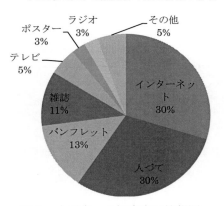

図2　小豆島への観光客の情報源

　木村（2011）によれば、この結果に対して、観光においては個人的な情報の重要性を指摘している。近年では、観光は多様化し、映画やアニメで取り上げられた場所が観光地へと変わる事例も多々存在している。小豆島は、過去何度か映画ロケ地などに利用された場所である。この点に関しても、小豆島への観光の可能性はある。また、大津（2009）は、インターネットの著しい普及によって観光客に対して観光のデータベース化を図ることの提案を行っている。現在の小豆島観光協会のホームページでは、情報の羅列にとどまっており、十分な情報を観光客に与えられていない。

　本稿では、観光客は何の情報もない状態から小豆島を取り上げて、観光を行ったとは考えにくい。あらかじめ、マスメディア等で知っていて、また、改めて情報を得てから小豆島へ観光をしに来ていると考えられる。そのため、小豆島への観光客を増加させるために、ホームページの改善と人づての情報による期待がある。

5. おわりに

　本稿では、小豆島における発地情報の影響を明らかにした。そして、小豆島の現状に則した情報を発信するにはどのような方向性を持っていけばよいのかを提言することができた。しかしながら、今回の調査では

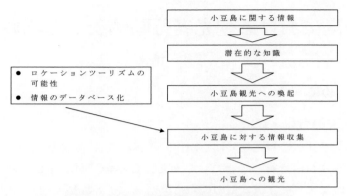

図3　小豆島への観光客の発地情報の影響

小豆島における情報量における差異を距離的に境界づけることはできな
かった。それが今後の課題である。それが、解明できるのであればより
一層の小豆島の観光誘致が期待されると考えている。

参考文献

大津正和（2009）『新たな目的地マーケティングの可能性―多様な消費者ニー
　　ズに対応するテーマ別広域観光情報提供への試み―』「経済理論351」pp43－
　　59

大高利夫（1991）『島嶼大事典』pp272－275

角川春樹（1985）『角川日本地名大事典37香川県』pp1022－1040

香川観光交流局（2009）『平成20年香川県観光客動態調査報告』

香川大学経済学部キムゼミナール（2010）『ゼミナール報告書（教育GPプログ
　　ラム報告）第2号』

木村めぐみ（2011）「映画撮影地における観光現象の可能性に関する一考察：撮
　　影地関連情報に焦点を当てて」『北海道大学コンテンツーリズム協会』pp1
　　－16

参考URL（2011年2月現在）

総務省統計局ホームページ　http://www.e-stat.go.jp

直島における観光者行動調査と地域振興

菅井　浩文

1. はじめに

（1）研究の背景・動機

　これまで日本の観光地では、団体観光客に着目し、団体観光客向けの様々な取り組みを行ってきた。しかし、日本経済が成熟した近年では、かつてのマスツーリズム型の観光形態から、少人数型の観光形態へと変化してきた。この観光形態の変化は観光者行動にも変化をもたらした。マスツーリズム型の観光形態では、観光者が旅行会社などのプラン通りに決められた観光行動をとっていた。一方、少人数型の観光形態では、個々の観光者が各々の価値観、基準を持ってプランを立て、観光者行動を行う場合が多い。金（2007）は、このような観光者行動の変化によって、全国各地の観光地の盛衰に大きな変化がみられるようになったと指摘している。

　観光者行動は、観光に関わる欲求・動機によって生じるものである[1]。早崎（2001）は、観光に関わる欲求・動機といった観光欲望を充足するには、観光者の余暇、経済力、また健康状態や体力、さらに交通手段、自然環境に至るまでの多様的影響から、観光への期待度と満足度の複合期待などといった諸因を充足する必要があると指摘している。そのため、観光者行動は、これら諸因によって影響を受けると考えられる。観光者がそれぞれの価値観・評価軸を持って、観光地を回遊するようになった今日、観光者行動を把握することは、重要であると言える。

　さて、羽生他（2006）によると、効果的な観光政策には、観光者が当該地をどのような像として受け止めているのか、あるいはそうした像を前提とした時に、どのような評価がなされているかを把握することは重

---

[1] 前田勇著（1995）『観光とサービスの心理学』、p.129

要であるということを指摘している。観光者が観光地を評価する際、事前に形成された観光地への期待と事後の評価及び感想を照らし合わせる[2]。この観光前と観光後に存在するのが観光者行動である。このことを踏まえると、観光地及び観光資源の評価には、観光者行動も重要な要素の1つであると言える。このような観光者行動と観光者の評価を関連付けた研究では、矢部（2009）が上野動物園を事例地にして、観光者行動と展示されている動物の評価との関連についての研究を行っている。しかし、GPSを使った研究では、GPSの有効性が確認された研究も多く、観光者行動とその影響を一般化する研究の蓄積は少ない[3]。さらに、矢部（2009）は、既存の観光者行動の研究では、観光者の空間的な分布を明らかにすること、観光者の行動を類型化することに重点が置かれていると指摘している。そのため、観光者行動と観光資源及び観光地への評価との関係性について調査・分析した研究は、あまり例がないといえる[4]。

（2）研究の目的

　そこで、本稿では、香川県直島の本村地区を調査対象地域として、観光資源の満足度と観光者行動との関係性を明らかにすることを目的とする。そのため、GPS及びGISを用いて、観光者の行動軌跡を可視化し、さらにアンケート調査から観光地及び観光資源の満足度について分析を行う。

2. 調査地直島の概要

（1）立地・人口

　直島は香川県高松市から北へ13km、岡山県玉野市から南へ3kmの備

---

[2] 羽生他（2006）は、観光地の評価構造として、観光者が形成した観光地像などの期待要素を保有し、観光者行動によって、観光地を回遊し、観光地全体に対する評価をすると指摘している。
[3] 金（2009）は、観光者行動に関する研究では、事例研究が多く、観光者行動とその影響における関係を一般化するまでには至っていないことを指摘している。
[4] 矢部・有馬・岡村・角野（2009）は、観光者の行動と観光資源への評価との関連については定かではない部分が多いことを指摘している。

讃瀬戸最狭部に位置し、大小27の島々から構成された香川県香川郡直島町の主となる島である。東西２km、南北５km、周囲16km、面積は8.13平方kmで、老化した花崗岩とその風化化土に覆われる丘陵性の島である。平地は少なく、海岸線は瀬戸内海特有の町木にも指定されている白砂青松の自然美が広がっている。島へのアクセスはフェリーで岡山県の宇野港から片道280円で約20分、香川県の高松港から片道510円で約１時間かかる。島内には鉄道、高速道路はなく、香川県道256号が主要な道路として走っている。また、直島町営バスが島内の主要な場所を周っており、島内に居住している人の通勤、通学などの移動手段として利用されている他、観光者が島内の観光資源を周る際にも利用されている。直島町は瀬戸内海地域の特徴をよく現しており、近隣の岡山県玉野市とよく似た気候で年平均気温は15.7℃、年間降水量が706mmである。

　直島町の人口は、減少傾向にあり、平成13年から平成17年までは3,500人以上の人口がいたが、平成21年には3,400人を切っている（図表２参照）。平成20年の人口を年少人口（０～14歳）、生産年齢人口（15～64歳）、老年人口（65歳以上）に分けると、年少人口が11％、生産年齢人口59％、老年人口30％となっている。このことから、少子高齢化が進行していることがわかる。

（2）観光

　直島は現代アートの島として注目されており、2010年７月19日から瀬

図表１　直島の立地

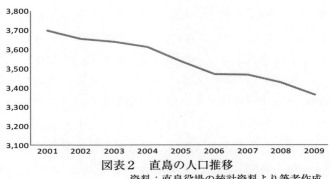

図表2　直島の人口推移
資料：直島役場の統計資料より筆者作成

戸内国際芸術祭が開催される。以前の直島は、現在の三菱マテリアル直島製錬所があることから「製錬所の島」として知られていたが、現在ではアートの島として、観光産業を基幹産業とし、近年直島では観光者が増え、観光産業が大きく島の経済に貢献している。このように、直島がアートの島として注目されるようになったのは、福武書店（現在のベネッセコーポレーション）が直島に参入し「直島文化村構想」を進展させたことが契機である。福武書店は1987年に直島の南側一帯の土地を購入し、1989年に直島国際キャンプ場を、1992年には現代アートを展示する美術館とホテルの機能を複合させた「ベネッセハウスミュージアム」をオープンした。そして、1998年には本村地区の古い民家や寺社を再利用してアーティストに現代アートとして制作してもらう「家プロジェクト」を開始した。家プロジェクトは、チケットを各地の販売所で購入し、本村地区に点在している家プロジェクトが行われている施設に行き、そこで現代アートを楽しむものである。また、2004年には安藤忠雄氏が設計した直島福武美術館財団運営の「地中美術館」が開館した。このようにして直島は「現代アートの島」として確立してきた。

　直島には、これまで述べてきた「ベネッセハウス」「地中美術館」「家プロジェクト」という3か所に9割近くの観光者が訪れている。島内には、観光キャラクターであるすなおくんなどのイラストが描かれている町営バスが運行し、大人100円、子ども50円という価格で島内の観光施

設を結んでいる。バスを利用する観光者は多く、2008年度のバス利用者は1日600人程度であった。さらに、レンタサイクルもあるので島内の移動は便利である。ベネッセハウス、地中美術館、本村ラウンジ＆アーカイブには、500円で自転車を借りることが出来る。また、直島を全国の循環型社会のモデル地域とし、環境調和型まちづくりを進め、町の活性化につなげることを目標に「エコアイランドなおしまプラン」を立てた。また、1990年から2003年までは、観光者入込客数は横ばいであったが、地中美術館が開館した2004年から著しく増加し、2008年の直島町観光者入込客数は342,591人となっている（図表３参照）。2004年以降は、第３次産業の割合が大きく増した。その中でも、サービス業が占める割合は大きく、この時期から観光産業が盛んになってきたといえる。

　現在、観光者は直島に対して、「博物館・郷土資料館・美術館など文化施設が豊富」というイメージを強く持っている[5]。また、同じ瀬戸内圏に存在する犬島でもベネッセによるアートをテーマにした観光での地域再生を行っている。このように、瀬戸内という地域としての魅力度が今後も期待できる場所である。

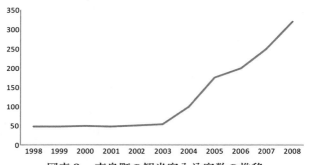

図表３　　直島町の観光客入込客数の推移
資料：直島役場の統計資料より筆者作成

<hr />

[5] 『島旅宣言アイランドツーリズムの実態と展望』では、最近１年間の国内宿泊旅行経験者で、かつ最近３年間に海外旅行を行っている一般の観光者を対象に調査を実施している。

（3）本村地区

　先ほども述べたように、本村地区では、家プロジェクトが行われている。1992年にホテル・美術館の「ベネッセハウス」が建設された当初は島民の関心も薄かったが、家プロジェクトが開催され、徐々に島民の理解を得られるようになってきた。この家プロジェクトは、本村地区の無人の古民家を買い上げて保存・再生し、アーティストが家の空間そのものを作品化したプロジェクトである。1998年に宮島達男が家プロジェクトの第一弾である「角屋」から始まり、現在まで7軒が制作・公開されている。家プロジェクトの参加には、1人1,000円の共通チケットの購入が必要である。15歳以下は無料となっている。また、本村ラウンジ＆アーカイブには毎週土・日・祝日に1人につき500円で6軒の家プロジェクトを巡るツアーも開催されている。また、本村地区には、それぞれの民家に屋号がある。家プロジェクトが行われている古民家には、屋号から名前を取っているものもある。本村地区内の屋号がついた古民家は、89ある[6]。この屋号に関する説明や屋号表札のある家を地図で紹介しているパンフレットもある。また、本村地区には、家プロジェクトの他に、民宿、飲食店、土産物店、文化遺産などもある。本村地区に訪れた

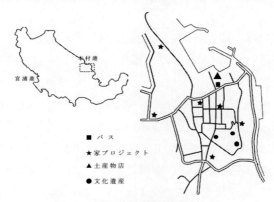

図表4　本村地区の観光スポット

---

[6]　直島町役場企画環境課が制作した「naoshima yago map」には、89の屋号がついた古民家が掲載されている。

観光者の多くは、図表４の「▲」のバス停で降りて本村地区を回遊する。

　平成20年には、約35万人の入込客数のうち家プロジェクトに訪れている観光者は約８万人であり、入込客数全体の３分の１弱の観光者が訪れている[7]。

3. 調査

（1）調査地の選定及び調査の手続き

　本稿では、香川県直島町の本村地区を調査対象地とする。先述したように、直島は近年の観光者の増加が著しい。その上、2010年７月19日から10月31日まで開催された瀬戸内国際芸術祭の会場の一つであり、今後、さらなる観光者の増加が見込まれる。また、直島に訪れた観光者のうち９割近くは、ベネッセハウス、地中美術館、家プロジェクトの３か所に訪れている。これら３か所のうち、ベネッセハウス及び地中美術館は、観光者が観光施設内を決まった順路で行動する。一方、家プロジェクトが行われている本村地区は、古民家が整備されており、町並み景観を観光者が自由に回遊行動を行う。そこで、本稿では、今後、観光者の増加が見込まれ、自由に回遊行動をする直島の本村地区を調査対象地として選定する。

　また、本稿では、観光資源の満足度と観光者行動との関係性を明らかにすることが目的である。そのため、調査では、本村地区を観光目的で回遊する観光者に対し、GPS端末を観光者に配布し、本村地区を回遊した後に、アンケートで本村地区に対する満足度を聞いた。GPS端末の配布及び回収は、本村地区の農協前のバス停で行った。使用したGPS端末はHOLUX M-241である。このGPS端末は130,000ポジションの緯度・経度、時間、高度を記録できる。本稿においては、10秒間隔で測地するように設定し、１人の観光者の回遊につき、約1,000点の測地点を記録することとした。

---

[7]『平成21年直島町観光客等入込数動態調査』による

　測定期間は、2010年8月17日、19日、20日、22日の4日間である。配布した時間は、10時から13時の間で約2時間後に再び、同様のバス停でGPSを回収した。

（2）調査内容

1）評価別の行動結果

　直島の本村地区を観光目的で回遊する1人から4人組の観光者から、上記の期間で、140組にGPSを配布し、回収できて、かつ有効なサンプル数は、81サンプルであった。このサンプルのうち、男性は67人、女性は174人であった。

　次に、GPSを回収した際に行った満足度に関するアンケート結果についてまとめていく。羽生（2006）は、観光者が観光地を評価する際、事前に形成された観光地への期待と事後の評価及び感想を照らし合わせることを指摘している（図表5参照）。これを踏まえ、本稿では、満足度を観光前の期待度から観光後の満足度を引いて出た値を満足度として定義する。期待度から満足度を引いて出た値がプラスであった場合をプラス評価、マイナスであった場合をマイナス評価、0であった場合を同評価とする（図表6参照）。81サンプルの内、プラス評価は31サンプル、同評価は34サンプル、マイナス評価は16サンプルであった。

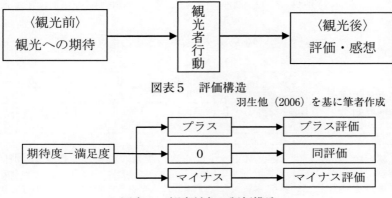

図表5　評価構造

羽生他（2006）を基に筆者作成

図表6　観光対象の評価構造

　最後にGPS端末で記録した観光者行動についてまとめていく。

　GPS端末では、衛星からの電波を受信するため、屋内、周辺環境、衛星の位置などによって、測地の制度が常に変化する。また、同じ場所で複数のGPSを用いてもそれぞれ測地の値は異なっており、GPS端末によって差がある。このような理由のため、GPS端末の測地制度は、約5〜15mの誤差を持っているとされる。そのため、本稿においては、香川県直島町の本村地区に位置していない測地点を分析の対象から外すこととする。

　各評価ごとの家プロジェクトでの滞在時間を調べるため、10秒間隔で測地したすべての点において半径25m以内の測地点の数を集計した[8]。これを本村地区を回遊したすべての観光者に行い、それぞれの家プロジェクトでの滞在時間、本村地区での総滞在時間を測定した。また、GPS端末では、10秒間隔で測地した点と点との間の移動距離も測定できる。これを用いて、観光者の本村地区での移動距離を測定した。このように、本村地区を回遊した観光者の家プロジェクトでの滞在時間、本村地区での総滞在時間、移動距離を測定した。そして、それぞれの平均値を出し、比較する。

　家プロジェクトのそれぞれの滞在時間では、「はいしゃ」以外の家プロジェクトでプラス評価の滞在時間が最も長くなっている（図表7参照）。同評価とマイナス評価の家プロジェクトでの滞在時間は、ほぼ同じである。本村地区での移動距離では、プラス評価の移動距離が最も

図表7　各評価の家プロジェクトでの滞在時間

単位：分

	南寺	はいしゃ	石橋	角屋	碁会所	護王神社
プラス評価	19.5	10.0	9.7	8.9	8.9	10.2
同評価	16.4	10.0	6.0	7.1	7.4	8.1
マイナス評価	17.5	11.0	6.4	7.9	6.5	8.4

[8] 村越・金（2009）は、観光スポットから次の観光スポットまでの移動が何度行われているか（トリップ数）を集計するために、半径25mでバッファをかけて測地点を集計している。本稿ではこれに倣い、すべての測地点に半径25mのバッファをかけて観光スポットの滞在時間を計算した。

長くなっている（図表8参照）。同評価、マイナス評価の移動距離は約3,300mであり、ほぼ同じである。本村地区での総滞在時間は、プラス評価が135分と最も滞在時間が長くなっている（図表8参照）。同評価の総滞在時間は94分、マイナス評価の総滞在時間は110分である。家プロジェクトでの滞在時間、移動距離、本村地区での総滞在時間のすべてでプラス評価が高い値を出している。一方、同評価、マイナス評価ともにほとんど同じ値を出しており、プラス評価よりも低い値である。

2）グループ構成別の行動結果

　次に、グループ構成による家プロジェクトでの滞在時間、移動距離、本村地区での総滞在時間、歩行速度について述べていく。本村地区での移動距離では、恋人が4,701mと最も回遊距離が長く、家族・夫婦が比較的短くなっている（図表9参照）。また、総滞在時間は、1人の観光者が86.9分、家族・夫婦が98.5分、友人・知人が117.5分、恋人が140.3分である。恋人の滞在時間が一番長くなっている。平均速度では、1人の観光者が0.67m／sと他のグループ構成の観光者より早くなっている。以上を踏まえて、グループ構成による特徴を述べていく。まず、1人の観光者は滞在時間が短く、平均速度が速くなっている。一方、恋人は各観光施設での滞在時間が長く、それに伴い、本村地区での総滞在時間も長くなっており、平均速度も比較的遅い。家族・夫婦は移動距離が一番短く、総滞在時間も短い。友人・知人は移動距離、総滞在時間ともに他の

図表8　各評価の移動距離・総滞在時間

	移動距離	総滞在時間
プラス評価	3,682m	135分
同評価	3,324m	94分
マイナス評価	3,316m	110分

図表9　グループ構成による移動距離・平均速度・総滞在時間

	移動距離	平均速度	総滞在時間
1人	3,399m	0.67m／s	86.9分
家族・夫婦	2,955m	0.59m／s	98.5分
友人・知人	3,289m	0.61m／s	117.5分
恋人	4,701m	0.62m／s	140.3分

グループと比べて、中間の値をとっている。

3）居住地別の行動結果

　次に居住地による家プロジェクトでの滞在時間、移動距離、本村地区での総滞在時間、歩行速度について述べていく。今回の調査では、東日本からの観光者は、関東地方から訪れた人がほとんどで、わずかに東北、東海の観光者がいた。そのため、関東地方、東北地方、東海地方からの観光者を東日本とまとめることにした。本村地区での移動距離では、東日本が一番長く、四国、近畿、九州、中国という順番になっている。平均速度では、東日本、九州が速く、近畿、中国、四国は平均速度が比較して遅くなっている。総滞在時間では、四国の観光者が一番長く、東日本、九州からの観光者は短くなっている。

4）年代別の行動結果

　次に、年代別による家プロジェクトでの滞在時間、移動距離、本村地区での総滞在時間、歩行速度について述べていく。今回の調査では、10代及び60代のサンプル数が少なかったため、10代と20代をまとめ、50代と60代をまとめることとした。本村地区での移動距離では、10～20代、30代が長く、40代、50～60代と年齢が上がるにつれて移動距離が短くなっている。総滞在時間においても、年齢が上がるにつれ、滞在時間が

図表10　居住地による移動距離・平均速度・総滞在時間

	移動距離	平均速度	総滞在時間
東日本	3,561m	0.64m／s	105.4分
近畿	3,288m	0.55m／s	115分
中国	2,776m	0.53m／s	133分
四国	3,436m	0.54m／s	141分
九州	3,142m	0.64m／s	103分

図表11　年代別の移動距離・平均速度・総滞在時間

	移動距離	平均速度	総滞在時間
10～20代	3,554m	0.61m／s	120.1分
30代	3,609m	0.63m／s	118分
40代	2,894m	0.58m／s	99.1分
50～60代	2,777m	0.62m／s	82.9分

短くなっている。移動速度においては40代が比較的遅くなっているが、他の年代とあまり変わりない。

4. 分析・考察

（1）観光者行動と評価との関連について

　本稿では、前述の通り、観光者の観光資源に対する評価を「観光前の期待度」と「観光後の満足度」の差と定義した。その上で、Ⅲ．調査では、プラス評価、同評価、マイナス評価に分け、各評価について家プロジェクトの滞在時間、本村地区の移動距離、移動速度、本村地区での総滞在時間を測定した。本研究では、観光資源の満足度と観光者行動との関係性を明らかにすることが目的であるので、各評価と観光者行動との関係性を詳細にみていく。

　図表12は、各評価と本村地区での総滞在時間、移動距離、移動速度、リピーターの増減を相対的に比較して表したものである。矢印が右斜め上の場合、他の評価と比較して値が大きいことを表している。イコールの場合は、各評価と比較しても、ほとんど差がないということを表している。これより、本村地区での総滞在時間と移動距離はプラス評価が相対的にみて、最も高い数値を出している。今回の調査では、家プロジェクトにおける滞在時間が長かった観光者、本村地区での滞在時間が長かった観光者、移動距離が長かった観光者がプラス評価であった。つまり、家プロジェクトでの滞在時間、本村地区での滞在時間及び移動距離が長ければ、プラス評価になるといえる。一方、家プロジェクトにおける滞在時間、本村地区での滞在時間及び移動距離が短くなれば、同評価、マイナス評価につながるといえる。

図表12　各評価と観光者行動の分類

	プラス評価	同評価	マイナス評価
総滞在時間	↗	↘	↘
移動距離	↗	↘	↘
平均速度	=	=	=

（2）観光者の評価のプロセス

　以上を踏まえて、観光者の評価に至るまでのプロセスが明らかになった（図表13参照）。観光者は、観光に対する期待度が増し、実際に観光者行動を起こす。そして、それ以降の観光者行動の違いによって満足度に変化が生じると考えられる[9]。前述したように、滞在時間及び移動距離が長くなった観光者はプラス評価につながる。そして、プラス評価につながれば、満足につながる。一方、滞在時間及び移動距離が短くなった観光者は同評価、マイナス評価につながる。そして、期待通り、もしくは不満足につながるのである。このような行動と評価との関連を踏まえて、観光欲求段階、観光行動段階、評価段階に分類することができた。観光欲求段階では、「費用」・「時間」・「情報」といった観光者行動成立の要件を満たしつつ、観光欲求を高め、観光地に対しての期待度を上げている段階である。この段階では、観光パンフレットやインターネットといった媒介で情報を仕入れ、観光地に対するイメージを形成している。この段階で観光に関する欲求を高め、観光者行動に移る[10]。観光行動段階では、滞在時間・移動距離が長くなった観光者と滞在時間・移動距離が短くなった観光者に分かれる。滞在時間・移動距離が長くなった観光者はプラス評価、そして満足につながる。一方、滞在時間・移動距離が短くなった観光者は同評価またはマイナス評価につながり、そして期待通りもしくは不満足につながる。このようなプロセスを経て観光者は評価を行う。

　このプロセスにより、観光者行動と満足度に関する関係性が明らかになった。家プロジェクトでの滞在時間、本村地区での滞在時間及び移動

---

[9] 本研究においては、滞在時間と移動距離との相関関係がみられた。そのため、滞在時間が長くなれば、移動距離も長くなる、また、滞在時間が短くなれば、移動距離も短くなる。この条件に当てはまらない場合は、本研究では考慮しないこととする。例えば、「滞在時間が長く、移動距離は短い」といった状況は、本研究では考えられないため、考慮しないということである。

[10] 前田勇著（1995）『観光とサービスの心理学』p.129では、観光者行動は観光への欲求・動機によって生じると述べられている。

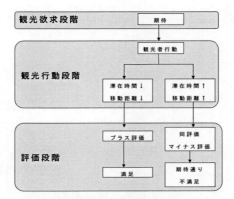

図表13　観光者の評価のプロセス

距離が長くなれば満足という評価を得られる。本村地区において観光者の満足を得られるようにするためには、観光者の滞在時間・移動距離を長くするような工夫が必要であるといえる。また、松尾・菅井・野口（2009）は、観光地における満足度の向上が再来訪意欲・紹介意向につながることを指摘している。つまり、観光者の滞在時間・移動距離を長くすれば、リピーターや口コミも増加するといえる。

（2）　グループ構成ごとの行動結果

　次に、グループ構成による本村地区での移動距離、総滞在時間、歩行速度について述べていく。本村地区での移動距離では、恋人が4,701mと最も回遊距離が長く、家族・夫婦が比較的短くなっている（図表14参照）。また、総滞在時間は、1人の観光者が86.9分、家族・夫婦が98.5分、友人・知人が117.5分、恋人が140.3分である。恋人の滞在時間が一番長くなっている。平均速度では、1人の観光者が0.67m/sと他のグループ構成の観光者より速くなっている。以上を踏まえて、グループ構成による特徴を述べていく。まず、1人の観光者は滞在時間が短く、平均速度が速くなっている。一方、恋人は各観光施設での滞在時間が長く、それに伴い、本村地区での総滞在時間も長くなっており、平均速度も比較的遅い。家族・夫婦は移動距離が一番短く、総滞在時間も短い。友人・知

人は移動距離、総滞在時間ともに他のグループと比べて、中間の値を
とっている。

（3）居住地別の行動結果

　次に居住地による本村地区での移動距離、総滞在時間、歩行速度につ
いて述べていく。今回の調査では、東日本からの観光者は、関東地方か
ら訪れた人がほとんどで、わずかに東北、東海の観光者がいた。そのた
め、関東地方、東北地方、東海地方からの観光者を東日本とまとめるこ
とにした。本村地区での移動距離では、東日本が一番長く、四国、近
畿、九州、中国という順番になっている。平均速度では、東日本、九州
が速く、近畿、中国、四国は平均速度が比較して遅くなっている。総滞
在時間では、四国の観光者が一番長く、東日本、九州からの観光者は短
くなっている。このように、居住地別にみると、中国・四国といった直
島から比較的近い観光地であれば、滞在時間が長くなるという特徴があ
る。一方、近畿、東日本、九州と直島から遠くなれば、滞在時間が短く
なり、平均速度が速くなっている。遠方から訪れている観光者は、観光
する時間が限られており、効率的に多くの観光資源をみるために、短い
時間で、早く回遊していると考えられる。しかし、今回の調査では、瀬

図表14　グループ構成による移動距離・平均速度・総滞在時間

	移動距離	平均速度	総滞在時間
1人	3,399m	0.67m／s	86.9分
家族・夫婦	2,955m	0.59m／s	98.5分
友人・知人	3,289m	0.61m／s	117.5分
恋人	4,701m	0.62m／s	140.3分

図表15　居住地別による移動距離・平均速度・総滞在時間

	移動距離	平均速度	総滞在時間
東日本	3,561m	0.64m／s	105.4分
近畿	3,288m	0.55m／s	115分
中国	2,776m	0.53m／s	133分
四国	3,436m	0.54m／s	141分
九州	3,142m	0.64m／s	103分

戸内国際芸術祭といった大きなイベント中での調査であったため、デー
タに偏りがあったことも考えられる。

（4）年齢別の行動結果

　次に、年代別による本村地区での移動距離、総滞在時間、歩行速度に
ついて述べていく。今回の調査では、10代及び60代のサンプル数が少な
かったため、10代と20代をまとめ、50代と60代をまとめることとした。
本村地区での移動距離では、10〜20代、30代が長く、40代、50〜60代と
年齢が上がるにつれて移動距離が短くなっている。総滞在時間において
も、年齢が上がるにつれ、滞在時間が短くなっている。移動速度におい
ては40代が比較的遅くなっているが、他の年代とあまり変わりない。

（5）まとめ

　観光者行動をグループ構成・居住地・年代といった項目によって分類
して分析することにより、本村地区におけるそれぞれの観光者行動の特
徴が明らかになった。以上のような行動の差をまとめ図表17、図表18、
図表19に表記した。矢印が斜め上に向いている場合、他の項目と比較し
て、相対的に値が大きいということになる。また、矢印が斜め下を向い
ている場合、他項目と比較して相対的に値が小さいということになる。
イコールで表記しているものは、他の項目と比較しても、あまり変わら
ないことを表している。

　グループ構成では、1人の観光者の総滞在時間が短く、平均速度が速
いこと、そして、恋人の滞在時間及び移動距離が長いことが特徴であ
る。居住地別では、直島から遠ざかるほど、滞在時間が短く、平均速度

図表16　年齢別による移動距離・平均速度・総滞在時間

	移動距離	平均速度	総滞在時間
10〜20代	3,554m	0.61m／s	120.1分
30代	3,609m	0.63m／s	118分
40代	2,894m	0.58m／s	99.1分
50〜60代	2,777m	0.62m／s	82.9分

が長いことが特徴である。年齢別では、若年層ほど、滞在時間・移動距離が長くなっていることが特徴である。このように、本研究では、本村地区における観光者行動の特徴が明らかになった。

（6）観光者行動の特徴からみた直島の提案

　本研究では、本村地区におけるグループ構成・居住地・年代別による観光者行動の特徴を把握することができた。本村地区における観光者の行動より、3つのルートの提案を行う。

　第1のルートは、「主要な観光スポットを楽しむルート」である。このルートは、観光する時間もあり、本村地区をほどよく観光したい観光者に向いているルートである。このルートにニーズがあると考えられる観光者は、1人での観光者、東日本・九州からの観光者、若年層の観光

図表17　グループ構成別による行動比較

グループ構成	総滞在時間	移動距離	平均速度
1人	↘	=	↗
家族・夫婦	↘	↘	=
友人・知人	=	=	=
恋人	↗	↗	=

図表18　居住地別による行動比較

居住地	総滞在時間	移動距離	平均速度
東日本	↘	↗	↗
近畿	=	=	↘
中国	↗	↘	↘
四国	↗	↗	↘
九州	↘	=	↗

図表19　年代別による行動比較

年　代	総滞在時間	移動距離	平均速度
10～30代	↗	↗	=
40～60代	↘	↘	=

者である。

　第2のルートは、「主要な観光スポットとそれ以外の場所も楽しむルート」である。このルートは、十分に観光する時間もあり、本村地区をすみずみまで観光したい観光者に向いているルートである。このルートにニーズがあると考えられる観光者は、恋人、近畿・中国・四国からの観光者、若年層の観光者である。

　第3のルートは、「見どころだけを楽しむルート」である。このルートは、あまり観光する時間がなく、本村地区の中でも、特に見どころとなるポイントだけを観光したい人に向いているルートである。東日本・九州からの観光者、中高年の観光者にニーズがあると考えられる。

　この3つのルートを基に、ルートをマップに掲載することで、より観光者のニーズに合った回遊行動が行われると考える。

5. おわりに

　本稿では、GPS及びGISによる分析で、滞在時間、移動距離、歩行速度といった観光者行動を把握した。また、アンケート調査によって、観光者の満足度を把握した。そして、観光資源の満足度と観光者行動との関係を明らかにすることができた。そこから、観光者の観光資源に対する評価のプロセスを明らかにすることが出来た。また、グループ構成・居住地・年齢と観光者行動との比較により、それぞれの観光者行動の傾向を明らかにすることが出来た。さらにそこから、直島の本村地区における観光ルートを提案することができた。

　今回、直島の本村地区を事例として取り上げたが、他の地域のまち並み観光地の観光者行動が本稿と同じ結果になるとはいえない。しかし、他の事例地で観光者行動研究を行う際、本稿で行った調査手法や明らかになった傾向が役に立つことを期待したい。

参考文献

伊藤美穂・松本直司（2008）「都市における街路空間の魅力と歩行速度の関係」『日本建築学会大会学術講演梗概集』pp.589-590.

金徳謙（2007）「東かがわ市引田町にみる空間構造と観光者の回遊行動」『新しい観光の諸相』pp.99-117.

金徳謙（2009）「観光行動論の視点からみる観光研究」『観光学へのアプローチ』pp.39-53.

佐々木土師二（2007）『観光旅行の心理学』北大路書房

佐藤彩（2009）「直島にみる観光地化の過程」『ゼミナール報告書（教育GPプログラム報告）　第2号　香川大学　経済学部　キムゼミナール』pp.77-105.

白川洋・歌川由香・福井良太郎・重野寛・岡田謙一（2003）「歩行者ナビゲーションのための歩行履歴情報の分析手法」『社団法人　情報処理学会　研究報告』pp.69-76.

直島町役場（2009）『平成21年直島町観光客等入込数動態調査』

野村幸子・岸本達也（2006）「GPS・GISを用いた鎌倉市における観光客の歩行行動調査とアクティビティの分析」『日本建築学会総合論文誌』第4号、pp.72-77.

橋本俊哉（1993）「徒歩スケールの観光回遊に関する研究　飛騨高山での外国人観光者の回遊実態の分析」『日本観光研究者連合機関誌』vol.5、pp.11-20.

羽生冬佳・森田義規・小久保恵三・十代田朗・津々見崇（2006）「来訪者の観光地評価の構造に関する研究」『日本造園学会誌』pp.301-306.

前田勇編著（1995）『観光とサービスの心理学』学文社

前田勇編著（2009）『現代観光総論』学文社

松尾圭悟・菅井浩文・野口浩輝（2009）「観光地における観光者の行動と評価に関する研究」『平成21年度　中四国経済ゼミナール討論大会　香川大学大会　大会報告書』

溝上章志・朝倉康夫・古市英士・亀山正博（2000）「観光地魅力度と周遊行動を考慮した観光交通受容の予測システム」『土木学会論文集』No.639、VI-46、pp.65-75.

矢部直人・有馬貴之・岡村祐・角野貴信（2009）「上野動物園におけるGPSを用いた来園者行動の分析」『日本観光研究学会全国大会学術論文集』No.24、pp.229-232.

直島と犬島にみる観光地形成過程

佐藤　彩

I. 問題の提起

　直島は香川県に属している。現代アートの島として近年注目を浴びている島だ。直島では、島を文化的な場所にしたいという意向で直島町長・三宅親連と福武書店の創業者・福武哲彦（現・ベネッセコーポレーション）との間で意見が一致し、跡を継いだ福武總一郎が1987年に一帯の土地を購入したことから開発がスタートした。その後、ベネッセハウスや地中美術館が建設され、現在では日本のみならず、世界中から注目される島となっている。

　犬島は岡山県に属している。犬島では、直島と同様にベネッセが開発を手掛けており、精錬所付近を使った恒久的なアートワークの設置を行う産業遺産の開発がなされていて、2008年4月には「犬島アートプロジェクト精錬所」が開館している。犬島は、直島に次ぐ芸術の島である。

　直島と犬島は、2010年7月19日から10月31日の期間に開催された瀬戸内国際芸術祭で、豊島・女木島・男木島・小豆島・大島と高松港周辺と共に舞台となった島である。芸術祭の舞台となった島々は古来、瀬戸内の海上交通の要路に位置し、日本各地と大陸からの新しい文化に触れながら、世界でこの瀬戸内海にしかない生活様式や風俗習慣が育まれてきたところだ。だが、高度経済成長の過程で取り残され、過疎と高齢化が進み、地域活力の低下に伴って、島の固有性が失われつつあった。そのような負の遺産を逆にバネにして、現代美術で島の個性を生かしながら再生したいという思いで開催された。

　地域振興として、直島では現代アートを中心に発展し、犬島は産業遺産を中心に発展してきたと言える。その発展の際に重要だったのが、ベネッセによる民間の力だ。観光開発には民間、とりわけ地域住民による力が大切であると推測できる。これは黒川、安心院、湯布院を例に、

数々の調査によって取りあげられている[1]。今回調査する直島と犬島も、同じ瀬戸内海の島で、かつ民間のベネッセが主体となって観光開発に取り組んでいる。また瀬戸内海には多数の島々があり、観光地化している島である小豆島については数多くの文献で取り上げられているが、直島と犬島における研究は小豆島ほど多くはなく、本稿のような観光地化の過程を取り上げた研究は見当たらない。

　以上をふまえ、本稿では、瀬戸内海において芸術を武器に発展している直島と犬島の両者が、観光地化していく際に、それぞれどのような過程を踏まえて発展してきたのかを比較し明らかにすることを目的に論を展開していく。調査方法には時系列分析を用いる。

Ⅱ. 概要

1. 立地

（1）直島の立地

　直島町は、瀬戸内海東部にあり、直島を中心とした大小27の島々から成っていて、備讃瀬戸最狭部に位置している。気候は瀬戸内式気候であり、日本各地よりも降水量が少なく乾燥し、冬季と夏季の寒暖の差が少なく年間を通じて日照時間が多い。直島町は、高松市付近よりも温暖である。

　産業面は、中核として三菱マテリアルの直島製錬所があり、大正時代より銅の製錬を行ってきた。関連企業を含め、金などの製錬業が盛んで、特に金は日本一の生産を誇る。また、島の周辺海域にてハマチ、海苔などの養殖業が盛んで、県内生産高の高い割合を占めている。

　直島町の人口は、3,323人（2010年1月1日現在）であり、1994年から2010年の人口推移は図Ⅱ−2のようになっている。人口は年々減少傾向にある。また、観光者数は360,087人であり、対前年比5.1％の増加と

---

[1] 猪爪範子「湯布院町における観光地形成の過程と展望」、1992年、「碧い風」編集長 城市創『地域資源を活用した「観光地域づくり」取り組み例』、安心院町商工歓交課グリーンツーリズム推進係長 河野洋一「月刊 地域づくり 大分県安心院町 農家民泊から農村民泊へ 官民協働で "安心院型" GTを推進」、2003年、などのような研究や書物が挙げられる。

なっている（2009年）。直島の主な観光施設は、島南部にあるベネッセアートサイト直島、地中美術館、2010年に新設された李禹煥美術館、ふるさと海の家「つつじ荘」、直島つり公園などだ。図Ⅱ－2からも分かるように、直島の観光者数は右肩上がりとなっており、地中美術館が開館した2004年に一気に10万人にまで達した。

（2）犬島の立地

　犬島は、岡山県岡山市東区宝伝の沖約3kmの周囲約4kmに位置し、瀬戸内海に浮かぶ40世帯、人口約60人弱の岡山市で唯一の有人島だ。全島が花崗岩からなっている。気候は四季を通じて温暖で、瀬戸内式気候であり、冬も霜が降りることの少ない温かな島だ。

　産業面について、犬島は花崗岩の産出で知られ、大坂城築城のほか、明治以降の大阪港築港の際には礎石の切り出し場となるなど、大阪の建設と縁が深い。また、1909年から1919年まで島の東南部で銅の精錬を行っていた。なお、農業・漁業は発展していない。

図Ⅱ-1　瀬戸内海の島々と直島、犬島

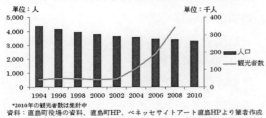

*2010年の観光者数は集計中
資料：直島町役場の資料、直島町HP、ベネッセサイトアート直島HPより筆者作成

図Ⅱ-2　直島町の人口、観光者数の推移

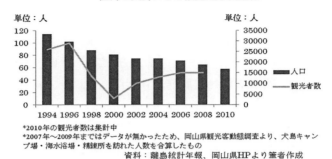

図Ⅱ-3　犬島の人口、観光者数の推移

　犬島の人口は、57人（2010年3月31日現在）であり、1994年から2010年の人口推移は図Ⅱ-3のようになっている。人口は年々減少傾向にあり、高齢化が進んでいる。また、観光者数は、2000年代前半は低迷していたものの、精錬所がオープンした2008年度から、徐々に増加し、2010年夏に開催された瀬戸内国際芸術祭では、100日間の間に84,458人もの観光者が訪れた。

2. 交通

　直島までは、フェリーでの移動になる。香川県の高松港と直島の宮浦港までの所要時間は約1時間で、岡山県の宇野港から直島の宮浦港間の所要時間は約20分だ。直島内での移動は、町営バス・タクシー・自転車・徒歩である。町営バスの運賃は、どこへ行くにも中学生以上の大人の場合、片道100円で、小学生以下は半額の50円だ。自転車は、島内にレンタサイクルもあるが、フェリーに乗せて持って行くこともできる。

　犬島までは、直島と同じくフェリーと高速船または定期船での移動になる。香川県の高松港から行く場合は、まず直島の宮浦港までフェリーで行き、そこから高速船に乗って豊島の家浦港を経由して犬島港へと行く。高松港からの所要時間は約2時間だ。また、岡山県から行く場合は、西宝伝から徒歩5分の西宝伝港から犬島港まで定期船で、約10分で犬島港に到着する。以上をまとめたのが表Ⅱ-1である。

表Ⅱ-1　直島と犬島の基本的比較

	直　島	犬　島
人　口	過疎化、高齢化	過疎化、高齢化
産　業	第一次産業（漁業）、第二次産業（製錬業）、第三次産業（観光）栄える	第一次（農業・漁業）は栄えず第二次産業（採石業・製錬業）、第三次産業（観光）栄える
立　地	瀬戸内海の離島	瀬戸内海の離島
ベネッセ	島を文化的な場所にしたい	製錬所跡地から歴史と文化の犬島を全国に発信しよう

Ⅲ. 直島

　本稿の目的が観光地形成過程を明らかにすることであるので、まず年代ごとに工業施設と観光施設に分けて時系列分析を行う。大正前期と1920年代〜1940年代を工業化期、1950年代〜1980年代を環境配慮期、1990年代と2000年代以後をパラダイム転換期においてグルーピングを行う。そして、環境への影響、経済性、住民の同意、観光者誘致の4項目を工業、観光施設それぞれについて有無分類を行い、その上で比較分析を用いる。4項目のうち、経済性と環境への影響を基に2次元プロットを用い、直島の変容の過程を考察する。なお、2次元プロットは4事象に区分できる。Ⅰは、経済性はあるが環境への影響もあるため、観光地としてよく見られるパターンである。またⅡは経済性もないし、環境への影響もあるパターンであり、観光地としては望ましくないパターンだ。Ⅲは経済性がなく、環境への影響もないパターンだ。工業地化・観光地化以前の地域である。Ⅳは、経済性もあり、環境への影響もないというパターンで、最も理想的であると言える。

1. 工業化期

(1) 明治後期

　この時期は、歳入額に比べて歳出額が超過する年が多く、直島村の村財政が行き詰った状態であった。そのうえ村内の人口が1905年から1915年までの10年間に約27.1％増加していたため、村長も村議会も、村財政

の抜本的な建て直しを考えるところにきていた。当時の村長である松島村長にとっては、島内の土地と労働力の有効利用には、島外からの有力企業の誘致しかないという考えを強く持っていた。

（2）大正前期

　第一次世界大戦の好景気に日本は包まれていた。産業界は受注に応えて、工場における増産に次ぐ増産に転じていたが、その影響は基本資材としての金属精錬の必要度を更に高めることとなった。特に、財閥系企業の銅精錬所設置の傾向が表面化してきた。

　三菱合資会社が製錬所新設のため、その場所を瀬戸内海の島嶼部に求めているという情報が流れ、松村市長はこの製錬所の直島誘致に積極的に取り掛かった。松村市長は、三菱合資会社の製錬所設置の意向を岡山市の藤江久四郎氏から聞き、調査後の三菱側が積極的に直島立地に踏み切り、藤江氏を通じて松村村長と接触し、地元側の意向を打診した。

　直島立地は、煙害問題がほとんど心配ないというところから始まった。直島が適地であるという立地条件の第一の項目が、煙害問題を免れることのできる位地となっていることは、当時、三菱合資会社がこの煙害問題に大きな関心を持っていたということを明瞭に示している。

　誘致に対する村の対応はというと、地主会側の主な意見は、煙害の程度及びその賠償方法は実地調査をふまえて決めるべきで、それを行わずに村是と認めるのは不可であるというもの、農作物への煙害によって、小作者が放棄した場合、減収の場合などによって農地が荒蕪地になってしまったらどうするのかというものなどがあった。

　７月６日の村会において、会社側はすでに製錬所の直島設置に決定し、土地買収価格の差額金の半額は会社が負担、直島村側の希望条件については、会社直営事業を除き直島村へ権利を付与し、煙害賠償については、村長立ち会いの上調査決定の趣旨を村長名義で会社と契約するようにしたいと報告し、村会の同意を得た。

　このような過程をふまえて、詳細な施設設置計画を立てた上で、会社側は、1917年４月１日に、直島製錬所建設事務所を設置し、建設作業の

準備に入り、10月1日に直島製錬所を開設した。操業が開始されると、島の北半分および周囲の島々の木々は煙害でほとんど枯れて禿山となってしまった。しかし、直島は三菱鉱業の企業城下町として一気に発展し、人口増加と豊かな税源、総合病院や映画・芝居等の娯楽など、瀬戸内の離島はおろか香川県内でも有数の豊かな生活が手に入った。

(3) 1920年代

　大正期後半から、直島村の経済は、三菱鉱業の直島製錬所によって大きく影響されることになった。財政経済面における数量的なものから、村民の社会生活に関わるものまで、かなり広範なものであった。特に、製錬所誘致によって村に与えられた経済的な権利は様々なものがあった。また、三菱側は地元の経済効果を考え、進出後、製錬所への工員の採用を地元で行っていた。

(4) 1930年代

　1929年に起きたアメリカ発端の世界恐慌の波が押し寄せた時期である。日本経済が不況の真っただ中に入ると、銅精錬の事業そのものに不安定さが現れてきた。この不況を乗り切るために、三菱鉱業は合理化政策を行うこととなった。1930年11月、不景気対策として、操業の合理化、経費の節減を図るため、年齢の高い労働者を中心に解雇した。その後も解雇は行われ、1930年5月末現在で551名であった労働者が1932年12月末で、221名となっており、半分以下に激減した。さらに、『直島製錬所史』によると、1931年11月30日、不況対策として労働者賃金の引き下げを行っている。現状の苦しいことを説明して、理解を得た上でのことであった。1931年度の直島村事務報告書によると、特に本村への影響が大きいものは製錬所の事業であり、二次、三次の事業整理、解雇を実施しているため、直島の経済は急激に低落しており、このことが一般に、村民の生活を苦しくした。

　1934年末には、製錬所で硫酸の製造が開始されており、引き続き1935年3月に、亜鉛製錬の操業も始まっている。さらに、銅鉱製錬の処理による鉱量も、この頃から激増しており、製錬所付近の農作物に与える影響

もかなり激化した。そのうえ、被害の及ぶ範囲も、直島諸島内にとどまらず、対岸の岡山県児島郡玉、日比町および胸上村石島などにまで拡大し、それぞれの関係の町村役場から補償要求が提出された。煙害補償問題は、一般の公害補償問題と同様に、周辺環境への被害の実態の把握、現状の回復と被害に対する補償金の支払い、以後の取り扱いが解決策であり、直島製錬所を発生源とする鉱煙被害も、双方の意見を調整しながら継続的に続けられ、完全な意味での解決は、太平洋戦争後に持ち越される。

　ここで初めて観光の話が出てくる。1934年に香川県を中心とした区域指定で、瀬戸内海国立公園が誕生した。日本の国立公園法は1931年に制定されているが、その趣旨は変化に富み、美しい景観をもった日本の自然の風景を国立公園として指定し、内外に知らせるとともに、その環境の保全保護を図り、国民の保健・休養・文化の育成をバックアップするもので、土地所有とは切り離した「地域指定」であった。法律の施行後3年目に、国立公園第一号として瀬戸内海が指定されたため、その意義は大きい。そして、特別施設として1934年3月16日に直島の琴弾地やその他の景勝地が正式決定した。

(5) 1940年代

　この年代に限られたことではないが、1945年の終戦の年を境とする戦中戦後の約20年余りは、直島の地域内経済としては製錬所を核としながらも、教育・文化を含めて、直島の社会構成の内容充実化が進んだ一段階であったと言える。戦争の激化とともに、島内から召集令状を受けて戦地へ赴く村民も増えていることから、戦時下の製錬所が生産拡大のため、工場要員の増加を図っていたことも大きく影響していると思われる。

2. 環境配慮期

(1) 1950年代

　戦後10年が近付く時期である。国内の地方自治体にもようやく落ち着いて足元を見直す余裕が訪れた。町村合併に関して、直島の場合は、一自治体としての標準規模を備えていることから、単独で町への昇格が考

えられた。

　観光面については、1954年4月の町制施行を境に、新しい自治体とし
ての町内整備も順調に進み、町の行政施策も、徐々に新しい産業として
の観光事業に注目するようになる。1955年に直島女文楽の県無形文化財
指定、牛ヶ首島の日蓮上人の再建起工式、1956年に直島バス開通など、
観光基盤も広がっていった。1957年、町議会は観光委員会を設置し、観
光開発計画を立案するための協議と調査活動を開始した。同委員会は、
1958年6月、観光先進地の小豆島から堀本文治小豆島バス社長を招いて
町内を視察し、開発計画について意見を求めた。この時期に、議会観光
委員会が町内の観光資源として考えていたのは、①屏風七浦と呼ばれる
町北部の多島海美②近県随一と自負する地蔵山からの展望③琴弾地海水
浴場④タヌキ島自然動物園の柏島⑤崇徳上皇関係遺跡⑥日蓮上人⑦喜兵
衛島古代製塩遺跡⑧東洋一の直島製錬所⑨伝統漁法の鯛網⑩揚島と喜兵
衛島のハマチ養魚場⑪村田真珠養殖場⑫立体塩田などで、名所巡りのよ
うな色彩の濃いものであった。現地を視察した堀本社長は、町内には多
くの観光要素があると認めたうえで、「直島の観光開発は、産業と観光、
2つの面の独得な持ち味を生かし、気長に推進する必要がある。開発成
功のポイントは、海路の交通の便を図るとともに、海上タクシーによる
島めぐりが必要で、玉野市を切り離しての観光開発はあり得ない」と評
している。このあと観光委員会は、開発への第一着手事業として、まず
町民を対象に地蔵山ハイキングコースと山頂展望台建設を決定した。

(2) 1960年代

　三宅町長は、1960年度当初の予算説明のなかで、5つの重点施策の1
つに、「自主的産業振興対策と観光事業の基礎確立」を掲げ、観光開発
に積極的に取り組むという姿勢を示した。その内容は、直島の北部につ
いては既存の直島製錬所を核として関連諸産業のより一層の振興をはか
り、町経済の基盤とし、中央部は、教育と文化の香り高い住民生活の場
で、南部と周辺島嶼部の内海随一を誇る自然景観と、町の歴史的な文化
遺産を大切に保存しながら、これらを観光事業面に活用することで、町

の産業の１つの柱にしたいという構想であった。経済は、文化的な生活を営む支えとなるものであらねばならないと三宅町長は考えていた。そのため、こうした見方から観光事業を見るとき、直島が個々の利益追求のみを目的とした乱開発で、先進地によくある低俗な観光地になることは大きなマイナスであり、直島の観光事業は"清潔な観光"であることが期待された。

　観光面について、民間においても観光事業への意欲が次第に高まりをみせてきたのがこの時期である。1960年には、町有の串山でバンガロー用地10戸を完成して開業したのをはじめ、揚島の磯浜養魚場に近い大広木池畔にホテルを建設し、また1962年には和風の直島ホテルの営業を始めた。しかし、これらの初期の民間観光施設は、不特定の来訪者を対象とし、強力な集客力を持たないため、いずれも散発におわった。さらに、1960年の夏、町は積極的に臨海学校や青少年のキャンプ、各種団体の講習会などを誘致し、成果をあげたが、その受け入れに提供したのは学校や役場支所など公共施設であり、この試みを通じて総合的な開発計画に基づく大規模な施設整備の必要性が痛感された。だが、巨額の資金を必要とするこうした事業は、貧弱な町の財政力では実現が不可能で、大資本を誘致するほかないことが再認識された。直島を清潔・健康・快適な観光地として総合的に開発し、さらに地元産業の育成に寄与できる大企業という厳しい条件で開発をまかせられる人物として名前が挙がったのが、藤田観光社長の小川栄一[2] だ。直島を視察した小川社長は、観光地として予期した以上に諸条件が満たされていると、開発へ積極的な意欲を見せ、藤田観光の直島進出が確定的になった。すぐに小川社長は1961年１月に用地買収に着手し、４月には第１回の所有権移転登記を行い、12月には、直島本島及び離島部と豊島において開発が見込まれる地

---

[2] 小川栄一（1899〜1978）：時代を先取りする鋭い感覚と、強引とさえ言われる実行力で、1960年12月に池田内閣が「国民所得倍増計画」を発表し、高度経済成長期に突入する以前から、既に日本の経済繁栄に伴う余暇時代の到来を予見し、東京・箱根・伊豆大島・鳥羽・大阪に一大藤田観光チェーンを築き上げた。

域の大部分にあたる約170万㎡の買収を終えた。同年5月、小川社長は直島開発のための新会社である日本無人島株式会社設立と、あくまで健全な勤労大衆の慰楽施設とし、優れた自然環境に適した施設計画を立て、海を中心とする滞在型観光地の建設を行うことで、藤田観光チェーンの瀬戸内海における一大拠点に位置付けるというものであった。

　1966年、町民の強い要望に応え琴弾地海岸でフジタ観光パラダイスがオープンした。200人収容のレストハウスを中心に、テントとバンガローを組み合わせたテンガロー45戸、脱衣所、シャワー、トイレを完備し、桟橋へ四国汽船と直島海運の臨時便が乗り入れ、直島自動車もバスによる浴客輸送にあたった。また、揚島養魚場での、鯛の釣りと料理提供を始め、まだ養殖鯛の珍しい時期でもあり好評だった。客の大半は、同和鉱業系の地場として、集客力の大きい岡山方面と、町内の人たちであった。こうして部分開業ではあったが、町民が貴重な土地と漁場を提供して誘致した観光開発の成功は間近であるという期待感にあふれた。

　1966年のパラダイスの開業をきっかけとして、観光、観光開発は準備期から営業施設の建設期に移行した。地場産業の漁業全体に活性をもたらすと期待されていた大養魚場建設は、綿密な調査研究の結果、技術的には造成可能であるが、巨額の投資に対する採算性と、その後盛んになったハマチ養殖の例に見るように固定施設が養殖に適さないという結論から、その実施が困難になった。ホテル建設については、大型船の接岸施設・別荘・オーストラリア植物園とともに、当時の国立公園特別地域に対する厳しい規制のため、これらの施設許可を得られることはできなかった。町をあげて観光開発への期待が大きかっただけに、着手5年目の1966年ころから、事業の遅れに対する危惧が表面化し始めた。

(3) 1970・1980年代

　1970年ごろを境に金属製錬事業の高度化と平行して合理化が進み、製錬所の従業員数や島の人口が減少し続ける。また銅の国際価格の低迷から、製錬事業そのものが低迷し、直島製錬所はリサイクル事業など、金属製錬以外の新規事業開拓を迫られていた。

　そんな中、隣の豊島で発生した産業廃棄物の不法投棄問題から端を発して、1998年から三菱マテリアル直島製錬所敷地内に、豊島廃棄物中間処理施設から産出される飛灰を処理し金属などの資源として再生する産廃処理施設を総合的に整備する「直島エコタウン事業」構想が始まった。直島町では、21世紀において、島の活力と発展を維持していくため、これまで町が培った特色を活用して新たな産業を創出し、町の活性化を図ろうとしている。エコアイランドなおしまプランは、この課題を克服するため、現在処理が課題となっている廃棄物について新たなリサイクルシステムを構築する環境産業を育成し、雇用を創出するとともに、住民主体の環境調和型まちづくりや積極的に見学者を受け入れることにより、循環型社会のモデル地域を形成するものである。

　開発の行き詰まりで直島を撤退するにあたり、日本無人島開発株式会社の安藤正社長は、「土地の処分については、地元の意向を尊重したい」として、町に譲渡先の斡旋を依頼した。その結果、町の基本方針である"清潔で健康な観光"に適合する企業として、岡山市に本社がある株式会社福武書店を最有望候補にあげることができ、1987年3月31日、藤田観光・日本資源・日本無人島開発の3社と福武書店の間で所有地の一括譲渡契約が成立し、福武書店の直島進出が決定した。福武書店は、設計者に安藤忠雄を選び、計画が遂行された。だが、町民側でこのベネッセ計画に異論が出た。それは町民が広大な敷地内に入るだけで1,000円の入場料が取られることが判明したからだ。直島の人も一緒に楽しませてもらえる藤田観光型のオープンなものと思っていた議会の方から疑問が出され、直島町民にも海岸線を返せということになった。そしで中央部の琴弾地に約300m買い戻し、海の家とキャンプ場を建設することになった。その時、議会から福武書店のヤシの木や安藤忠雄のコンクリート打放しの建築が直島町民からはハワイ風で直島らしくない、和風のものにしてしかも目立つようにしてほしいと要求があった。建築家の石井和紘氏は、建物をいくつもに分類し、海浜の街道のような構成にして横へ横へとつなぎ、周囲を塀で囲った。結果として、海浜で泊ることがで

き、目が覚めると目の前が浜という構成は好評で、島外からもいつも観光者がいる状態となった。シーズン中には電話予約では足りないので役場に寝袋を持って泊まり込んで予約をする人すらいるほどだった。

　その後、直島を世界に誇れる自然と文化の島にしたいという意向で町長・三宅親連と福武書店の創業者・福武哲彦との間で意見が一致し、急逝した福武哲彦の跡を継いだ福武總一郎が1987年に一帯の土地を購入した。1988年8月、町議会に対して「直島開発計画」を説明した福武社長は、その目標を"人と文化を育てるリゾート・エリアとして創生"するものと要約し、それを「直島文化村構想」と総称した。この文化村構想は、直島を単にレジャー、保養、スポーツのためのリゾート地ではなく、直島の海と山の両要素を持った豊かな自然環境を舞台として、その自然環境と合う諸施設、および運営により創出される"くつろぐ"という状況をベースに、芸術文化を基軸として、子どもたち、高齢者、芸術家、企業家など多次元で魅力的な人々の出会いによって芽生える、人々の創造性を育てる場所にするというものである。

　福武社長は、子どもたちのためのキャンプ場を作りたいという構想を抱いていた。その遺志を引き継ぎ、息子である福武總一郎が建築家である安藤忠雄監修のもと直島国際キャンプ場を1989年にオープンさせた。これは福武書店の直島進出第一期事業である。

　環境面において、安藤が初めて直島を訪れた1988年は、金属の精錬会社から排出される有毒ガスで直島の大方の樹木は枯れ果てていて、ほとんどはげ山同然だった。

3. パラダイム転換期

(1) 1990年代

　1992年には現代アートの美術館とホテルが一体化したベネッセハウスがオープンした。最初に完成したミュージアム棟からオーバル、パーク、ビーチという3つの宿泊専用棟まで、全て安藤氏設計の建築である。1995年には別館がオープンした。安藤氏が設計した建物は、周囲の

自然に溶け込み、凛としたただ住まいが特徴的となっている。

　1997年には、直島町役場から、本村地区のある人が家屋を譲りたいという意向を持っているがどうだろうか、という打診が来て、そこから家プロジェクトが始まった。本村は、直島の中でも古くからの集落で、城跡や寺、神社などが集まっている地域だ。しかし近年、過疎化と高齢化が進み、空家も目立つようになっていた。家プロジェクトの第1号は、角屋である。角屋を作っていく際には、町の人1人1人に作品に関わってもらうという方法で制作していった。この角屋の制作を通して、島や家や周辺の人たちとの関わりが生まれていくことになり、島の高齢者の方が自信を取り戻すきっかけとなった。1999年には、家プロジェクト第2弾である南寺が安藤氏の設計により完成した。

（2）2000年代以後

　2001年には家プロジェクトであるきんざが完成した。きんざは築約200年の建物の屋根や柱の構造はそのままに、伝統的な技術を使用しつつ、外壁を含め家屋そのものを作品化したものだ。2002年には護王神社、その後、石橋、碁会所、はいしゃが完成した。

　2004年には地中美術館がオープンした。自然と人間を考える場所として設立され、建物は全て地中に埋まっており、財団法人直島福武美術館財団により運営されている。館内には、クロード・モネ、ウォルター・デ・マリア、ジェームズ・タレルの作品が安藤忠雄設計の建物に永久設置されている。2009年7月には直島銭湯「I♥湯」がオープンした。アーティストの大竹伸朗が手掛ける、実際に入湯できる美術施設であり、宮ノ浦港からすぐのとこにあり、銭湯として営業している。

　環境面について、安藤は緑がよくここまで回復したと話している。その要因として、プロジェクトを通して辛抱強く植樹を続けてきたことと、何よりここ数年の行政の積極的な環境対策の成果と、三菱マテリアルの精錬工場から排出される亜硫酸ガスを規制したら、急速に島の緑が回復した。瀬戸内海に流れ出るPCBやダイオキシンの量も非常に少なくなった。また、エコアイランドなおしまプランの一環として、2003年に

は香川県直島環境センター、翌年に有価金属リサイクル施設が相次いで
稼動した。環境センターは焼却・溶融処理する施設である。廃棄物を無
害化にするほか、施設からの排水は、冷却水などに再利用し、場外に排
水しないクローズドシステムを採用している。このほか、処理の過程で
発生する飛灰及びスラグの副成物については、飛灰に含まれる金属類を
回収し再資源化として再利用し、有価金属リサイクル施設では、シュ
レッダーダストや銅含有スラッジ、基盤類などを処理し、既設の製錬施
設を経て銅などの有価金属を回収する。また、溶融飛灰再資源化施設で
は、溶融飛灰から塩素などを分離除去し、製錬原料化している。このよ
うな処理を行うことにより、埋立処分量の削減などの広域的な循環型社
会の構築に貢献するというものである。

　最近では、2010年6月15日に、ベネッセハウスと地中美術館のちょう
ど中間に位置する「李禹煥美術館」がオープンした。李禹煥氏の作品の
みを展示する美術館で、設計は安藤氏が担当した。

　以上をまとめると、表Ⅲ－1のようになる。傾向としては、環境への

表Ⅲ－1　直島の工業施設と観光施設の比較

	工業施設	観光施設
明治後期	－	－
大正前期	○△▽	－
1920年代	○△▽	－
1930年代	○	－
1940年代	○△	－
1950年代	○▽	△
1960年代	○△	□
1970年代	○	□
1980年代	○	▽
1990年代	－	△▽□
2000年代以後	□	△▽□

　環境への影響：○　経済性：△　住民の同意：▽　観光者誘致：□

＊ 工業施設の明治後期の空欄は、工場誘致期なので、まだ環境に影響は出ておらず、財政
　は逼迫しているためである。また、観光施設の空欄は、最初の観光事業がまだ行われて
　いないためである。

影響が比較的小さいとの理由で工業施設を誘致したが、1980年代までは環境への影響は大きかった。だが最近は、植林を行ったり、工場がガス排出を抑えたりすることによって、少しずつ緑が戻ってきており、エコタウン事業のソフト面で三菱マテリアルが協力している。また山林の緑化活動やエコツアー、環境学習の場として製錬所見学の受け入れなど、地元に根付く企業ならではの配慮が光っており、島を支える基幹産業であると同時に循環型社会の構築にも力を入れている。観光面では、島の観光はかつて海水浴や釣りが主目的だったが、大きく様変わりした。ベネッセの参入により、現代美術を中心とするアートの影響で、今では「アートの聖地」とまで呼ばれるようになり、海外からも多くの観光者が訪れている。

　以上より、2次元プロットを用いて表したのが、図Ⅲ－1である。直島はまず発展する際に、環境への影響も経済性もあるところからスタートした。そのうち製錬所が低迷したが、はげ山は緑が生えてこないという状況になった。その後現在に近づくにつれて、観光開発の影響で、経済性が上がり、工場から出るガスを抑えたり植林をしたりすることによって環境へのマイナスの影響が少なくなってきた。今後どのような方向にシフトしていくのかあるいは留まるのか動向が非常に興味深い。

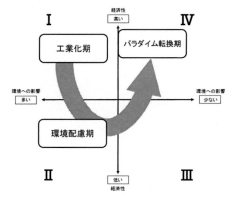

図Ⅲ－1　直島における開発の過程

IV. 犬島

1. 工業化期

(1) 1900年代

　話は、犬島精錬所が誕生する18年前にさかのぼる。代言士の坂本金弥[3]が、仕事の関係から1891年三菱合資会社（現・三菱マテリアル）の所有していた吉田・田中・青木・増寿の諸鉱山を破格の値段で買収し「帯江鉱山」と称した。坂本は、三菱合資会社が採算性の悪さを理由に諦めた鉱山を、それまでの手掘方式や人力による搬出を近代的に機械化することにより、生産量を飛躍的にのばすことに成功した。さらに近隣地域の鉱山も手中に収め、莫大な利益を得る。しかしながら、鉱山に併設する精錬所からの公害が深刻になり、精錬所の移転を余儀なくされた。そして1909年2月、犬島に精錬所を新設することになったのである。

(2) 1910年代、1920年代（明治末期、大正初期）

　明治末期から大正初期にかけての瀬戸内海は、精錬所の建設ラッシュであった。愛媛の住友四阪島、岡山の古河水島、大分の久原佐賀関、福岡の鈴木彦島などがそうである。1917年1月11日大阪朝日新聞に掲載された記事では、電力・動力に関わって離島への工場設置に難色を示しているが、瀬戸内の島が好んで選ばれた理由には、鉱石や資材の運搬に海運の便がよかったという経済的なメリットもある。加えて、金属の精錬には、煙害は無論のこと副産物として有毒な物質が出ることが知られており、精錬所の立地は、人里離れた海上の孤島というのが当然のように思われていたようだ。坂本金弥が犬島を帯江鉱山の鉱石を製錬する工場の立地として選定した理由は、古くから犬島石の産出があったことと関係がある。巨石の搬出で使われてきた港と海運事業者をそのまま流用で

---

[3] 坂本金弥（1865〜1923）：日刊新聞「中国民報」（「山陽新聞」の前身）を創刊。鉱山経営にたずさわったり、銀行を興したりする。1898年衆議院議員（当選7回）。進歩党に属し、のち桂太郎の立憲同志会に加わる。孫文らの中国革命同盟会を援助した。

きたし、そのうえ岩石という強固な地盤と石を切り出したあとの台地
は、工場用地造成も容易であったからであると考えられる。

　順調に産出を続けてきた帯江鉱山であったが、明治末年頃には産出量
の減少などにより経営難となっていく。1912年、坂本金弥は藤田組[4]へ
帯江鉱山と共に犬島精錬所の売却を申し出、1913年11月27日藤田組の所
有となる。ここで問題が起きる。藤田組の認識では、犬島には飲料水が
得られ、新型の製錬設備が完備しているはずで、絶好の条件であるはず
だった。しかし、買収後の調査結果はひどいものであった。大事な水道
が、銅板製で冷却用水が悪いために創立4年ですでに水が漏れ、その
うえ、犬島は花崗岩からできているため飲料水が得られる可能性はな
い。また、アメリカ製の製錬施設はすでに腐食しており、真吹床の設計
も悪く、火力発電所も電力が不足の状態であった。そのため、藤田社長
の判断により、犬島精錬所の拡張・近代化を行い、小坂鉱山の製錬所に
匹敵する施設をめざすことになった。犬島精錬所が、瀬戸内海沿岸地域
の同業他社との熾烈な競争に生き残るため、1917年池田謙三は、買鉱か
らの脱皮、そして製錬コストを下げるための電練所新設を提案した。し
かし、当時の藤田組本店の経営方針と相容れず、逆に帯江鉱山事務所か
ら離れ、独立採算を求められるようになる。そこへ追い打ちをかけるよ
うに、第一次世界大戦の終結によって、戦争バブルがはじけ飛ぶ。直接
戦争と関係の深い事業を多く抱えていた藤田組の受けた打撃は大きかっ
た。特に軍需性の高い銅は亜鉛と共に恐慌の影響が著しく、銅価格は大
戦後わずか4か月の間に半値以下にまで急落した。買鉱競争に敗れ採算
が悪化していたところへ銅価格の暴落を受け、犬島精錬所は1919年3月
12日、ついに操業を停止した。同年12月26日、犬島精錬所は住友総本店
に譲渡される。

　犬島は、1913年には戸数200戸、人口1,000人であったが、精錬所の

---

[4] 藤田組：明治中期から大正期の日本の有力企業。1910年頃の日本の主要な輸
出商品は石炭・銅・お米・お茶・絹だったが、藤田組は銅の生産でシェア10％
余りを占める主要な生産者で、当時、住友よりも有力だった。

最盛期である1917年には2倍以上に増え、戸数417戸2,000人以上であっ
た。従業員は各県より集まり、事務職50名、職工員200名、その家族650
名と人口は増加する。会社の社宅には電灯もつけられ、精錬所専属の共
楽館という演芸場もあり、港周辺には飲食店、旅館なども立ち並び、夜
遅くまで三味線や太鼓の音が聞こえていたそうである。

　また、記録によると、犬島精錬所は地元の土地所有者との間で、1914
年、1918年と煙害賠償契約や協定を結んでいる。海の孤島であっても、
決して煙害とは無縁ではなかった。住友総本店への譲渡に際しても、地
元住民に煙害未解決通告書を交付している。住友が犬島精錬所を手に入
れても操業できなかったのは、競争激化や生産性の問題のほかに、煙害
への対応もその要因の一部にあったのではないだろうか。同じ記録に、
藤田鉱業から犬島の人々へあてた手紙が送られている。犬島精錬所が住
友へ引き渡し完了した記念として200円を呈上するという内容で、犬島
の人々へ会社としての配慮がうかがえる。

　第一次世界大戦後、経営が立ち直り、鉱業年額350万円、島の人口は
2,600人に増加した。製錬所の煙害が発生したのは、このころからだっ
た。1918年には、精錬所の煤煙のために農作物特に稲作にひどい煙害が
あり、稲の葉が茶褐色に変わってしまったので、牛窓町農会が製錬所
所員に出張してもらうように言い、同年8月4、5日の2日間、町の助
役、技師、区長らと共に市街踏査を実施した。当時の写真は、空一面に
黒煙が広がっておりすさまじい様相である。煤煙の影響で、その後数十
年間は草木も生えない裸の島となる。戦後「やしゃぶし」という煙害に
強い木を植えそれから緑が徐々に増えていく。

(3) 1930年代

　昭和に入り、犬ノ島[5]は、整地をすれば立派な工業用地になると東京
に本社のある日本硫黄株式会社が進出を計画した。1934年から建設工事

---

[5] 犬ノ島：犬島の西側にある島。堅牢な花崗岩で覆われていて、犬石様という
神様の石がある。明治30年代の大阪築港造営の際、犬ノ島から石を削り出すの
には2年がかりで反対したが、大阪市の熱意に押され採石場となる。

が始まり、1935年には二硫化炭素炉（レトルト炉）8基が完成し、操業を始めた。炭と硫黄から二硫化炭素を作り生産量は年間8,500トン、最盛期には炭素炉80基が稼働する大きな生産工場となった。日本硫黄株式会社は福島の沼尻に硫黄工業所を持っていて、大部分の硫黄は沼尻鉄道で運ばれ、国鉄の川桁駅に接続し、東海道、山陽本線を経由して宇野駅まで回送されて、海上から犬島へと運ばれた。精錬所の閉鎖で一時減少していた人口も、操業と共に福島県から従業員が多数移住し、1935年には280戸1,500人もの人が住んでいた。西の谷の会社の社宅が建設され、犬島の人口も増え、大勢の家族が住み子どもたちの歓声が響き渡っていた。

　だが、製造過程で多量の亜硫酸ガスを排出したため、島民から抗議が続出していた。製錬所の適地が島嶼部にあるため、沿岸市町村は常に公害の危険にさらされていたといえる。化繊工場が使う二硫化炭素の製造で、島民は雇用を拒否したため、工場側は仕方なく福島県の銅山から従業員を呼び寄せて操業した。その後、煙害防止の方法が進歩し、年々苦情が少なくなった。

2. 工場操業期
（1）1940年代、1950年代

　1947年小豆島から苗木を取り寄せ、栽培戸数20軒130本のオリーブの木が植樹された。オリーブの木は順調に育っていたが、昭和の後半になると高齢で世話をすることが困難となり、牛窓のオリーブ園が木を買い上げ、移植していった。わずかに残った木は手入れが悪いために枯れてしまった。

　1955年4月、邑久郡朝日村が西大寺市へ編入され、村から市へ一気に昇格した。当時の戸数は260戸、人口1,000人である。

　また、発せられる匂いで問題となっていた日本硫黄株式会社の従業員数は130人のうち半数近くが島民で占められるようになった。しかし、設備が老朽でコストが高いために操業は厳しかったそうである。

（2）1960年代

　1964年、日本硫黄株式会社岡山工場から日本硫黄観光鉄道岡山化学工場に改称した。さらに３年後の1967年には日本硫黄観光鉄道から磐梯急行電鉄株式会社岡山工場へと改称した。同年、磐梯急行電鉄株式会社岡山工場は経営不振のため倒産し、従業員71人が全員解雇となった。その跡地と施設、さらには従業員を引き受けて翌1968年に曽田香料株式会社岡山工場の操業が始まった。曽田香料株式会社では二硫化炭素を作る過程で着臭剤を取り出す技術を持っており、犬島で着臭剤の製造を開始させた。

（3）1970年代

　香料の製造には水が大量に必要である。犬島にも1975年に簡易水道の敷設が行われ、生産にも弾みがつき、新製品の導入を図り、化成品・無機薬品などあらゆる香料の製造品目を増やして生産に努めたが、業績が上がらずに1978年には従業員の調整も図った。これにより日本硫黄株式会社のときから犬島の社宅に住んでいた人が次第に島から去っていくこととなった。

3．観光者誘致期

（1）1980年代

　1985年には曽田香料株式会社の業績が回復し、社名を岡山化学工業株式会社と変更し、従業員約50人で再出発し、現在も運転している。

　この頃から、映画のロケ地に使われ始める。まず、篠田正浩監督による「瀬戸内少年野球団」である。1983年のことだ。犬島唯一の学校でもロケが行われた。次に石原プロダクションの「西部警察」である。西部警察は当時最も人気のある番組であった。そのフィナーレを犬島で撮影することとなり、大変な話題となった。ロケは1984年７月に３日間にわたって行われ、期間中は、近隣住民はもちろん全国からも多くのファンが押し寄せ、島はお祭りムードとなった。ロケの一番の見せ場は、製錬所隣に３ヶ月前から建設した敵のアジトとなる建物を爆破するシーン

で、この時には関係者・見物人・警察・消防など大勢の人が製錬所前に集まったそうで、大変な賑わいであった。続けて1985年6月にNHKドラマ「匂いガラス」のロケが行われた。

　このように映画やドラマのロケに精錬所が使われている。1984年に発行された山陽新聞に、精錬所跡は島復興のカギを握るという記事がある。所有者は「無公害の企業か観光施設の立地など島の振興に役立つものであれば」と語っている。30年も前から注目されていた精錬所跡は犬島浮上の大きな命題を握っていたということが分かる。

（2）1990年代

　1996年に岡山城築城400年記念「岡山城ストーンヒストリー」が開催され、1997年には、岡山城築城400年の記念イベントの一環として「未来に生きるモアイ計画」が学生たちにより行われた。島の石を使って石彫作品を現地で制作するように全国の芸術系大学に呼びかけたところ、大阪芸術大学・愛知県立芸術大学・京都市立芸術大学・京都精華大学・名古屋芸術大学・倉敷芸術科大学の6大学が参加した。学生たちは夏季休暇と春期休暇の足掛け2年間、島に泊り込み、島の人たちと交流を図りながら制作に取り組んだ。

　また同年8月末、今村昌平監督の映画「カンゾー先生」のロケが行われた。岡山の牛窓町での撮影がメインだが、一部が犬島で撮影された。ロケでは捕虜の収容所を製錬所跡地に建てて行われた。

　1999年4月に犬島キャンプ場は海水浴場に隣接して作られた。公園の面積は約4.6haがキャンプ場となっている。設備は、管理棟・調理棟・デッキサイト・芝サイト20基がある。整備は前年から始められ、岡山市は約2億5,000万円の事業費をかけた。利用期間は4月15日から10月15日までとなっている。

　また同年4月、犬島自然の家が開所した。この施設は8年前の1991年に岡山市立犬島幼稚園・小・中学校が閉校になった跡地を利用して作られた。島の人たちにとって学校は島の中心の文化施設であり、なくなってしまうということは断腸の思いだった。なんとか学校の風情をそのま

ま残し、子供たちの笑顔に会えるような施設がほしいと願っていたら、
短期滞在型の宿泊所が誕生した。造成工事は1997年から２ヵ年計画で始
められた。中学校の校舎や集会室はほぼ原型のままで使用している。他
に天体観測室・事務所・炊事室・浴室などは新しく建築され、天体観測
やシーカヤック、史跡巡り、犬島石を使ってのストーンアートをはじ
め、様々な体験ができる。岡山市教育委員会が管理しているため、宿泊
料金も格安で、個人・家族連れ・団体問わず幅広く利用できる。

（3）2000年代以後

　2001年、ベネッセコーポレーションの会長福武總一郎氏が犬島を訪れ
た際、「素晴らしいものがよく残っていたね。大切に保存するからね。」
と言い、精錬所跡地の大部分を購入し、この跡地で、歴史と文化の犬島
を全国に発信しようと提案した。岡山市はこれを受け芸術祭中心企画と
して「犬島アーツフェスティバル」を開催することになり、岡山市文化
政策課が担当することとなった。

　同年、大阪を拠点に活動している劇団維新派松本雄吉氏が下見に訪れ
た。劇団維新派は、劇団員自らの手で野外に劇場を建て、公演が終れば
自ら解体して撤収する「scrap&build」の劇団として知られており、物
語性より視覚性を優先させる。関西弁を基調にした素朴な芝居部分と、
分解した言語を変拍子のリズムにのせて再構築する舞踏部分とが交錯す
る、独特の劇形態を持つ。松本氏は犬島をとても気に入ったようで、犬
島での公演が決定した。期間は夏の３週間であるが、維新派の特徴は舞
台や大道具小道具等全て手作りであることだ。そのため60〜70人の劇団
員が１ヶ月間島に泊り込み、舞台作りと練習を行い、劇団員や舞台設営
のスタッフら総勢約100人が、犬島のコミュニティハウスや空き家を借
りて、約１ヶ月前の６月から滞在した。最初は島の人たちも冷めた目で
見ていたということだが、若い劇団員たちの熱心さ、素直さ、その上美
術の腕の力量に目を見張り、若者たちのとりことなったそうだ。この団
員たちを孫や子のように思い、世代を超えた交流がなされていた。

　2002年７月19日、犬島アーツフェスティバルが開演した。維新派は

「カンカラ」を上演した。明治から大正にかけて栄えた銅精錬所の、半
ば崩れた煙突やれんが塀が立ち並ぶ廃墟を借景にした舞台だ。公演期間
中、維新派の目玉となっている大阪仕込みの商人たちの屋台には、アル
コールが並び、モンゴールパンという珍しい食べ物には長蛇の列ができ
た。地元の島の人たちの屋台では、赤飯・おにぎり・おでん・焼きそば
が好評ですぐに完売した。この盛況さは、明治30年代の築港景気が蘇
り、当時を彷彿とさせるくらいだったそうだ。明治30年代は、犬島が最
も栄え約6,000人の人が住んでいた頃だ。今回のフェスティバルには10
日間で全国から4,000人が集まった。そのころのようだったというのだ
から、大変賑わっていたということが分かる。安部寿之犬島町内会長は
「若い人と久しぶりに話した、とみんなで楽しんだ。アート自体はよく
分からないが、人が集まれば若者が戻る希望も持てる」と話した。

　2003年9月、富樫森氏監督の映画「鉄人28号」のロケが始まり、出演
者やスタッフ約50人が来島した。1956年に月刊誌「少年」でロボット漫
画の先駆けとして連載をスタートしてから半世紀、幅広い年代に愛され
てきた。富樫監督は、「鉄人は失われつつある古き良きものの象徴。昔
の物がいいかたちで残されている犬島は、それを作るにふさわしい場所
だと思う。2体のロボットが一気に駆け抜けるような作品にしたい」と
話した。

　2003年10月、国旗や紙幣などをモチーフにした作品で国際的に高い評
価を得てきた現代美術作家の柳幸典氏が、岡山に事務所を開設し、精錬
所跡をアートとして再生させようという「犬島アートプロジェクト」を
始動させ、2008年4月には、精錬所跡が美術館となって開館した。直島
の地中美術館を運営する直島福武美術館財団が、犬島アートプロジェク
トの第1期として再生した。精錬所は産業遺産を保存再生し、建築家で
ある三分一博志氏の設計で生まれた美術館だ。銅の精錬の副産物を固め
たカラミ煉瓦など、地元の素材を床や壁に使用している。さらに産業遺
産の煙突などを活用して、エアコンを使わず自然の空気の循環だけで安
定した気温を保っている。

　犬島アートプロジェクトの第２期は2010年７月から開催された、瀬戸内国際芸術祭に合わせて展示された。空き家などを使って集落再生を目指す家プロジェクトは、木・アクリル・鉄といった多彩な素材によるもので、いずれも建築家である妹島和世が手掛けた作品だ。

　環境面については、精錬所で銅を精錬した際のスラグが廃棄物として大量に排出され、精錬所跡地には現在もスラグが残存している。そのスラグには、銅・鉄・マンガンが多く含まれている。そのため、雑草ですら生育しない状態だ。そこで、精錬所美術館周辺の海浜付近では、耐塩性・湛水性が高いサワスズメノヒエを植栽している。サワスズメノヒエは、この重金属を吸着・吸収する能力があると報告されており、今後期待される。

　以上をまとめると表Ⅳ－１のようになる。1900年代前半は工場の建設ラッシュだったため、犬島も他の瀬戸内海の島同様に公害が深刻であった。影響は現在もあるそうだが、今回の調査で島を訪れた際は、そんなことも感じさせないほど緑があった。1919年に精錬所が閉鎖された以後の工場第１号が、1935年に操業開始した日本硫黄株式会社岡山工場であ

表Ⅳ－1　犬島の工業施設と観光施設の比較

	工業施設	観光施設
1900年代	○△	－
1910年代	○▽	－
1920年代	○△	－
1930年代	○△	－
1940年代	○	－
1950年代	○▽	－
1960年代	○	－
1970年代	○△▽	－
1980年代	○△	△▽□
1990年代	○	△▽□
2000年代以後	○□	△▽□

　環境への影響：○　経済性：△　住民の同意：▽　観光者誘致：□

り、その後社名が変更して操業を続けていくこととなる。初めての観光的な要素が1980年代のロケラッシュである。観光地化の重要な流れの1つであったと言える。

　以上をふまえ、2次元プロットを用いて表したのが、図Ⅳ－1である。図Ⅳ－1を見ると、直島と同じく工業化期から始まり、直島の発展過程によると、最終的にはパラダイム転換期へ移行すると言える。パラダイム転換期への移行過程で直島には見られない工場操業期、観光者誘致期が見られ、逆に直島では見られた環境配慮期が見られないということが分かる。第二次産業によって栄えてきた場所は、公害問題に悩まされることが多いが、その場合には、観光地にはならないので、公害問題を超えた自然環境問題が重視されてくる。先進事例である湯布院・湯沢・棚田百選に指定されている場所などは、自然環境に気を配りながら発展し、現在観光地として残っている。島は工場の建設が打診されやすかったが、反対にこういった公害対策、環境整備もしやすい。直島も山林の緑化活動やエコツアー、環境学習の場として製錬所見学の受け入れなど、力を入れている。犬島でも環境に配慮した活動をしていくと、より発展する可能性がある。

　図Ⅳ－2は、直島と犬島の発展過程の図を簡潔にしてまとめたものだ。まず「□」のⅠからⅡへの推移、「○」のⅠからⅠとⅡの中間までの

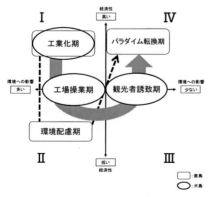

図Ⅳ-1　直島と犬島の発展過程

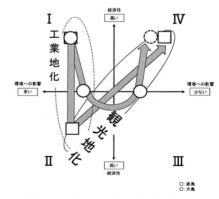

図Ⅳ-2　直島、犬島の発展過程の比較

推移が、いずれも工業化期・工場操業期なので、工業地化を表している。逆に、「□」のⅡからⅣまでの推移と、「○」のⅠとⅡの中間からⅢとⅣの中間まで、さらにⅣまでの推移は観光地化を示していると言える。

　以上のことをふまえると、直島と犬島の発展過程はやや異なるものの、工業地化、観光地化という流れで見ると、ほぼ一致しているということが明らかになった。

V. 結論

　直島、犬島の歴史から、直島は工業化期→環境配慮期→パラダイム転換期という3段階、犬島は工業化期→工場操業期→観光者誘致期という同じく3段階をふまえて現代の観光地化が進んできていることが分かった。また、どちらにおいても工業地化している際は観光地化が見られないということが明らかになった。犬島は現在観光者誘致期だが、発展過程によると直島の後を辿り、今後パラダイム転換期へ移行すると言え、発展過程で直島のように環境配慮期がある方が、発展の可能性があると言える。

　今後、直島は発展の先駆けとして、他の瀬戸内海島嶼部へ波及効果をもたらすと共に、それによりさらなる瀬戸内海全体の発展に寄与するだろう。

　最後に、今回直島と犬島の事例を取り上げたが、島の形成過程が必ずしもこうなるとは言えない。だが、瀬戸内海の島嶼部が今後観光地として発展していく際は、本稿がモデルとして参考とされることを期待したい。

参考文献・資料

在本桂子（2007）『犬島ものがたり アートの島の昨日・今日・明日』吉備人出版

在本桂子（2010）『犬島の石 嫁ぎ先発見の旅 犬島ものがたり』犬島再発見の会

永峰美佳・新川貴詩・吉田宏子編（2010）『瀬戸内国際芸術祭2010 公式ガイドブック アートをめぐる旅・完全ガイド』美術出版社

亀井誠一（2010）『CASA BRUTUS NO.126』マガジンハウス

満田祐三編（1959）「島の暮し編　犬島（岡山県西大寺市）」『瀬戸内海 上巻』中国新聞社、pp.10 − 12.

本木修次著（1998）「犬島（岡山）　瀬戸内少年野球団の学校も」『小さい島の分校めぐり』ハート出版、pp.152 − 154

中国新聞「瀬戸内海を歩く」取材班著（1998）「現代の築城」『瀬戸内を歩く 上巻　産業編』中国新聞社、pp.150、151

中国新聞「瀬戸内海を歩く」取材班著（1998）「日暮れ丁場」『瀬戸内を歩く 上巻　産業編』中国新聞社、pp.152 − 154

犬島貝塚調査保護プロジェクトチーム編（2010）『犬島の今昔』

財団法人 日本離島センター編（1986〜1992,1994〜2007）『離島統計年報』財団法人 日本離島センター

財団法人 日本離島センター編（1985）『明日の"いぬじま"を考える』

秋元雄史・安藤忠雄（2006）『直島　瀬戸内アートの楽園』新潮社

安藤忠雄・杉本博司・宮島達男（2004）『美術手帖2004年9月号』美術出版社

堺屋太一（2008）『対話　芸術のある国と暮らし』実業之日本社

直島町史編纂委員会（1990）『直島町誌』直島町役場

三宅親連・石井和紘・川勝平太（1995）『自立する直島―地方自治と公共建築群―』大修館書店

「犬島はいま」『山陽新聞』岡山 1984/9/30 p.21

参考URL（2011年1月現在）

Myトリップかがわ　http://www.my-kagawa.jp/

ベネッセアートサイト直島　http://www.benesse-artsite.jp/

瀬戸内国際芸術祭2010　http://setouchi-artfest.jp/

環境省　http://www.env.go.jp/policy/hakusyo/

観光庁　http://www.mlit.go.jp/kankocho/kankorikkoku/kihonhou.html

素顔の直島（直島町観光協会）　http://www.naoshima.net/

直島町役場ホームページ　http://www.town.naoshima.kagawa.jp/

観光者行動の類型化

福家　美佐紀

I. はじめに

　人々が自由に旅行を楽しめるようになってから半世紀以上経った。特に変化が見られたのが、1990年代初頭から2000年までのパラダイム転換期と呼ばれる時期である。金（2008）は、観光形態は、それまでのマスツーリズムを活かした即効性のある経済効果に注目した経済第一主義的な観光から、個人や少人数で行い、地域への負担を軽減することを重視した持続可能な観光、いわゆるサステイナブルツーリズムに大きく変化したと述べている。観光を単純に利益に繋げるのではなく、様々な要因に結びつけることで、相乗効果を期待した。

　また、石森は『観光者が自分の意思で旅行ルートを設定し、観光を行うケースが増えている。そのような観光のあり方は、観光者が自分の意思で旅行を可能ならしめているという意味で、「自律的観光」とみなすことができる。いずれにしても、21世紀を迎えた今日、従来の「他律的観光」の優位性に陰りが生じており、地域社会と観光者の両サイドから「自律的観光」に対する期待が高まりつつある。』と述べている。つまり、観光者が自分のニーズに合った観光地を選ぶのだ。よって、観光

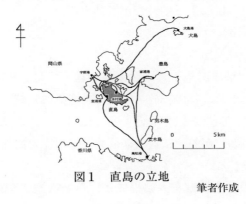

図1　直島の立地

筆者作成

地も各々の個性をアピールし観光者にうったえかける必要がある。そして、ターゲット通りの人々を誘致するために、観光者の属性を把握しておかなくてはいけない。

　そこで、本稿では直島町の本村地区における観光者行動を明らかにし、属性別に類型化することを目的とする。そのため、アンケート調査によりデータを収集し、相関分析とt検定で検証を行う。

II. 直島の概要

1. 立地・交通

　直島は、香川県高松市から北方13km、岡山県玉野市から南方3kmのところに位置する。大小27の島々からなり、総面積は14.23㎢である。花崗岩とその風化土に覆われる丘陵性の島で、平地は少ない。しかし、曲折の多い海岸線は内海特有の白砂青松の自然美を形づくっている。気候は、少雨多照の典型的な瀬戸内海型気候で、寒暑の差はあまりない。本島の南部を文化・リゾートエリア、中央部を文教・行政エリア、北部を工業エリアにそれぞれ区分することができる。特に、本島の南側は緑豊かな海岸が続き、瀬戸内海国立公園に指定されている。主な交通手段はフェリーである。岡山県玉野市の宇野港（所要時間10分～20分）、香川県高松市の高松港（所要時間50分～60分）の両港から直通便が出ている。また、マリンタクシーも両港から出ているが、事前予約が必要であり、距離や気象現象によって料金が変動する。

2. 人口・産業

　島内の人口は平成21年1月1日現在の総人口は3,365人で、男女比は半々である。しかし、特に15歳～64歳の生産人口が減少傾向にある。年齢分布は、55歳～64歳が一番多い。今後10年以内にこの世代が高齢者となり、島内の高齢化が急速に進み、公共交通の需要増加、生産年齢人口の不足が懸念される。

　平成17年度の産業別就業人口構成は、第一次産業が9.3％、第二次産

業が37.6％、第三次産業が53.1％である。第二次産業の就業人口は県平均の29.2％と比較しても圧倒的に多い。これは東洋一の金製錬工場を持つ三菱マテリアル（株）の銅製錬所とその関連企業が町面積の2割以上の敷地面積に立地しているからである。県下有数の工業の島と言える。

3. 観光の歴史

　現在、直島は現代美術で有名な島である。イギリスの旅行雑誌 *"Conde Nast Traveller 2000.3"* では世界の行くべき7つの場所の一つとして紹介され、世界的にも認知度は高い。

　観光地として目立った開発が行われたのは、1960年代の観光ブームの時である。風光明美は島の観光の地盤を築こうとした。しかし、前述の通り、ここ一帯は瀬戸内海国立公園に指定されている。よって、大規模な開発には踏み込めなかった。1970年代のオイルショック後には業績が停滞し、開発を主導していた企業も撤退した。

　1987年に転機が訪れる。当時の直島町長と福武書店の福武總一郎が手を組み、島を文化的で清潔な場にしようとしたのだ。一帯の土地を購入し、1989年に研修所とキャンプ場をオープンした。そして、福武總一郎は直島南部を人と文化を育てるエリアとして創生するために「直島文化村構想」を発表した。1992年には、ベネッセハウスの建設などへ拡大した。その結果、初年度7,000人だった来場者はここ十年で五倍の35,000人に増えた。ホテルは米国の雑誌に世界でも有数のリゾートと紹介されるまでになった。しかし、これに対する住民の関心は薄かった。そこで、島全体を使った現代美術展、本村の無人の古民家を買い上げて保存・再生し現代美術の展示場とする家プロジェクトなどを次々と行った。その後、徐々に活動が町内の理解を得られるようになり、直島でしか見られないプロジェクトや建築には国内外からの注目も集まるようになった。2005年には地中美術館、2010年には李禹煥美術館が開館し、本村の中もカフェや民宿等ができるなど徐々に変化しつつある。

　2010年には、瀬戸内海の7つの島を結ぶ瀬戸内国際芸術祭が開催され

た。それぞれの島が持つ魅力とアートを掛け合わせ、地域活性化と海の復権を目的としたこの芸術祭は、この時すでに直島のイメージとして定着していた現代アートの島に見事に合っていた。期間中の芸術祭の来場者938,246人に内、直島に訪れた人は、その3割となる291,728人だった。これは、他の島と比較しても圧倒的に多く、人気が窺える。今後は、この芸術祭で新たに得た知名度をどう活かしてゆくかが課題となる。

Ⅲ. 調査内容および仮説の設定

1. 方法・手順

　今回の調査は、観光者行動の類型化が目的である。属性を織り込んだアンケートを作成し、直島の本村地区にて調査を行った。また、メイン観光地・情報源・本村地区における滞在時間・主な交通手段を質問項目に加えた。アンケートの実地期間は、2010年1月6日～2011年1月12日の計3回行った。

2. 調査内容

　調査期間中に直島の本村地区に訪れた観光者のうち37名から回答をもらった。

（1）性別

　直島の観光者の男女比は図2によると男性が17人（46％）、女性が20人（54％）で、ほぼ半々の数である。（図2参照）

（2）居住区

　観光者の居住地は、北海道が3人（8％）、東北地方が1人（3％）、関東地方が8人（22％）、北陸・中部地方が2人（5％）、近畿地方が6人（16％）、中国・四国地方が12人（32％）、九州地方が3人（8％）、外国在住が1人（3％）だった。直島から近い、近畿地方を飛び越え関東地方からの観光者が2番目に多い。（図3参照）

（3）同行人

　回答者を含めた同行人数は、2人が23組、3人が2組、4人が2組、

5人が1組、6人が2組であり、2人組が6割以上となった。（図4参照）

（4）年収

　観光者の年収は、300万円以内が15人、400万代が6人、500万代が4人、600万以上が7人だった。（図5参照）

（5）構成

　観光者の構成は、親子が5組、夫婦が9組、友人も9組、恋人が7組、その他が3組だった。夫婦や恋人などの2人組が多かった。（図6参照）

（6）メイン観光地

　本村地区を挙げた人が12人、それ以外の観光地を挙げた人が25人だった。家プロジェクトがある本村地区は、観光者にとっての直島観光において重要な位置づけをされていることが分かる。（図7参照）

（7）情報源

　観光者のメイン目的地の情報収集の方法は、紙媒体（雑誌・パンフレット）と口コミが23人、インターネットが8人、両方を選択した人が6人だった。（図8参照）

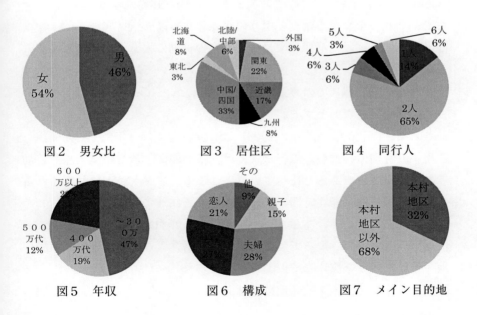

図2　男女比　　　　　図3　居住区　　　　　図4　同行人

図5　年収　　　　　図6　構成　　　　　図7　メイン目的地

（8）滞在時間

　観光者の本村地区における滞在時間は、1時間以内が9人、2時間以内が14人、2時間以上が14人だった。これは、フェリーの時間と連携しているバスの間隔が大体2時間おきなので、このような結果となる。（図9参照）

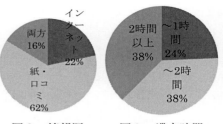

図8　情報源　　　図9　滞在時間

3. 仮説の設定

　観光政策審議会（1995）で、観光は、余暇時間のなかで、日常生活圏を離れて行うさまざまな活動であって、ふれあい、学び、遊ぶことを目的とするものとされている。よって、観光に影響を与える要素は多様性に富んでいると考えられる。さらに、金・村越（2010）によると、『観光行動が成立する要素に、観光の主体・客体・媒体がある。観光行動を行う主体（観光者）と、観光対象となる客体（観光地・観光施設）、そして、それらをつなぐ役割を担うのが媒体（情報・交通）である。』より、観光地・観光施設・情報・交通は観光者の行動に大きく影響を与えることが考えられる。しかし、直島の本村地区においては、立地条件から観光客の約9割がバスでの移動となっている。よって、交通は観光者にあまり影響を与えないとする。

　さらに、Philip L. Pearce（2005）は、旅行者には、年齢・性別・国籍・費用・教育別に特性が、旅行様式には、宿泊期間・旅行距離・旅行参加者の構成に特質があると述べている。ここで、アンケートに対応されるために宿泊期間は滞在時間に、旅行距離は居住地に置き換える。

　これらを踏まえて、本稿では、アンケート項目より、メイン観光地・情報源・滞在時間、よって、アンケートの属性より、性別・年齢・居住地・年収・構成を抜粋して仮説を立てた。

仮説1. 性別とメイン観光地に差はある

仮説2.　性別と情報源に差はある

仮説3.　性別と滞在時間に差はある

仮説4.　年齢とメイン観光地に差はある

仮説5.　年齢と情報源に差はある

仮説6.　年齢と滞在時間に差はある

仮説7.　居住地とメイン観光地に差はある

仮説8.　居住地と情報源に差はある

仮説9.　居住地と滞在時間に差はある

仮説10.　年収とメイン観光地に差はある

仮説11.　年収と情報源に差はある

仮説12.　年収と滞在時間に差はある

仮説13.　構成とメイン観光地に差はある

仮説14.　構成と情報源に差はある

仮説15.　構成と滞在時間に差はある

Ⅳ. 仮説の検証

1. t検定

仮説1. 性別とメイン観光地に差はある

　t検定を用いた仮説の母平均の有無の検証結果より、有意水準が$\alpha =$ 0.05で検定統計量はT＝1.186となり、棄却限界は1.993となり、両側検定を行うとTは棄却域に入らないので、帰無仮説は対立仮説を採択しない。よって、性別とメイン目的地には差がない。

仮説2. 性別と情報源に差はある

　t検定を用いた仮説の母平均の有無の検証結果より、有意水準が$\alpha =$ 0.05で検定統計量はT＝0となり、棄却限界は1.993となり、両側検定を行うとTは棄却域に入らないので、帰無仮説は対立仮説を採択しない。よって、性別と情報源には差がない。

仮説3. 性別と滞在時間に差はある

　t検定を用いた仮説の母平均の有無の検証結果より、有意水準がα

＝0.05で検定統計量はT＝10.367となり、棄却限界は1.993となり、両側検定を行うとTは棄却域に入るので、帰無仮説は対立仮説を採択する。よって、性別とメイン目的地には差がある。

仮説4. 年齢とメイン観光地に差はある

　　t検定を用いた仮説の母平均の有無の検証結果より、有意水準がα＝0.05で検定統計量はT＝1.971となり、棄却限界は1.993となり、両側検定を行うとTは棄却域に入らないので、帰無仮説は対立仮説を採択しない。よって、年齢とメイン観光地には差がない。

仮説5. 年齢と情報源に差はある

　　t検定を用いた仮説の母平均の有無の検証結果より、有意水準がα＝0.05で検定統計量はT＝2.337となり、棄却限界は1.993となり、両側検定を行うとTは棄却域に入るので、帰無仮説は対立仮説を採択する。よって、年齢と情報源には差がある。

仮説6. 年齢と滞在時間に差はある

　　t検定を用いた仮説の母平均の有無の検証結果より、有意水準がα＝0.05で検定統計量はT＝3.637となり、棄却限界は1.993となり、両側検定を行うとTは棄却域に入るので、帰無仮説は対立仮説を採択する。よって、年齢と滞在時間には差がある。

仮説7. 居住地とメイン観光地に差はある

　　t検定を用いた仮説の母平均の有無の検証結果より、有意水準がα＝0.05で検定統計量はT＝0.77となり、棄却限界は1.994となり、両側検定を行うとTは棄却域に入らないので、帰無仮説は対立仮説を採択しない。よって、居住地とメイン観光地には差がない。

仮説8. 居住地と情報源に差はある

　　t検定を用いた仮説の母平均の有無の検証結果より、有意水準がα＝0.05で検定統計量はT＝1.498となり、棄却限界は1.994となり、両側検定を行うとTは棄却域に入らないので、帰無仮説は対立仮説を採択しない。よって、居住地と情報源には差がない。

仮説9. 居住地と滞在時間に差はある

　t 検定を用いた仮説の母平均の有無の検証結果より、有意水準が α ＝0.05で検定統計量は T ＝9.546となり、棄却限界は1.994となり、両側検定を行うと T は棄却域に入るので、帰無仮説は対立仮説を採択する。よって、居住地と滞在時間には差がある。

仮説10. 年収とメイン観光地に差はある

　t 検定を用いた仮説の母平均の有無の検証結果より、有意水準が α ＝0.05で検定統計量は T ＝2.078となり、棄却限界は1.999となり、両側検定を行うと T は棄却域に入るので、帰無仮説は対立仮説を採択する。よって、年収とメイン観光地には差がある。

仮説11. 年収と情報源に差はある

　t 検定を用いた仮説の母平均の有無の検証結果より、有意水準が α ＝0.05で検定統計量は T ＝2.586となり、棄却限界は1.999となり、両側検定を行うと T は棄却域に入るので、帰無仮説は対立仮説を採択する。よって、年収と情報源には差がある。

仮説12. 年収と滞在時間に差はある

　t 検定を用いた仮説の母平均の有無の検証結果より、有意水準が α ＝0.05で検定統計量は T ＝3.362となり、棄却限界は1.999となり、両側検定を行うと T は棄却域に入るので、帰無仮説は対立仮説を採択する。よって、年収と滞在時間には差がある。

仮説13. 構成とメイン観光地に差はある

　t 検定を用いた仮説の母平均の有無の検証結果より、有意水準が α ＝0.05で検定統計量は T ＝4.064となり、棄却限界は1.998となり、両側検定を行うと T は棄却域に入るので、帰無仮説は対立仮説を採択する。よって、構成とメイン観光地には差がある。

仮説14. 構成と情報源に差はある

　t 検定を用いた仮説の母平均の有無の検証結果より、有意水準が α ＝0.05で検定統計量は T ＝4.151となり、棄却限界は1.998となり、両側検定を行うと T は棄却域に入るので、帰無仮説は対立仮説を採択する。

よって、構成とメイン情報源には差がある。

仮説15. 構成と滞在時間に差はある

　ｔ検定を用いた仮説の母平均の有無の検証結果より、有意水準が$\alpha =$ 0.05で検定統計量はＴ＝1.452となり、棄却限界は1.998となり、両側検定を行うとＴは棄却域に入らないので、帰無仮説は対立仮説を採択しない。よって、構成と滞在時間には差がない。

2．相関分析

　次に、相関分析を用いて分析を行った。本稿では、37のサンプルを基にメイン目的地、情報源、滞在時間の３項目と、性別、年齢、居住地、年収、で相関の分析を行った。

（1）性別

　表1．より、観光客全体で性別とメイン観光地・情報源・滞在時間に相関関係は見られなかった。

（2）年齢

　表1．より、観光客全体で年齢とメイン観光地・情報源・滞在時間に相関関係は見られなかった。

（3）居住地

　表1．より、観光客全体で居住地と滞在時間における相関係数は0.378で正の相関があった。よって、直島から居住地が離れているほど、本村地区における滞在時間が長いことが明らかになった。

（4）年収

　表1．より、観光客全体で年収とメイン観光地における相関係数は

表1．相関分析

	メインの観光地	情報源	滞在時間	性別	年齢	居住地	年収
メインの観光地	1.000						
情報源	0.342	1.000					
滞在時間	-0.177	-0.216	1.000				
性別	0.056	0.085	-0.189	1.000			
年齢	0.121	-0.057	-0.144	-0.087	1.000		
居住地	0.136	-0.105	0.378	-0.129	-0.012	1.000	
年収	0.203	-0.067	0.141	-0.338	0.578	0.189	1.000

0.203で低い正の相関があった。よって、年収が高い観光者ほど本村以外をメイン観光地にしていることが明らかになった。

3. 相関分析とt検定の結果

　相関分析による検証の結果、居住地と滞在時間に正の相関があり、年収とメイン観光地には低い正の相関があることが明らかになった。一方、性別・年齢・構成とメイン観光地・情報源・滞在時間はそれぞれ相関関係にないことが明らかになった。

　ｔ検定による検証の結果、仮説3．性別と滞在時間に差はある、仮説5．年齢と情報源に差はある、仮説6．年齢と滞在時間に差はある、仮説9．居住地と滞在時間に差はある、仮説10．職種とメイン目的地に差はある、仮説11．職種と情報源に差はある、仮説13．年収とメイン観光地に差はある、仮説14．年収と情報源に差はある、仮説15．年収と滞在時間に差はある、仮説16．構成とメイン観光地に差はある、貸せる17．構成と情報源に差はあることが明らかになった。相関分析とｔ検定の結果は以下の表　にまとめた。これより、メイン観光地には、年齢・構成が、情報源には、年齢・年収・構成が滞在時間は、性別・年齢・居住地・年収・構成で差があることが明らかになった。これらをまとめたのが表2．である。

V. 考察

　前章の分析結果より、観光者の属性とメイン観光地・情報源・滞在時間の関係が明らかになった。

1. 性別

　ｔ検定の結果、性別により観光地の滞在時間に差があり、滞在時間と情報源に差はないことが明らかになった。また、相関分析の検証では、どの項目とも相関関係がなかった。統計局の社会生活基本調査（2006）によると、年間で国内観光に行った割合は男女ともにそれほど差は見られなかった。よって、観光の機会で男女間に滞在時間の差があるとは言えない。し

表2　　t検定と相関分析の結果

仮　説	属　性	項　目	t検定	相関分析
仮説1	性別	メイン観光地に差はある	×	×
仮説2		情報源に差はある	×	×
仮説3		滞在時間に差はある	○	×
仮説4	年齢	メイン観光地に差はある	×	×
仮説5		情報源に差はある	○	×
仮説6		滞在時間に差はある	○	×
仮説7	居住地	メイン観光地に差はある	×	×
仮説8		情報源に差はある	×	×
仮説9		滞在時間に差はある	○	○（正）
仮説10	年収	メイン観光地に差はある	○	○（正）
仮説11		情報源に差はある	○	×
仮説12		滞在時間に差はある	○	×
仮説13	構成	メイン観光地に差はある	○	
仮説14		情報源に差はある	○	
仮説15		滞在時間に差はある	×	

かし、黒田（2010）によると、1986－2006の20年間で男性の就業時間は増え、余暇の時間が減った。逆に女性の就業時間、家事時間、育児時間な減少し、余暇時間が増えている。これより、女性は一度の観光で時間を多くとることができるで、男性より滞在時間が長いのではないかと考える。

2．年齢

　t検定の結果、年齢により情報源・滞在時間に差があり、メイン観光地には差はないことが明らかになった。また、相関分析の検証では、どの項目とも相関関係がなかった。岡本（2009）は、旅行の情報収集源は、年齢が若いほどインターネット利用が多く、年齢が上がるにつれて、ガイドブックやパンフレット、口コミなど従来のツールを利用していることを明らかにしている。よって、幅広く観光者を集めるためには、広いジャンルで情報を発信する必要がある。また、一方で観光地に誘致したい年代を、情報を発信する方法で限定することも可能だと考える。

　滞在時間は、菅井（2010）によると、若い人ほど短い。相関係数をみると低いながらも負の相関がみられる。今回は本村地区という、移動手段がバスに限定され、バスの発着時間に観光者の滞在時間が左右されてしまうため、このような低い相関関係になったと考えられる。

3. 居住地

　t 検定の結果、居住地は滞在時間に差があり、メイン観光地と情報源に差はないことが明らかになった。また、相関分析の検証では、居住地と滞在時間に正の相関があった。よって、観光者の居住地が遠くなると滞在時間も長くなると考えられる。

4. 年収

　t 検定の結果、年収はメイン観光地・情報源・滞在時間の三項目すべてと差があることが明らかになった。また、相関分析の検証では、年収とメイン観光地に正の相関があった。よって、観光者の年収が高くなると本村以外をメイン観光地とすると考えられる。本村以外の直島における観光地は、ベネッセハウスや地中海美術館で入館料が高い。

　黒田（2008）で、高所得層ほど労働時間が増加しているとあるが、本村以外の観光地はベネッセハウスや地中海美術館がある。どちらも入館料が高い。よってこのような結果になったと考えられる。

5. 構成

　t 検定の結果、構成はメイン観光地・情報源に差があり、滞在時間に差はないことが明らかになった。菅井（2010）で、構成により観光地の滞在時間が異なるとあるので、構成と滞在時間は相関関係があると考えたが、今回の調査では見られなかった。

Ⅵ. 終わりに

　これまで、直島における観光者行動の類型化を行った。検証の結果、直島への観光者は属性ごとに違いがあることが明らかになった。今回の調査では、違いが見られない属性もあったが要因はサンプル数の不足、調査時期、本村地区という立地条件より様々な要因が限定されてしまったことが挙げられる。今後、筆者は今回分析に用いなかった属性を使っての分析等を行い、さらなる研究を進めていきたい。

参考文献・資料

石森秀三（2001）「21世紀における自律的観光の可能性」

観光政策審議会（1995）『今後の観光政策の基本的な方向について』観光需要
　に影響を及ぼす要因について

村越友香・金徳謙（2010）「直島の事例にみるSNS上に流通する観光情報の類型
　化」『瀬戸内圏の地域文化の発見と観光資源の創造』

国際交通安全学会（編）（1998）「魅力ある観光地と交通」技報堂出版

Philip L. Pearce 槻本邦夫訳（2005）「TOURIST BEHAVIOUR-Themes and Conceptual Shemes-」

平成18年社会生活基本調査「男女、旅行・行楽の種類、頻度・共にした人別行動者数」

直井優・菅野剛・岩淵亜希子（2003）「情報化社会に関する全国調査（JIS
　2001）の概要」『大阪大学大学院人間科学研究科紀要 第29巻』

黒田祥子（2006）生活時間の長期的な推移

小田裕加里（2010）「直島にみるリピーターの目的地選考に関する一考察」『ゼ
　ミナール報告書（教育GPプログラム報告）第2号』

菅井浩文（2010）「情報提供が観光者行動に与える影響」『ゼミナール報告書（教
　育GPプログラム報告）第2号』

参考URL（2011年2月27日現在）

直島町ホームページ　http://www.town.naoshima.lg.jp/

ベネッセアートサイト直島　http://www.benesse-artsite.jp/access/index.html

エコアイランド直島プラン
　http://www.pref.kagawa.jp/haitai/ecoisland2/plan/plan/1_2.htm

直島における公共交通の現状等
　http://wwwtb.mlit.go.jp/shikoku/bunya/koukyou/h21/02_2.pdf#search

新瀬戸内海論島人20世紀　http://www.shikoku-np.co.jp/feature/shimabito/3/11/index.htm

直島における観光者行動調査と地域振興
　www.ec.kagawa-u.ac.jp/education/kyoiku_gp/img/101222/kim.pdf

観光者行動の類型化―直島を事例に―

小原 有加

I. はじめに

近年、日本における観光の在り方は変革の時期に差し掛かっている。今までの日本の観光とういと、マスツーリズムと呼ばれる団体旅行が主流であった。その要因として、新幹線の開業、ジャンボジェット機の就航、大型ホテル・旅館の開業等、運輸・宿泊関連の拡充とそれに伴う低価格化などがあげられる。しかし、現在では、観光の多様化が求められ個人旅行が促進されている。

また、2006年に観光立国推進基本法が成立し、観光立国は官民一体たなって取り組むべき課題として位置づけられることとなる。さらに、近年では、地域活性化や町おこしが積極的に行われ、多くの地域が観光客を誘致しようとさまざまな努力が行われている。

そこで、個人旅行が多く行われるようになり、その観光地でどのよう回遊行動を行ったのか知ることの意義は大きい考える。

金（2009）は、観光行動やそれによる影響を取り上げる研究は、観光者が与える影響を精査する事例研究が多く、「行動」と「影響」を一般化した研究は少ないことをしてきしている。

そこで本稿では、香川県直島を事例地としてアンケート調査を行い回遊行動を類型化し、観光者行動を明らかにすることを目的とする。

II. 直島の概要

（1）立地

直島町は、香川県高松市の北方13km、岡山県玉野市の南方3kmの備讃瀬戸最狭部に位置する大小27の島々からなる群島である。直島はその中央部にあり東西2km、南北5km、周囲16km、面積は、14.23平方kmである。全島老化した花崗岩とその風化土に覆われる丘陵性の島で、平地は

少なく地味で乏しいが、曲折の多い海岸線は内海特有の白砂青松の自然美を有している。島へのアクセスは、岡山県の宇野港からフェリーで約20分、香川県の高松港からはフェリーで約１時間かかる。島内での主な交通手段はバスであり、観光客が観光地を巡る際にも利用されているほか、島内に居住している人の通勤、通学などの移動手段として利用されている。

（2）人口・産業

　直島町の総人口は、減少傾向にあり2009年１月１日現在3,365人である1996年には4,000人を超えていたが1998年には4,000人を切り、3,956人となっている。その後も徐々に減少し続けている（図２参照）。

　2005年の直島の産業別人口は、第一次産業（農林水産業）が162人で9.4％、第二次産業（工業）が649人で37.6％、第三次産業（商業・サービス）が917人で53.0％となっている。これは、1985年と比較すると、第二次産業への就業者が、大幅に後退し、一方で第三次産業への就業者は大幅に増加していることが分かる。これは、直島における観光客の増加が要因として考えられる（図３参照）。

（3）歴史

　直島は古くから瀬戸内海の交通の要所として栄えてきた。また、造塩業や漁業など土地柄を活かした産業を行ってきた。しかし、大正時代には農漁業が不振となったため、現在の三菱マテリアルの製錬所が建設さ

図1　筆者作成

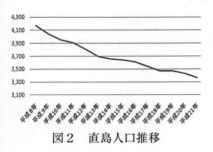

図2　直島人口推移

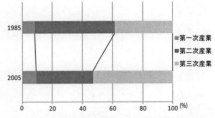

図3　直島産業別人口の変化

資料：直島町役場より筆者作成

れた。そのため、町の人口も一時的に増加していく。しかし、1970年代頃から人口は減少していく。

　その後の直島は飛躍的な発展を遂げることとなる。1989年には、福武書店（現㈱ベネッセコーポレーション）が、直島文化村構想の一環として国際キャンプ場をオープンする。その3年後にはベネッセハウスを開設するなど、文化性の高い島としても発展しつつある。

(4) 観光

　直島は現在、アートの島として注目されている。直島がアートの島として注目されるようになったのは、福武書店（現㈱ベネッセコーポレーション）が直島文化村構想を発展させたことが要因の一つである。直島町は、島の南端の風光明媚な地区を秩序だった文化的な観光地にしようと藤田観光を誘致し、キャンプ場を1960年代後半の観光ブームの時期にオープンさせたが、瀬戸内海国立公園内のため大規模レジャー施設にするには制約があり、石油ショック後は業績が低迷し撤退する。その後に福武書店（現㈱ベネッセコーポレーション）創業者の福武哲彦と当時の町長・三宅親連が「直島文化村」づくりで意気投合し、1989年に研修所・キャンプ場が安藤忠雄のマスタープランでオープンする。さらに1992年には、ホテルと美術館を併設したベネッセハウスがオープンする。そして、1998年から本村集落の古い民家などを舞台に、「家プロジェクト」を開始した。また、2004年には、安藤忠雄氏が設計した「地中美術館」が開館する。このようにして直島は「現代アートの島」として注目を

あつめるようになる。2004年には、観光客数が6万人弱であったが、ベネッセアートサイト直島の発展に伴い、2008年には観光客数が34万人にまで増加した。

　2010年7月19日（海の日）から瀬戸内国際芸術祭が「海の復権」をテーマに瀬戸内海に浮かぶ7つの島を舞台に行われた。芸術祭の舞台となる瀬戸内海ははるか昔より交通の動脈として、多くの新しい文化を伝播する役割を担ってきた。瀬戸内の島々には伝統的な文化や美しい自然景観が残っている。しかし、今、島々は高齢化、過疎化により活力を失いつつある。瀬戸内国際芸術祭の開催で、島の住人と世界中からの来訪者の交流により島々の活力を取り戻し、島の伝統文化や美しい自然を生かした現代美術を通して瀬戸内海の魅力を世界に向けて発信し、地球上のすべての地域の「希望の海」となることを目指している。芸術祭は、瀬戸内の島々を中心とした各地に展示される美術作品、アーティストや劇団・楽団などによるイベント、地元伝統芸能・祭事と連携したイベントなどで構成される。18の国と地域から75組のアーティスト、プロジェクト、16のイベントが参加している。芸術祭期間中に全体で、938,246人が来場し、直島には、全体の3割にあたる291,728人が来場した。

Ⅲ. 調査の手続き及び内容

（1）調査地の選定

　本稿では、香川県の本村地区を調査対象地域として選定する。直島町は、英国の雑誌「traveller」において、「世界で次に行くべき7つの場所」の一つとして紹介されており、世界からも注目されている。また、2010年7月19日（海の日）から10月31日まで瀬戸内国際芸術祭の会場として選ばれており、開催期間中に合計で291,728人が来島している。

　また、直島を訪れた観光客の9割は、地中美術館、ベネッセハウス、家プロジェクトを訪問している。この中で、地中美術館とベネッセハウスは観光者が施設の中を見学するものである。一方で家プロジェクトは、本村地区内に6ヶ所の施設が点在している。また、街並みが整備さ

れているため、観光者によって回遊行動が行われる。そのため、本稿では、観光者が回遊行動を行う本村地区を調査地として選定する。

（2）　調査の手続き

　本稿の目的は、直島、本村地区における観光者の回遊行動を明らかにすることである。そのため、性別、年齢、居住地、構成などのアンケート調査とともに、本村地区の地図に実際に行った観光施設とルートを記入にてもらい、分析を行い類型化を行った。

　アンケートの実施期間は、2011年1月6日、9日、12日の計3日間、直島町の本村地区にある農協前のバス停で、本村地区を観光し終えた観光者に作成したアンケートと地図を配布し協力を依頼した。

（3）　調査内容

　直島の本村地区を観光し終えた観光者から、上記の期間で有効34、無効3、計37のサンプルを得た。

　観光者の性別は、男性16人、女性18人である。

　観光者の構成は、夫婦9組、親子4組、友人8組、恋人6組、単独4人、その他3組であった（図4参照）。

　観光者の居住地は、青森県1組、愛媛県2組、大分県1組、大阪府2組、岡山県2組、外国1組、香川県1組、滋賀県1組、京都府1組、静岡県2組、東京都6組、徳島県2組、栃木県1組、鳥取県1組、兵庫県1組、広島県2組、福岡県2組、北海道3組、三重県1組である（図5参照）。

（4）　本村地区全体にみる観光者行動の分析

　本村地区での回遊行動を分類化していく。分類していくにあたり、本村地区を4つに分け分析を行う。ゾーンⅠはアーカイブやよいち座、石井商店などの商店を多く含む買い物ゾーンである。ゾーンⅡは、家プロジェクトの「はいしゃ」と「石橋」を有する、家プロジェクトゾーンである。ゾーンⅢは、八幡神社や八幡神社鳥居、極楽寺、家プロジェクト

のいくつかを含む歴史と家プロジェクトゾーンである。ゾーンⅣは、カフェを多く含み町並みの整備された路地を有する、カフェ、景観ゾーンである（図6参照）。ゾーンⅢでは、周囲に家プロジェクトの以外の観光施設が存在し、また家プロジェクトも歴史性を活かしたものが多かった。しかし、ゾーンⅡの「はいしゃ」と「石橋」の周辺には、直島の観光者の多くに利用されている地図に観光施設の記載はないため、ゾーンⅡとゾーンⅢは区別する（図7参照）。ただし、この調査は農協前のバス停で行ったため、最後はゾーンⅠに帰って来ることを前提としている。

　類型化を行って行く際には、図8のような表を用いて行う。

　本村地区での観光者全体の回遊行動を類型化するとおおまかに3つに分類することができた。パターン1は、本村地区を一周しているため周遊型と名前を付けることができる。ゾーンⅠのバス停（農協前）からスタートし、八幡神社や極楽寺などの歴史的社寺と家プロジェクトのあるゾーンⅢに行き、カフェや美しい町並みを有するゾーンⅣを散策し、最後に「はいしゃ」、「石橋」のある家プロジェクトを見学し、農協前のバス停に戻ってくるという本村地区全体をくまなく散策するパターンである（図9参照）。

　パターン2は、家プロジェクトや歴史的社寺、そしてカフェや町並みを散策しており、本村地域をバランスよく回遊していることから、バランス型と名前を付けることができる。ゾーンⅠのバス停（農協前）からスタートし、八幡神社や極楽寺などの歴史的社寺と家プロジェクトのあるゾーンⅢへ進んでいく。その後、カフェや美しい町並みを見学するた

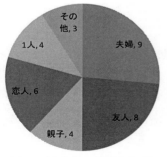

図4　観光者の構成と組数

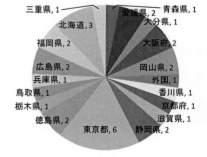

図5　観光者の居住地

めに、ゾーンⅣを散策する。その後バス停（農協前）に帰るというパターンである（図10参照）。

　パターン3は、家プロジェクト型と名前を付ける。ゾーンⅠのバス停（農協前）からスタートし、八幡神社や極楽寺などの歴史的社寺と家プロジェクトのあるゾーンⅢに行く。その後、まだ見学していない家プロジェクトを見学するために「はいしゃ」、「石橋」を有するゾーンⅡへ行くというパターンである（図11参照）。

　その他の少数派の回遊行動の類型化として、八幡神社や極楽寺などの歴史的社寺と家プロジェクトのあるゾーンⅢからスタートし、その他の家プロジェクトを見学するために、「はいしゃ」と「石橋」を有するゾーンⅡへ進み、その後農協前のバス停へ行くというパターンである（図12参照）。

　次に、「はいしゃ」と「石橋」を有するゾーンⅡからスタートし、そ

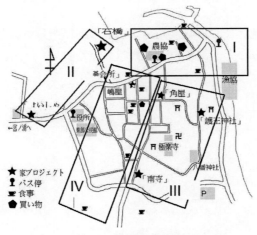

図6　本村地区分類地図

ゾーン名		特　徴
ゾーンⅠ	買い物	アーカイブや石井商店など、バス停（農協前）
ゾーンⅡ	家プロジェクト	「はいしゃ」「石橋」といった家プロジェクト
ゾーンⅢ	歴史と家プロジェクト	八幡神社や極楽寺などの歴史的社寺「護王神社」「南寺」などの家プロジェクト
ゾーンⅣ	カフェと町並み	カフェ、整備された町並みと路地裏

図7　本村地区分類表

の他の家プロジェクトを見学するために八幡神社や極楽寺などの歴史的
社寺と家プロジェクトのあるゾーンⅢへ行き、その後農協前のバス停の
あるゾーンⅠへ行くというパターンである（図13参照）。

　次に、農協前のバス停のあるゾーンⅠからスタートし、「はいしゃ」と
「石橋」を有するゾーンⅡへ家プロジェクトを見学するために進み、次に
カフェや美しい町並みを散策するために、ゾーンⅣへ進みその後、その他
の家プロジェクトのあるゾーンⅢに進むというパターンである（図14参照）。

　次に、農協前のバス停のあるゾーンⅠからスタートし、その他のゾー
ンのどこか一つだけに行くというパターンである。図15では、八幡神社
や極楽寺などの歴史的社寺と家プロジェクトのあるゾーンⅢへ行くもの
を示しているが、その他二つのどちらに行くのも類型化のデータとして
存在している。この回遊行動は、スポット型と名前を付けることができ
る（図15参照）。

　直島、本村地区における観光者の回遊行動は明らかになったが、属性
によりどのような差があるのか考察していく。

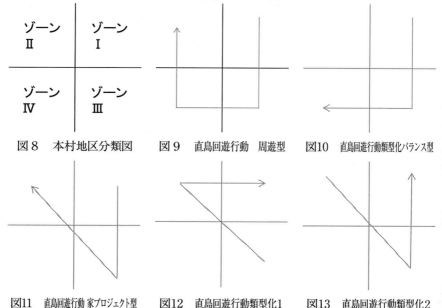

図8　本村地区分類図　　　図9　直島回遊行動　周遊型　　　図10　直島回遊行動類型化バランス型

図11　直島回遊行動 家プロジェクト型　　　図12　直島回遊行動類型化1　　　図13　直島回遊行動類型化2

(5) 年齢による分析

　アンケート調査から分かる20代までの観光者行動の特徴は周遊型とスポット型が他の年代比べて非常に多いことである（図16参照）。

　また、本村地区で周遊型の回遊行動をとる人も多くなっているが、20代までの観光者のうち約4割の観光者が友人と来たと回答している。

　次に30代の観光者の回遊行動の特徴は、周遊型が30代全体の7割を占めていることである（図17参照）。また、30代の構成のうち、6割が夫婦または恋人と来たと回答している。

　40代の回遊行動はサンプル数が少なく、主だった特徴は見られなかった（図18参照）。ただし、ゾーンⅡ、ゾーンⅢを回遊していることから家プロジェクトを中心に見学したと推測できる。

　50、60代の観光者行動の特徴は家プロジェクト型が非常に多いことである（図19参照）。構成は、6割が夫婦と答え次いで友人その他となっている。

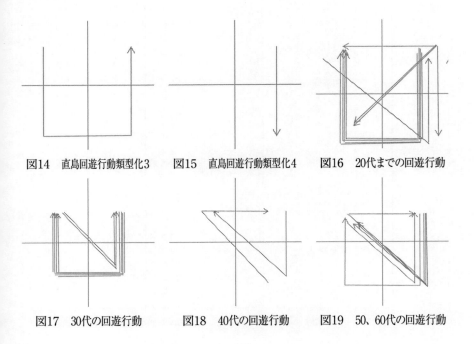

図14　直島回遊行動類型化3　　図15　直島回遊行動類型化4　　図16　20代までの回遊行動

図17　30代の回遊行動　　　　図18　40代の回遊行動　　　　図19　50、60代の回遊行動

Ⅳ．考察

　直島、本村地区における観光者行動を年齢基準として分析を行った。20代の特徴としては、周遊型とスポット型が多いことである。スポット型が多い要因としては、本村地区には多くのカフェがあり20代までの若年層が家プロジェクトを鑑賞することも楽しむが、それと同様にカフェなどで会話を楽しんでいるためだと考えられる。また、近年若年層を中心に古民家カフェが流行っており、その影響とも考えられる。秋山は、「食」が観光客にとって良い評価を得なければ、その満足度は下がってしまう。「食」を重要視することが必要になっていると指摘している。食という視点から見ると本村地区は、観光者の満足度をあげる鍵となっ

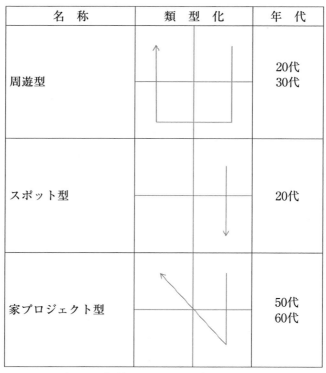

名　称	類　型　化	年　代
周遊型		20代 30代
スポット型		20代
家プロジェクト型		50代 60代

図20　年齢からみる回遊行動の特徴

ていると考えられる。

　20代までと30代で多かったのが周遊型の観光ルートである。周遊型では、家プロジェクトはもちろん、本村地区の美しい景観を見学することができるため、歩行距離は長くなる。そのため、20代、30代を中心に若い世代が多いと考えられる。観光立国推進戦略会議～国際競争力のある観光立国の推進～（2004）では、美しい自然景観や歴史的景観を有する地域において地域住民、NPO、企業等との協働により、道路とその周辺の景観を保全・形成していくことが必要となっている。

　40代の回遊行動はサンプル数が少なく、主だった特徴は見られなかった。ただし、ゾーンII、ゾーンIIIを回遊していることから家プロジェクトを中心に見学したと推測できる。

　50代、60代のなると家プロジェクトが設置されている所を中心に見学して回る家プロジェクト型が大幅に増加する。その要因として、年齢が増加するのにともない体力が減少してくる。そのため、本村地区内のさまざまな施設や景色を見物するのではなく、本村地区のメインである家プロジェクトを中心に見学していると推測した。

高田他（2009）は、滞在時間が長くなると消費額が長くなることを明らかにしている。また、溝上他（2000）は、魅力度が高い観光地ほど、観光者の滞在時間は長くなるとあり、スポット型の観光者が周遊型やバランス型などに変化することで、地域経済は発展すると推測される。

V. おわりに

　本稿の目的は、直島、本村地区における観光者の回遊行動を明らかにすることである。3の調査内容で述べたようにおおまかに周遊型、バランス型、家プロジェクト型の3つのパターンに類型化し、行動を明らかにすることができた。その中で年齢基準として、年代ごとの特徴についても明らかにすることができた。

　今回の調査では、観光者自身に歩いたルートを記入してもらうことで類型化を行ったが、より精度の高い分析を行うために、今後はGISなど

の手法を用いて、定量的な分析を行うことが必要だと考える。

参考文献

秋山　ひろみ　『観光における食のマーケティング諸問題』

金　徳謙（2009）「観光行動論の視点にみる観光研究」『観光学へのアプローチ』

高田 尚人・三好 達夫・松田 泰明（2009）『道の駅の休憩場所としての魅力向
　　上の重要性について』

溝上　章志・朝倉　康夫・亀山　正博（2000）「観光地魅力度と周遊行動を考
　　慮した観光交通受容システム」『土木学会文集』

参考URL

素顔の直島（直島町観光協会）　http://www.naoshima.net/

直島町ホームページ　http://www.town.naoshima.lg.jp/

あとがき

　私達は島の専門家や研究者の目線ではなく、「大学生が感じる島への
興味・魅力」をコンセプトに多くの瀬戸内海の島々を歩きまわった。そ
の中で特に強く感じたことは島の魅力は島に行くことでしか感じること
ができないということである。私達も島に行く前は、「田舎で人が少な
い」「不便な場所」とマイナスイメージばかりが先行していたが、頭で
考えている以上に島の空気はおいしく澄んでおり、森の緑や海の青色は
普段の生活ではなかなか味わうことができない美しさであった。また自
分自身の足音しか聞こえないほどの静けさを感じることもでき、非日常
的な空間を味わうことができた。自然だけでなく島民の方々の温かさに
触れながら、島の歴史的側面や日常生活を垣間見ることで自分達との違
いに驚かされると同時に多くの発見があり、島の魅力を感じることがで
きた。

　しかしながら調査を進めていく中で、島には交通の不便さ、過疎化、
人口減少、島の衰退など数々の避けられない問題が山積していることも
思い知らされた。この問題にどう取り組んでいくべきかはこれらの島に
住む人々だけではなく、日本に住む人々全ての人が関心をもって解決し
ていかなければならない課題である。

　そのためにはまずは島に興味を持ち、足を運び、島の匂いや風や色を
体いっぱいに感じて島を好きになってもらいたい。その前段階としてこ
の本を読み、何か一つでも島に興味を持つことができるテーマを見つけ
て、きっかけとして頂ければ幸いである。

　　　　　　　　　　　　　　　　　　　　　　　　辻　　健太

島へ行こうよ I

2011年3月31日　初版
2020年9月 4日　再版

編集　香川大学瀬戸内圏研究センター
　　　〒760-8521　香川県高松市幸町１－１

発行　株式会社　美巧社
　　　〒760-0063　香川県高松市多賀町1－8－10
　　　TEL 087-833-5811　FAX 087-835-7570

ISBN978-4-86387-127-4　C1037